EM BUSCA
DO SER

G. I. Gurdjieff

EM BUSCA DO SER

O Quarto Caminho para uma nova consciência

Tradução:
MARCELLO BORGES

Editora
Pensamento
SÃO PAULO

Título do original: *In Search of Being.*
Copyright © 2012 FourthWay Editions, Inc.
Publicado mediante acordo com Shambhala Publications, Inc. 300 Massachusetts Ave., Boston, MA 02115, USA.
Copyright da edição brasileira © 2017 Editora Pensamento-Cultrix Ltda.
Texto de acordo com as novas regras ortográficas da língua portuguesa.
1ª edição 2017.
4ª reimpressão 2022.
Todos os direitos reservados. Nenhuma parte deste livro pode ser reproduzida ou usada de qualquer forma ou por qualquer meio, eletrônico ou mecânico, inclusive fotocópias, gravações ou sistema de armazenamento em banco de dados, sem permissão por escrito, exceto nos casos de trechos curtos citados em resenhas críticas ou artigos de revista.
A Editora Pensamento não se responsabiliza por eventuais mudanças ocorridas nos endereços convencionais ou eletrônicos citados neste livro.

Editor: Adilson Silva Ramachandra
Editora de texto: Denise de Carvalho Rocha
Gerente editorial: Roseli de S. Ferraz
Preparação de originais: Luciana Soares
Produção editorial: Indiara Faria Kayo
Editoração eletrônica: Mauricio Pareja da Silva
Revisão: Nilza Agua

Dados Internacionais de Catalogação na Publicação (CIP)
(Câmara Brasileira do Livro, SP, Brasil)

Gurdjieff, Georges Ivanovitch, 1866?-1949
     Em busca do ser : o quarto caminho para uma nova consciência / G. I. Gurdjieff ; tradução Marcello Borges. — São Paulo : Editora Pensamento, 2017.

     Título original: In search of being
     ISBN: 978-85-815-1977-2
     1. Consciência — Fisiologia 2. Ensinamentos 3. Esoterismo — Filosofia 4. Espiritualidade 5. Filósofos herméticos 6. Quarto Caminho (Ocultismo) I. Título.

17-04864   CDD-197

Índices para catálogo sistemático:
1. Filósofos russos 197

Direitos de tradução para o Brasil adquiridos com exclusividade pela
EDITORA PENSAMENTO-CULTRIX LTDA., que se reserva a propriedade literária desta tradução.
Rua Dr. Mário Vicente, 368 — 04270-000 — São Paulo — SP
Fone: (11) 2066-9000
E-mail: atendimento@editorapensamento.com.br
http://www.editorapensamento.com.br
Foi feito o depósito legal.

SUMÁRIO

Prefácio 9
Introdução 19

I. CONHECE-TE A TI MESMO
O que somos nós? 25
O homem não pode "fazer" 31
Não existe "eu" unificado 37
Rumo ao autoconhecimento 43

II. NOSSA MÁQUINA HUMANA
Funções e centros 47
Estados de consciência 52
Essência e personalidade 57
Corpos imateriais 60
Alquimia interior 65

III. MUNDOS DENTRO DE MUNDOS
Por dentro da Via Láctea 73
A Lei das Três Forças 76
O Raio da Criação 79
A Lei das Oitavas 83
Graus de materialidade 90

IV. A POSSIBILIDADE DE EVOLUÇÃO

Evolução consciente 97
Conhecimento e existência 101
Assim em cima como embaixo 105
Níveis de desenvolvimento 108
Caminhos espirituais 112

V. A META DA RELIGIÃO

Um núcleo consciente 121
Círculos internos da humanidade 125
Religião implica "fazer" 130
Cristianismo esotérico 133

VI. BUSCANDO O CAMINHO

Despertar 141
Desilusão 145
O primeiro limiar 149
As "escolas" são imperativas 153
Trabalho em grupo 158

VII. UM ESTUDO PRÁTICO

Iniciando a auto-observação 165
Pensamento formativo 170
Começando pelas pequenas coisas 174
Identificação 177
Mentindo para si mesmo 181

VIII. UM TRABALHO PARA A CONSCIÊNCIA

Uma observação diferente 187
Enxergar o todo 190
Separarmo-nos de nós mesmos 194
Trabalhar com três centros 198
Autorrecordação 203

IX. RUMO À LIBERTAÇÃO
Dois rios 211
Sofrimento voluntário 215
A primeira libertação 220
Libertar-se de influências 224
Obter uma alma 229

X. CONHECIMENTO DO SER
Arte objetiva 235
Um rio de mitos e símbolos 238
Simbologia e autoconhecimento 242
O eneagrama 247
Notas biográficas 257
    George Ivanovitch Gurdjieff 257
    Peter Demianovitch Ouspensky 263
    Jeanne de Salzmann 269
Centros do Quarto Caminho 273
Índice 275

PREFÁCIO

Há cem anos, na Rússia, George Ivanovitch Gurdjieff (1866-1949) introduziu um ensinamento antigo sobre a evolução da consciência humana, uma ciência esquecida para a percepção da realidade em nós mesmos e no universo. Praticamente um desconhecido em vida, Gurdjieff teve suas ideias disseminadas pelo mundo nos anos que se seguiram à sua morte, inspirando novas gerações de buscadores a investigar o significado esotérico das religiões tradicionais. Até agora, porém, seus primeiros ensinamentos foram reproduzidos apenas em fragmentos de palestras realizadas entre 1915 e 1924, organizadas cronologicamente; nunca se tentou apresentar esses ensinamentos em suas próprias palavras como um todo abrangente.

Gurdjieff considerava o conhecimento da realidade — o que ele chamava de verdadeiro "conhecimento do ser" — como um rio que flui desde a antiguidade remota e passa de era para era, de povo para povo, de raça para raça. Ele via esse conhecimento como o meio indispensável para se atingir a libertação interior. Aos que tentam compreender o sentido da vida humana no universo, disse, a meta da busca é chegar até esse rio e descobri-lo. Depois, faltará apenas *conhecer* para poder *ser*. Mas, a fim de conhecer, ensinou, é necessário descobrir "como conhecer".

Ele respeitou os caminhos tradicionais que conduzem à transformação espiritual e lembrou que suas abordagens podem ser enquadradas em uma de três categorias: o "caminho do faquir", que se concentra no domínio do corpo físico; o "caminho do monge", baseado na fé e no sentimento religioso; e o "caminho do yogue", concentrado no desenvolvimento da mente. Gurdjieff apresentou seus ensinamentos como um "Quarto Caminho", que exige o trabalho simultâneo com esses três aspectos. No lugar da obediência ou da fé, esse caminho exige conhecimento e compreensão — o despertar de outra inteligência. Seu desejo pessoal, disse certa vez, era viver e ensinar para que pudesse haver uma nova concepção de Deus no mundo, uma mudança no próprio significado da palavra.

Nascido em 1866, no Cáucaso, na fronteira entre a Rússia e a Turquia, desde a infância Gurdjieff sentiu necessidade de compreender o mistério da existência humana; então mergulhou fundo na religião e na ciência, no intuito de encontrar alguma explicação. Para ele, as duas eram intrinsecamente persuasivas e consistentes, mas sujeitas a conclusões contraditórias, considerando-se as premissas diferentes nas quais se baseavam. Começou a se convencer de que, isoladamente, nem a religião nem a ciência poderiam explicar o significado da vida humana. Ao mesmo tempo, teve a certeza de que teria existido um conhecimento real e completo na Antiguidade, o qual teria sido transmitido de forma oral, de geração para geração, em diversas civilizações. Dispôs-se a encontrar pessoas que possuíssem esse conhecimento e viajou durante cerca de vinte anos. Suas viagens levaram-no à Grécia, ao Egito e à Ásia Central, o que inclui a cordilheira de Hindu Kush e o Tibete.

Com um pequeno grupo de camaradas, Gurdjieff descobriu e reuniu elementos de um conhecimento esquecido, que reconciliava as grandes crenças tradicionais. Chamou-o de "ciência antiga", mas não identificou sua origem nem quem a descobriu. Essa ciência via o mundo da matéria visível tal como a física moderna, ao reconhecer a equivalência entre massa e energia, a ilusão subjetiva do tempo e a teoria geral da relatividade. Mas sua busca não terminou aí, aceitando como reais apenas os fenômenos que pudessem ser medidos e comprovados por experimentos controlados. Essa ciência também investigava a percepção sensorial exterior ao mundo místico, a visão de outra realidade, infinita, além do espaço e do tempo. A meta era compreender o lugar do homem na ordem cósmica, o sentido da vida humana na Terra, e conhecer e vivenciar de fato, como indivíduo, a realidade simultânea de mundos finitos e infinitos. Essa ciência originou-se em civilizações da Ásia Central e do Egito, e seus princípios foram incorporados a todas as religiões tradicionais. Segundo Gurdjieff, ela poderia ser chamada de "cristianismo esotérico", mas ele observou que esses princípios foram desenvolvidos milhares de anos antes de Jesus Cristo. Também poderia ser chamada de "budismo esotérico", embora tenha se originado milhares de anos antes do surgimento de Gautama Buda.

Em 1912, Gurdjieff começou a reunir seguidores em Moscou e, em 1915, organizou um grupo de estudos em São Petersburgo. Dois anos depois, a fim de escapar da violência da Revolução Russa, mudou-se para o Cáucaso e, em 1922, por fim estabeleceu-se na França. Ali fundou, no Château du Prieuré, em Fontainebleau, perto de Paris, um instituto no qual pudesse praticar seus ensinamentos.

Conforme descrevem as notas biográficas no final deste livro, a principal figura relacionada ao aparecimento do Quarto Caminho foi P. D. Ouspensky, que se filiou ao grupo de Gurdjieff em 1915 e foi com ele para o Cáucaso. Ouspensky não era um seguidor comum. Dotado de mente aberta e intelecto aguçado, havia viajado muito como jornalista e investigado tradições teosóficas e outras tradições esotéricas. Com base em suas próprias experiências, convenceu-se da possibilidade de se atingir uma consciência superior. Depois de buscar sem sucesso contato com uma "escola" esotérica na Índia, passou a investigar o conhecimento oculto que Gurdjieff e seus camaradas haviam descoberto. Escritor e conferencista, era o recruta ideal para receber os ensinamentos e promover o Quarto Caminho.

Quando conheceu Gurdjieff, Ouspensky interessou-se imediatamente em aprender o que ele sabia sobre esoterismo e as "escolas" que o ensinavam. Gostou de sua maneira clara e precisa de falar e, fiel à profissão de jornalista, registrou em anotações as palavras exatas de Gurdjieff, em páginas repletas de citações entre aspas. Depois de ajudá-lo a formar um grupo em São Petersburgo, Ouspensky o pressionou ao longo de dezoito meses a revelar, passo a passo, os elementos básicos de sua antiga ciência, chamado pelo grupo de "Sistema". Com a permissão de Gurdjieff, Ouspensky preservou o registro dessas palestras e depois organizou o material em um manuscrito autobiográfico intitulado *Fragments of an Unknown Teaching*.* Nele escreveu que, em 1921, havia revelado a Gurdjieff sua intenção: "[contei] com detalhes o plano que fiz para um livro que explica suas palestras de São Petersburgo... Ele concordou com esse plano".

Pelos motivos explicados nas notas biográficas, o livro que apresentaria esse ensinamento nunca foi escrito. Até 1924, Gurdjieff esteve ocupado com o ins-

---

* *Fragmentos de um Ensinamento Desconhecido*, publicado pela Editora Pensamento, São Paulo, 1982.

tituto na França e depois com a redação de sua obra magna, *All and Everything* [Sobre Tudo e Todas as Coisas]. Ouspensky estabeleceu-se em Londres com seu próprio trabalho, dando palestras sobre o Sistema e escrevendo o livro *A New Model of the Universe*.* A separação entre os dois prejudicou sua colaboração. Com efeito, Ouspensky só enviou a Gurdjieff o manuscrito de *Fragmentos de um Ensinamento Desconhecido* em 1947, ano de sua própria morte. Gurdjieff confirmou sua precisão, e o manuscrito foi publicado postumamente, em 1949, como o relato autobiográfico de Ouspensky, embora mais de dois terços da obra fossem citações literais de Gurdjieff. (A edição francesa teve o título dado por Ouspensky, *Fragments d'un Enseignement Inconnu*, mas a edição inglesa teve o título alterado para *In Search of the Miraculous* [Em Busca do Milagroso], no intuito de evitar confusão com o livro de outro autor, *Fragments of a Faith Forgotten* [Fragmentos de uma Fé Esquecida], publicado no ano anterior.)

Este livro visa preencher o propósito original das palestras de São Petersburgo. Ele reafirma a exposição das citações de Gurdjieff, complementadas por suas palestras posteriores, principalmente entre 1922 e 1924. Essas palestras posteriores, apresentadas no Prieuré de Fontainebleau e em Nova York, foram gravadas e organizadas por Jeanne de Salzmann, a seguidora mais próxima de Gurdjieff, e publicadas em 1973 com o título *Views from the Real World* [Visões do Mundo Real].

In Search of the Miraculous e *Views from the Real World* são os autênticos livros de referência dos primeiros ensinamentos de Gurdjieff. O relato autobiográfico de Ouspensky recria com clareza a aventura de seu questionamento, bem como sua visão sobre aspectos críticos, inclusive dimensões superiores e a interpretação do eneagrama. Os dois livros de referência contêm material adicional com as ideias de Gurdjieff sobre diversos assuntos, inclusive educação e arte. Ao reconstruir seus primeiros ensinamentos, este livro expõe novamente menos de um terço de *In Search of the Miraculous* e menos ainda de *Views from the Real World*, deixando as fontes originais como leitura obrigatória para uma imagem completa desses ensinamentos.

---

* *Um Novo Modelo do Universo*, publicado pela Editora Pensamento, São Paulo, 1987 (fora de catálogo).

Este livro foi organizado e editado por um pequeno grupo de seguidores de Gurdjieff e Jeanne de Salzmann. Excetuando-se este prefácio e as notas biográficas, o texto é formado quase que inteiramente das palavras do próprio Gurdjieff, apresentadas de acordo com uma nova tradução para o inglês do texto russo original de *Fragmentos de um Ensinamento Desconhecido* e, com a permissão do Grupo Penguin (Estados Unidos), de *Views from the Real World*. A única exceção é a primeira subparte do capítulo II (Funções e Centros), extraída de *Psychology of Man's Possible Evolution*,* baseada nas explicações de Gurdjieff sobre funções e centros "da maneira como foram expostos nas palestras psicológicas". A exposição das teorias de Gurdjieff, apresentadas em épocas e ocasiões diferentes, foi modificada, principalmente em seu estilo e linguagem, sempre que necessário, a fim de constituírem um único tomo. Tomou-se o cuidado de preservar o uso que Ouspensky fazia de itálicos e de aspas no intuito de indicar palavras convencionais com um significado especial.

Os leitores que vão entrar em contato com as ideias de Gurdjieff pela primeira vez devem estar preparados para um desafio iconoclasta lançado às fundações da moderna visão de mundo — especialmente a consciência e o livre-arbítrio humanos, o progresso e a civilização e a importância da vida humana no universo. Situando nosso sistema solar na vastidão da Via Láctea, o autor introduz a ideia de escala e define mundos finitos e infinitos. Ele recorda a antiga teoria dos cosmos e afirma que as leis fundamentais que governam os fenômenos são as mesmas em todos os níveis e que o homem é um microcosmo que representa o universo inteiro. Logo, não devemos buscar a realidade olhando para fora — em uma visão mística da Terra ou do Cosmos —, mas voltando-nos para o interior, observando tempo e espaço dentro de nós mesmos. O antigo aforismo "conhece-te a ti mesmo" é invocado em seu sentido original, do templo egípcio — uma chamada para nos abrirmos à consciência, para vermos a realidade.

Na introdução, Gurdjieff descarta o conhecimento moderno, supostamente científico, dizendo que ele se baseia na percepção sensorial, e afirma que o conhecimento da realidade só pode ser aprendido por um tipo especial de "autoestudo" realizado com outras pessoas. Nos capítulos seguintes, ele lembra que a realização dessa possibilidade depende de nosso próprio desejo e esforço; ninguém mais se

---

* *Psicologia da Evolução Possível ao Homem*, publicado pela Editora Pensamento, São Paulo, 1981.

preocupa com esse trabalho ou o realiza por nós. Depois, estabelece os princípios do ensinamento — mas não como uma verdade revelada na qual se deve acreditar ou a que se deve obedecer. Diferentemente, seu primeiro princípio afirma que nada deve ser aceito com base na fé. O Quarto Caminho é, acima de tudo, um caminho de *conhecimento*, e não de crença ou de obediência. Trata-se de um caminho de *compreensão*.

Gurdjieff oferece um conselho fundamental a fim de que seus textos sejam entendidos: "Não aceite nada ao pé da letra. Procure apenas captar o princípio". Essa instrução, obviamente, aplica-se quando ele fala de relacionamentos cósmicos (por exemplo, o "raio da criação" ou o "alimento para a lua") ou de conceitos metafísicos (como a obtenção de "corpos" transubstanciais). Mas aplica-se do mesmo modo à sua estrutura multicerebral da fisiologia humana, a qual, adverte, só foi apresentada "como um plano de auto-observação pessoal". *Nada deve ser entendido literalmente.*

As notas biográficas presumem que o Quarto Caminho seja um ensinamento esotérico daquilo que Gurdjieff chamou de Grande Conhecimento: a ciência esquecida da relação entre o homem, Deus e o universo, transmitida para iniciados durante milhares de anos na Ásia Central, no Egito e na Grécia. Gurdjieff encantou-se ao descobrir esse conhecimento oculto, em que se destacava seu amigo mais próximo, um príncipe russo seguidor do budismo Vajrayana. E foram os princípios da transmissão esotérica que determinaram os papéis de Gurdjieff e de seus seguidores mais próximos, Ouspensky e Jeanne de Salzmann.

A característica definitiva do esoterismo é a diferenciação entre a forma externa ou exotérica do ensinamento, visível para quem não é iniciado, e o conteúdo interno, esotérico, que só pode ser conhecido por aqueles que o praticam. O externo pode ser transmitido por alguém que compreende sua doutrina, mas o interno só pode ser compartilhado por um iniciado que sabe vivenciar o ensinamento na prática. Gurdjieff faz essa distinção no capítulo V, que trata das religiões, ao diferenciar o ensinamento da doutrina, a qual especifica *o que* deve ser feito, do ensinamento do conhecimento prático — o *como* fazê-lo. Para ele, só uma pessoa que pode viver segundo os preceitos de Cristo tem direito de se chamar de cristão.

Os primeiros ensinamentos de Gurdjieff ao grupo de São Petersburgo e no Prieuré foram transmitidos segundo a forma externa de ideias apresentadas a quem não tinha experiência no trabalho prático com a consciência. Gurdjieff ensinou que o caminho para a realidade objetiva se dava por meio da "autoconsciência", mas que só poderia indicar a direção necessária em termos conceituais, com ilustrações extraídas da experiência cotidiana. Por exemplo, a principal relação entre mente, sentimento e corpo foi expressa metaforicamente como condutor, cavalo e carruagem. Em uma analogia com uma casa com quatro cômodos, referiu-se ao "trabalho" simultâneo nesses quatro recintos. E a necessidade de um "superesforço" — ou seja, algo além de nossos meios habituais — era transmitida como um esforço comum extraordinário, como quando alguém se esforça além do ponto da exaustão. A uma plateia despreparada, Gurdjieff não podia indicar o trabalho interior prático exigido para a conexão com os centros inferiores ou a abertura dos centros superiores. Nos anos seguintes, com visitantes da América e da Inglaterra, baseou-se em leituras de seu primeiro livro, *Beelzebub's Tales to His Grandson* (*Relatos de Belzebu a seu Neto*), como meio de compartilhar seu ensinamento de forma alegórica.

A natureza esotérica do ensinamento de Gurdjieff foi reconhecida desde o início por Ouspensky, familiarizado com textos teosóficos e que tinha viajado à Índia em busca de uma "escola" esotérica. Quando conheceu Gurdjieff, quis saber na mesma hora o que este pensava sobre as "escolas" esotéricas e o esoterismo. Conforme esboçado nas notas biográficas, mais tarde ele percebeu que seu papel era promover o sistema de ideias — a forma exterior do ensinamento —, em vez de se dedicar à prática interior sob a orientação de Gurdjieff. Como ambos viam o ensinamento com base no esoterismo, a separação entre eles não foi a ruptura divisória imaginada por seus respectivos seguidores.

Essa interpretação, que aceita a distinção exotérica/esotérica com relação ao ensinamento e seus atores, contradiz a visão estabelecida, baseada em seu comportamento exterior. Para mim, ela foi compelida por dois fatores fundamentais citados nas notas biográficas. Primeiro, Gurdjieff condenou o fato de Ouspensky transmitir ensinamentos independentemente dele como uma traição digna de um Judas Iscariotes, quando, na verdade, Gurdjieff respeitava de modo profundo Judas como um discípulo leal, único a compreender a missão de Cristo. Depois,

Ouspensky, por sua vez, repudiou de modo altruísta o Sistema que ensinou durante vinte e cinco anos, a fim de deixar seus seguidores livres para migrar para Gurdjieff. Essas duas ações distintas e tão extraordinárias seriam, na minha opinião, inexplicáveis, a menos que os dois estivessem agindo em conjunto no intuito de promover o Quarto Caminho. Claro, essa cumplicidade secreta nunca foi admitida por eles nem pela senhora Salzmann, que deve tê-la conhecido. Mas foi confirmada com uma viagem especial que ela fez a Londres em 1947, quando convidou Ouspensky para ir a Paris reunir-se com Gurdjieff. Estive presente quarenta anos depois, quando ela relembrou seu encontro final com Ouspensky, nove meses antes de sua morte. Ela disse que os dois conversaram até tarde da noite, e que Ouspensky chorou por não poder ir a Paris. Foi então que ele lhe deu o manuscrito de *Fragmentos de um Ensinamento Desconhecido*, o qual deveria ser entregue a Gurdjieff. O que me comoveu mais foi o fato de ela ter falado de Ouspensky como um velho amigo, com um afeto profundo, algo que nunca teria sentido, caso achasse que ele havia traído o homem a quem ela reverenciava como seu mestre.

Stephen A. Grant

EM BUSCA
DO SER

INTRODUÇÃO

Saia de casa em uma noite límpida e estrelada, em uma área aberta, e olhe para o céu, para os milhões de mundos acima da sua cabeça. Lembre-se: é possível que em cada um deles haja bilhões de seres, similares ou talvez superiores a você em organização. Olhe para a Via Láctea. A Terra nem sequer pode ser chamada de grão de areia nessa infinitude. Ela se dissolve e desaparece. E, com ela, você — onde você está?

O conhecimento da relação entre o homem e o universo existe desde tempos remotos. O Grande Conhecimento é sempre o mesmo, mas a forma pela qual ele é expressado muda em função do lugar e da época. Como a língua, que evoluiu durante séculos, a forma mal é compreensível para as gerações subsequentes. Em sua maior parte, esse conhecimento é entendido literalmente e, assim, o conteúdo interno é perdido.

O Grande Conhecimento é transmitido de modo sucessivo, de era para era, de povo para povo, de raça para raça. Os grandes centros de iniciação da Índia, da Assíria, do Egito e da Grécia iluminam o mundo com luz brilhante. Os nomes reverenciados dos grandes iniciados, portadores vivos da verdade, são transmitidos com reverência de geração para geração. A verdade é determinada mediante escritos e lendas simbólicas e é passada às massas para ser preservada na forma de costumes e cerimônias, em tradições orais, em memoriais e na arte sacra, por qualidades invisíveis da dança, da música, da escultura e de diversos rituais. Ela é comunicada abertamente após um teste definitivo para os que a buscam e é preservada pela transmissão oral na cadeia daqueles que sabem. Transcorrido certo tempo, os centros de iniciação morrem, um após o outro, e o conhecimento antigo parte em túneis subterrâneos e chega às profundezas, oculto dos olhares dos buscadores. Os portadores desse conhecimento também se ocultam, tornando-se desconhecidos para aqueles que os rodeiam. Mas não deixam de existir. De tempos em tempos, irrompem córregos separados pela superfície e mostram que, em algum lugar profundo no interior, e até hoje, flui o poderoso e antigo rio do verdadeiro *conhecimento do ser*.

Descobrir esse rio, encontrá-lo — essa a tarefa e a meta da busca. Pois, tendo-o encontrado, a pessoa pode se entregar corajosamente ao caminho que deseja percorrer. Então, faltará apenas o "conhecer" para "ser" e "fazer". O princípio do autoconhecimento é claro: *Para conhecer, é preciso descobrir como conhecer.*

Nesse caminho, o buscador não estará totalmente só. Nos momentos difíceis, receberá apoio e orientação, pois todos que percorrem esse caminho acham-se ligados por uma corrente ininterrupta. A teoria do esoterismo é que a humanidade consiste em um círculo exterior mais amplo, o qual envolve todos os seres humanos, e de um pequeno círculo de pessoas instruídas e compreensivas no centro. Estas produzem linhas civilizatórias exotéricas e esotéricas, paralelas e independentes. Invariavelmente, uma delas se sobrepõe à outra e se desenvolve, enquanto a outra se esvanece. Um período de civilização esotérica surge quando há condições externas favoráveis, políticas e outras. Então, o *conhecimento*, ao trajar um ensinamento correspondente às condições da época e do lugar, torna-se amplamente difundido.

Toda religião aponta para a existência de um centro comum do conhecimento, e esse conhecimento é expressado em todos os livros sagrados, mesmo que as pessoas não queiram absorvê-lo. Com efeito, esse conhecimento é bem mais acessível do que costumamos supor. Ninguém oculta nada; não há segredo algum. Mas é preciso muito trabalho e esforço para adquirir e transmitir conhecimentos verdadeiros, tanto por parte de quem os transmite como daquele que os recebe. E os que têm esse conhecimento fazem tudo que está ao seu alcance para compartilhá-lo com o maior número possível de pessoas, sempre buscando ajudá-las a abordá-lo quando estão preparadas para receber a verdade. Em última análise, porém, o conhecimento não pode ser imposto a ninguém, e uma enquete imparcial da vida da pessoa mediana, daquilo que lhe interessa e ocupa seu dia, mostra imediatamente que o problema está no fato de as pessoas não quererem esse conhecimento ou não serem capazes de recebê-lo.

Quem deseja o conhecimento deve, antes, fazer um esforço inicial no intuito de descobrir e abordar a fonte desse conhecimento por conta própria. Isso pode ser obtido pelo simples ato de seguir os sinais, os quais, embora disponíveis para todos, geralmente as pessoas se recusam a ver ou a reconhecer. O conhecimento nunca chega sozinho até nós. Compreendemos isso muito bem no que diz respeito a conhecimentos comuns, mas, com o Grande Conhecimento, quando admitimos a possibilidade de sua existência, de certo modo esperamos alguma coisa diferente. Por exemplo, sabemos muito bem que, se uma pessoa quiser dominar a língua chinesa, vai precisar dedicar vários anos a seu estudo. Sabemos que são necessários cinco anos para a compreensão dos princípios da medicina, e talvez o dobro disso para a pintura ou a música. Contudo, segundo algumas teorias podemos adquirir *conhecimentos* sem esforço algum, mesmo *durante o sono*. A própria existência dessas teorias demonstra, uma vez mais, por que o conhecimento ainda não nos é acessível. Ao mesmo tempo, entretanto, precisamos compreender que é pouco provável que nossos esforços independentes para realizarmos algo dessa natureza tenha êxito. Só podemos conquistar um conhecimento com a ajuda de quem já o possui. *Precisamos aprender com aqueles que sabem.*

Nosso conhecimento atual baseia-se na percepção sensorial — como a das crianças. Se quisermos adquirir o conhecimento da realidade, devemos mudar a nós mesmos, abrindo-nos para um estado mais elevado de consciência mediante o desenvolvimento de nosso ser. A mudança do conhecimento provém da mudança do ser. Primeiro, precisamos ter o autoconhecimento e, com a ajuda do autoconhecimento, aprenderemos a mudar nossa essência — caso queiramos mudá-la. Sistemas e escolas podem indicar métodos e caminhos; assim, quando estivermos prontos, um novo conhecimento virá do exterior até nós. Mas não há sistema ou escola que possa fazer o trabalho por nós — teremos de fazê-lo por conta própria. O crescimento interior, a mudança do ser, depende totalmente do trabalho que a pessoa deve fazer sozinha.

Nos próximos capítulos, muitas coisas serão explicadas de modo esquemático, inclusive as leis da unidade refletidas em todos os fenômenos. Mas quando usamos palavras que lidam com o conhecimento objetivo, com a unidade na diversidade, qualquer tentativa de compreensão literal leva à ilusão. Logo, não leve nada ao pé da letra. Procure apenas compreender o princípio, a fim de que o entendimento se aprofunde cada vez mais. Neste ensinamento, o primeiro princípio é que nada deve ser aceito com base na fé. Não devemos acreditar em nada que não possamos constatar pessoalmente.

I

CONHECE-TE A TI MESMO

O QUE SOMOS NÓS?

Ao falarmos sobre assuntos variados, podemos perceber como é difícil transmitir nossa visão sobre eles, mesmo que o tema seja o mais banal e que conheçamos bem nosso interlocutor. Nossa língua é pobre demais para fazermos descrições completas e exatas. Essa lacuna de compreensão entre uma pessoa e outra é um fenômeno organizado matematicamente, tão preciso quanto uma tabela de multiplicação. De modo geral, depende da chamada "psique" das pessoas envolvidas e, em particular, do estado de suas psiques em um determinado momento.

A veracidade dessa lei pode ser confirmada a cada passo. A fim de sermos compreendidos por outra pessoa, não basta ao locutor saber falar: o ouvinte precisa saber ouvir. Primeiro, precisamos determinar a possibilidade de uma compreensão comum. Com esse intuito, temos de olhar para as coisas, especialmente para nós mesmos, segundo um ponto de vista, um ângulo, o qual pode ser diferente do costumeiro ou natural para nós. Apenas olhar — fazer mais só é possível com a vontade e a cooperação do ouvinte e somente quando ele deixa de ser passivo e começa a ouvir em um estado ativo.

Volta e meia, ao conversarmos com as pessoas, ouvimo-las expressar a visão direta ou implícita de que o homem, tal como o encontramos na vida cotidiana, pode ser considerado quase o centro do universo, a "coroa da criação", ou algo que sugira que ele é uma entidade grandiosa e importante, que suas possibilidades e seus poderes são quase ilimitados. Mas, mesmo nessas visões, há várias reservas. Dizemos que, para isso, são necessárias condições excepcionais, circunstâncias especiais, inspiração, revelação, e assim por diante.

Se, entretanto, examinarmos esse conceito de "homem", veremos imediatamente que ele é composto por características que não pertencem a uma pessoa apenas, mas a diversos indivíduos distintos, conhecidos ou imaginários. Nunca conhecemos uma pessoa assim na vida real, seja no presente, seja como personagem histórico do passado. Pois cada um de nós tem suas próprias fraquezas, e, se olharmos de perto, a miragem da grandeza e do poder se dissolve. Porém o mais interessante não é o fato de envolvermos os outros com essa miragem, e sim que, por uma peculiaridade de nossa própria psique, nós a transferimos a nós mesmos, se não em sua totalidade, pelo menos em parte, como um reflexo. E assim, apesar de sermos todos seres humanos comuns, imaginamo-nos como esse tipo coletivo, ou algo bem próximo dele.

Se soubéssemos como ser sinceros de verdade com nós mesmos — não da forma como essa palavra costuma ser entendida, mas impiedosamente honestos —, então para a pergunta "O que somos?" não esperaríamos uma resposta reconfortante. Mas, do jeito que somos, quase todos ficaríamos intrigados e responderíamos com outra pergunta: "O que você quer dizer?". E então perceberíamos que vivemos toda a vida sem nos fazermos essa pergunta e que consideramos líquido e certo, até axiomático, sermos "alguma coisa", alguma coisa até valiosa, alguma coisa da qual nunca duvidamos. Ao mesmo tempo, não somos capazes de explicar a outra pessoa o que é essa coisa, não somos capazes de transmitir sequer uma noção do que seja, pois nós mesmos não sabemos o que ela é. Será que não sabemos porque, na verdade, essa "alguma coisa" não existe, apenas supomos que exista? Não é estranho prestarmos tão pouca atenção a nós mesmos, sem nos interessarmos de fato pelo autoconhecimento? Não é estranho fecharmos os olhos para o que somos, passando a vida com a reconfortante convicção de que representamos algo de valor? Deixamos de enxergar o vazio oculto por trás da fachada criada por nossa autoilusão e não percebemos que esse valor é puramente convencional.

Certo, nem sempre é assim. Nem todos se veem de modo superficial. Há mentes inquisitivas que anseiam pela verdade do coração, buscam-na, esforçam-se por solucionar os problemas impostos pela vida, tentam penetrar a essência das coisas, compreenderem-se a si mesmos. Se raciocinarmos e pensarmos de modo sensato, independentemente do caminho seguido para a solução desses problemas, acabaremos, inevitavelmente, voltando para nós mesmos. Devemos começar solucionando o que somos e qual nosso lugar no mundo que nos rodeia. Pois, sem esse conhecimento, nossa procura não terá um centro de gravidade. As palavras de Sócrates, "Conhece-te a ti mesmo", ainda são um princípio orientador para todos que buscam o verdadeiro conhecimento e o verdadeiro *ser*.

Acabamos de usar uma palavra nova — "ser" —, e, da mesma forma, é importante que a compreendamos. Temos questionado se o que pensamos a nosso respeito corresponde ao que somos de fato. Um homem, por exemplo, é médico; aquela mulher é engenheira, ou artista. Somos mesmo o que pensamos ser? Podemos nos definir como sinônimos de nossa profissão, com a experiência que ela — ou a preparação para ela — nos trouxe?

A imagem que fazemos de nós mesmos é formada pelo que vivenciamos. Cada um de nós vem ao mundo imaculado, como uma folha de papel em branco. Depois, as pessoas e as circunstâncias que nos rodeiam começam a competir entre si para manchar essa folha, para cobri-la de textos. A educação, a formação da moral, informações chamadas de "conhecimento" — sentimentos como dever, honra, consciência etc. — entram aqui. E todas essas pessoas afirmam que os métodos adotados a fim de enxertar esses brotos conhecidos como "personalidade" humana no tronco são imutáveis e infalíveis. Lentamente, a folha vai se manchando, e, quanto mais coberta pelo tão propalado "conhecimento", mais somos considerados sábios. Quanto mais textos no lugar chamado "dever", mais somos tidos como honestos. E assim é com tudo o mais. Esse é um exemplo do que chamamos de "homem", ao qual volta e meia acrescentamos palavras como "talentoso" e "genial". Mas esse gênio vai ficar de mau humor pelo resto do dia caso não encontre seus chinelos ao pé da cama ao acordar de manhã.

Não percebemos que não somos livres em nossas manifestações ou na vida. Nenhum de nós pode ser o que deseja ser e o que pensa que é. Nenhum de nós é como a imagem que temos a nosso respeito, e os termos "homem" e "coroa da criação" não se aplicam a nós. "Homem" — eis uma expressão de orgulho. Mas devemos nos perguntar: que tipo de homem? Evidentemente, não aquela pessoa que se irrita com trivialidades, que presta atenção em assuntos insignificantes e se distrai com tudo o que o rodeia. Para termos o direito de nos chamarmos "homens", precisamos *ser* homens de fato. E esse "ser" só surge com o autoconhecimento e o desenvolvimento em direções que se tornam claras por meio do autoconhecimento.

Já tentamos nos observar quando nossa atenção não estava concentrada em algum problema específico? A maioria está familiarizada com a situação, embora talvez uns poucos tenham observado essa situação em si mesmos de maneira sistemática. Sem dúvida, temos consciência de que pensamos por meio de associações casuais: o pensamento reúne cenas e recordações desconexas e tudo que cai no campo da consciência, ou apenas a toca de leve, evoca associações casuais. O fio condutor dos pensamentos parece ininterrupto, entretecendo fragmentos de percepções anteriores com base em gravações distintas na memória. E essas gravações ficam tocando continuamente, enquanto o aparato de nosso pensamento tece habilmente fios de pensamento com esse material. Nossas emoções seguem o mesmo caminho, agradáveis e desagradáveis — alegria e tristeza, riso e irritação, prazer e dor, simpatia e antipatia. Somos elogiados e ficamos satisfeitos; alguém nos desaprova e estraga nosso humor. Alguma coisa nova atrai nosso interesse e faz com que esqueçamos no mesmo instante o que tanto nos interessou no momento anterior. Lentamente, nosso interesse se apega a essa coisa nova, de tal forma que nos enfiamos nela da cabeça aos pés. De repente, somos possuídos, cativados por ela. Desaparecemos. E essa propensão a sermos cativados, esse encantamento, é uma propriedade que cada um tem sob vários disfarces diferentes. Ela nos prende, toma nossas forças e nosso tempo, deixando-nos sem qualquer possibilidade de sermos objetivos e livres — duas qualidades essenciais a qualquer um que pretende seguir o caminho do autoconhecimento.

Se desejamos autoconhecimento, devemos almejar a liberdade. A meta do autoconhecimento e a possibilidade do autodesenvolvimento são tão importantes e sérias — e exigem esforços tão intensos —, que é impossível tentar realizá-las de maneiras ultrapassadas e em meio a outros interesses. Se desejamos atingir essa meta, antes de tudo devemos inseri-la na vida, que não é tão longa a ponto de nos permitir desperdiçá-la com trivialidades. A fim de podermos aproveitar o tempo investido nessa busca, precisamos nos livrar de qualquer tipo de apego. Liberdade e seriedade. Não aquela seriedade que observa tudo sob cenho cerrado e bico nos lábios, com gestos cuidadosamente restritos e palavras filtradas pelos dentes, mas a seriedade que exige determinação e persistência, intensidade e constância na tarefa, no intuito de que, mesmo em repouso, continuemos em nossa busca.

Perguntemo-nos: somos livres? Se tivermos relativa segurança no campo material e não tivermos de nos preocupar com o dia seguinte, se não dependermos de ninguém para nosso sustento ou para determinar nossas condições de vida, estaremos inclinados a dizer sim. Mas a liberdade de que precisamos não é uma questão de circunstâncias externas. É uma questão de estrutura interior e de nossa atitude perante essas condições interiores. Talvez, porém, pensemos que nossa incapacidade só se aplica às nossas associações automáticas e que, com relação às coisas que "conhecemos", a situação seja diferente.

No decorrer da vida, aprendemos o tempo todo e damos aos resultados desse aprendizado o nome de "conhecimento". Mas, apesar desse conhecimento, não raro nos mostramos ignorantes, distantes da vida real e, portanto, mal adaptados a ela. A maioria das pessoas é meio educada, como girinos; em geral, somos apenas pessoas "educadas", com algumas informações sobre muitas coisas, de forma indistinta e inadequada. Com efeito, trata-se só de informação. Não podemos chamá-la de conhecimento, pois o conhecimento é um bem inalienável da pessoa. Não pode ser mais, não pode ser menos. Pois uma pessoa só *conhece* quando *ela mesma é esse conhecimento*. Em relação às nossas convicções — nunca as vimos mudar? Não flutuam como quaisquer outras coisas em nós? Seria muito mais preciso chamá-las de opiniões, em vez de convicções, uma vez que dependem tanto de nosso humor quanto de nossa informação, ou talvez apenas do estado de nosso estômago em determinado momento.

Cada um de nós é um exemplo até banal de autômato animado. Podemos achar que precisamos de uma "alma", ou mesmo de um "espírito", para agirmos e vivermos como vivemos. No entanto, talvez baste uma chave para darmos corda em nosso mecanismo. Nossas porções cotidianas de alimento nos ajudam a ganhar corda e renovar as micagens sem sentido de nossas associações, repetidas vezes. Dentre elas, selecionamos alguns pensamentos. Tentamos conectá-los a um conjunto e passá-los adiante como valiosos, e como de nossa autoria. Também colhemos emoções e sensações, humores e experiências. E, com tudo isso, criamos a miragem de uma vida interior. Chamamo-nos de seres conscientes e racionais, falamos de Deus, da eternidade, da vida eterna e de outras questões elevadas.

Falamos de tudo que podemos imaginar, julgar e discutir, definir e avaliar. O que omitimos, todavia, é falar de nós mesmos e de nosso valor real e objetivo. Pois estamos convictos de podermos obter qualquer coisa que possa estar faltando em nós.

Como já dissemos, há pessoas que sentem fome e sede da verdade. Se examinarmos os problemas da vida e formos sinceros com nós mesmos, vamos nos convencer de que já não é mais aceitável viver como vivemos antes, nem ser o que temos sido até agora. Faz-se essencial uma saída para essa situação. Mas só podemos desenvolver nossa capacidade potencial depois de limpar o material que entupiu esta nossa máquina no decorrer da vida. Para fazê-lo de maneira racional, precisamos ver o que precisa ser limpo, e onde e como. E ver isso sozinho é quase impossível. A fim de vermos essas coisas, é preciso olhar com objetividade desde o exterior. E para isso é preciso ajuda mútua.

Esse é o estado de coisas no âmbito do autoconhecimento. Para "fazer", precisamos *conhecer*, mas para conhecer precisamos descobrir *como conhecer*. Não podemos descobrir isso sozinhos.

O HOMEM NÃO PODE "FAZER"

Para um estudo exato, é preciso uma linguagem exata. Mas a linguagem cotidiana que usamos a fim de expressar o que conhecemos e compreendemos e de escrever livros não basta para nem mesmo uma pequena parcela disso. Um discurso impreciso não pode servir a um conhecimento exato. As palavras são muito vagas, nebulosas e indefinidas, e o significado que atribuímos a elas é arbitrário e variável demais. Elas não podem ter nenhum significado constante. Mas não temos maneira de indicar o significado e a nuance específicos atribuídos a cada palavra, ou seja, a relação com que as palavras são utilizadas por nós. E não temos essa meta. Queremos estabelecer, invariavelmente, nosso significado pessoal a uma palavra, usando-a sempre nesse sentido, o que, por óbvio, é impossível, pois a mesma palavra, usada em momentos diferentes e de maneiras variadas, tem significados diferentes.

O uso errôneo de palavras e as qualidades das palavras em si tornaram-nas instrumentos inconfiáveis para um discurso e um conhecimento exatos, para não falar do fato de não termos nem palavras nem expressões para muitos conceitos acessíveis à razão humana. Só a linguagem dos números pode servir para expressões exatas, mas essa linguagem é aplicada apenas para designar e comparar quantidades. No entanto, as coisas não diferem apenas em tamanho, e sua definição do ponto de vista quantitativo não é suficiente para conhecê-las e analisá-las com exatidão. Não sabemos aplicar a linguagem dos números a atributos e bem designar numericamente qualidades com relação a alguma constante. Se isso pudesse ser feito, poderíamos nos expressar em uma linguagem exata. Todavia, precisamos aproximar nosso pensamento de uma designação precisa e matemática das coisas e dos eventos e descobrir a possibilidade de nos compreendermos e aos demais.

Se tomarmos qualquer das palavras mais usadas e tentarmos entender seus diversos significados de acordo com quem as usa e como as usa, veremos por que não temos o poder de expressar nossos pensamentos com exatidão e por que tudo o que pensamos e dizemos é tão instável e contraditório. Além de haver diversos sentidos para cada palavra, essa confusão e essa contradição são causadas pelo fato de nunca definirmos para nós mesmos o sentido preciso com que usamos uma palavra em especial, e ainda nos perguntamos por que os outros não entendem algo que é tão claro para nós. Se, por exemplo, a palavra "mundo" for dita na companhia de dez pessoas, cada uma a entenderá à sua maneira. Se soubéssemos captar e escrever nossos próprios pensamentos, veríamos que não temos ideias conectadas com a palavra "mundo", mas que apenas um termo bem conhecido e um som familiar foram emitidos, cuja importância supomos conhecer. É como se cada um de nós ouvisse a palavra e dissesse para si mesmo: "Ah, o 'mundo', sei o que é isso". Na verdade, não sabemos. Mas a palavra é familiar, e por isso não nos ocorre questioná-la — apenas a aceitamos. Só nos lembramos de fazer perguntas sobre palavras novas, as quais não identificamos, e aí costumamos substituir uma palavra conhecida pela desconhecida. Damos a isso o nome de "compreensão".

Mas, se nos perguntarmos o que entendemos pela palavra "mundo", ficaremos perplexos diante de tal questão. Normalmente, quando ouvimos ou usamos essa palavra em uma conversa, não pensamos no que ela significa, decidindo, de uma vez por todas, que sabemos e que todos sabem. Agora, pela primeira vez, vemos que não sabemos e que nunca pensamos nisso. Mas não conseguiremos e não saberemos ficar com a ideia de nossa ignorância. Não temos uma capacidade de observação adequada e não somos sinceros o suficiente com nós mesmos. Vamos nos recuperar em breve, ou seja, não tardaremos a nos enganar. E vamos nos lembrar de uma definição para a palavra "mundo" ou compor rapidamente uma definição para ela, com base em alguma fonte familiar, ou tomar emprestada a primeira definição que alguém apresentar e que entrar em nossa cabeça. Depois, vamos expressá-la como sendo nossa própria compreensão, embora nunca tenhamos pensado de fato nessa palavra nem saibamos o que pensamos dela.

Porém, se a questão for tratada da maneira correta, poderemos estabelecer com razoável precisão o que entendemos com essa palavra. E, com a compreensão certa, essa definição incluiria em si mesma todas as visões acerca do mundo e todas as abordagens diante da questão. Assim, tendo concordado com tal definição, seríamos capazes de conversar com outras pessoas sobre o mundo. De fato, só quando partimos de tal definição é que podemos nos entender. Isso se dá porque, na verdade, vivemos em um e ao mesmo tempo em seis mundos, assim como vivemos em determinado andar de determinado prédio, na rua, na cidade, no estado e no continente tal e tal. Se falarmos do lugar onde moramos sem fazer referência ao prédio, à cidade ou à região do mundo, certamente não seremos compreendidos. Mas sempre falamos dessa maneira sobre coisas que não têm importância prática. Com uma única palavra, designamos prontamente uma série de conceitos que lhe estão relacionados, assim como uma parte desprezível relaciona-se com um todo imenso.

Um discurso exato deveria sempre indicar, com razoável precisão, com que relação cada conceito é adotado e o que ele inclui em si mesmo — ou seja, de que parte consiste e onde se encaixa como componente. Isso é inteligível e irrefutável, mas infelizmente nunca acontece, mesmo que seja pelo fato de que em geral não conhecemos, e não temos como descobrir, as partes e as relações do conceito apresentado. Um princípio importante deste ensinamento é deixar clara a relatividade de cada conceito, não no sentido abstrato de que tudo no mundo é relativo, mas indicando exatamente no que e como ele se relaciona com o resto.

Agora, se considerarmos o conceito de "homem", veremos outra vez como a palavra é mal-entendida e que as mesmas contradições se opõem a ele. Todos usam essa palavra e acham que entendem o que quer dizer "homem". Mas, na verdade, cada um compreende esse conceito à sua própria maneira, e todos de maneira diferente. O naturalista sábio vê uma raça aperfeiçoada de macacos, definindo o homem pela construção de seus dentes, e assim por diante. O religioso, que acredita em Deus e em uma vida futura, vê no homem sua alma imortal confinada a um envelope terrestre perecível, cercado por tentações que o levam a perigos. O economista considera o homem uma entidade produtiva e consumidora. E assim por diante. Todas essas visões parecem totalmente opostas entre si, contradizendo-se, e sem pontos de contato. Ademais, a questão se complica pelo fato de vermos muitas diferenças entre as pessoas, tão grandes e tão nitidamente definidas que, em geral, parece estranho usar um único termo, "homem", para referir-se a todos esses seres diferentes.

E se, diante de tudo isso, perguntarmo-nos o que é o homem, veremos que não podemos responder a essa questão — nós não sabemos. As definições não são suficientes, seja em termos anatômicos, fisiológicos, psicológicos ou econômicos, pois relacionam-se igualmente com todos os aspectos, sem permitir a distinção por meio de diferenças visíveis. Apesar de nosso depósito de informações bastar para determinarmos o que é o homem, não sabemos como tratar a questão de forma simples. Nós mesmos complicamos e confundimos a questão.

Para este ensinamento, define-se homem como o ser que pode "fazer", ou seja, agir conscientemente segundo sua própria vontade. Não podemos encontrar uma definição mais completa. Os animais diferem das plantas pelo poder da locomoção. E embora um molusco preso a uma rocha e certas algas marinhas capazes de se mover contra a corrente pareçam violar esse princípio, mesmo assim a lei é verídica — uma planta não caça comida, não evita uma colisão nem se esconde de seu perseguidor. O homem difere do animal pela capacidade de agir com consciência, pela capacidade de fazer. Não podemos negar isso e vemos que essa definição satisfaz todos os requisitos. Permite-nos isolar o homem de outros seres que não têm o poder de agir conscientemente e, ao mesmo tempo, diferenciar uma pessoa de acordo com o grau de consciência em sua ação.

Sem exagero, podemos dizer que todas as diferenças que nos destacam de outras pessoas podem ser reduzidas a diferenças na consciência de suas ações. Elas parecem variar muito porque as ações de algumas delas são, segundo nossa opinião, profundamente conscientes, enquanto as ações de outras são tão inconscientes que parecem até superar a inconsciência das pedras, as quais, pelo menos, reagem de modo correto a fenômenos exteriores. A questão é complicada porque, de modo geral, a mesma pessoa nos mostra, ao lado do que parecem ser atos de vontade inteiramente conscientes, outras reações bem inconscientes, animais ou mecânicas. Por isso, o homem nos parece um ser extraordinariamente complicado. Este ensinamento nega essa complicação e põe-nos diante de um paradoxo difícil: o homem é aquele que pode "fazer", mas, entre as pessoas comuns, bem como entre as consideradas extraordinárias, não há ninguém que possa "fazer".

Na vida pessoal, familiar e social, na política, na ciência, na arte, na filosofia e na religião, tudo, do começo ao fim, está "feito". Ninguém pode "fazer" nada. Se duas pessoas, ao começarem uma conversa sobre o homem, concordarem em chamá-lo de um ser capaz de ação, de "fazer", elas irão se entender. Deixaremos bem claro o que significa "fazer", algo que requer um elevado grau de existência e de conhecimento. Em geral, nem sequer compreendemos o que significa "fazer", pois, em nosso próprio caso e no dos que nos rodeiam, tudo está sempre "feito" e tem sido sempre "feito".

A pessoa que dorme não pode "fazer". Com ela, tudo é feito no sono. Aqui, o sono é entendido não no sentido literal do sono orgânico, mas no sentido de um estado de existência associativa. Antes de tudo, precisamos despertar. Tendo despertado, veremos que, tal como somos, não podemos "fazer". Então, teremos de morrer voluntariamente e renascer. Renascidos, deveremos crescer e aprender. Depois de termos crescido e aprendido, seremos capazes de "fazer".

A ideia de que o homem não pode "fazer" e de que tudo está "feito" nele coincide com a ciência positivista. De acordo com essa visão, o homem é um mecanismo complicado que se desenvolveu por meio da evolução a partir do organismo mais simples e é capaz de reagir de maneira complexa a impressões externas. Essa capacidade de reação é tão complicada, e a reação em resposta pode ser tão distante da causa que a produziu, que as ações da pessoa, ou ao menos uma parte delas, parecem, a um observador ingênuo, voluntárias e independentes. Na verdade, o homem não é capaz sequer da menor ação independente ou espontânea. Todo ele nada é senão o resultado de influências externas. O homem é um processo, uma estação transmissora de forças. Se imaginarmos uma pessoa privada desde o nascimento de quaisquer impressões, com a vida preservada por algum milagre, essa pessoa não seria capaz de um único movimento ou de uma só ação. Na verdade, essa pessoa não poderia viver, pois não poderia nem respirar, nem comer. A vida é uma série complicada de ações — respiração, alimentação, troca de matérias, crescimento de células e tecidos, reflexos, impulsos nervosos, e assim por diante. Em uma pessoa sem impressões externas, nada disso seria possível. E, é evidente, ela não conseguiria realizar ações consideradas voluntárias e conscientes.

Logo, do ponto de vista positivista, o homem só difere dos animais pela maior complexidade de suas reações diante de impressões externas e por um intervalo maior entre impressão e reação. Mas o homem, como os animais, é incapaz de ter suas próprias ações independentes, e o que chamamos de "vontade" no homem nada mais é do que o resultado de seus desejos. Essa visão é claramente positivista.

Mas há uns poucos que a afirmam de modo sincero e consistente. Na verdade, muitos, embora afirmem a si mesmos e aos demais que estão baseados em uma cosmovisão positivista estritamente científica, apoiam uma mescla de teorias. Aceitamos a visão positivista das coisas só até certo ponto, até ela começar a ficar muito austera, oferecendo pouco consolo. Por um lado, admitimos que todos os processos físicos e psíquicos do homem são meros reflexos, mas, ao mesmo tempo, presumimos certa consciência independente, certo princípio espiritual — o livre-arbítrio.

Segundo o ponto de vista deste ensinamento, a vontade é uma combinação específica, derivada de qualidades especialmente desenvolvidas e existentes em uma pessoa capaz de "fazer". É sinal de um nível bem elevado de existência, em comparação com a existência de uma pessoa comum. Apenas os que são desse modo podem "fazer". Os demais são meros autômatos, acionados por forças externas. Somos como uma simples máquina ou um brinquedo mecânico, os quais só funcionam enquanto a corda que lhe vai dentro se desenrola, sem serem capazes de acrescentar qualquer coisa à sua força. Há grandes possibilidades no homem, bem maiores do que a ciência positivista aceita, mas, do modo como somos agora, não podemos alegar o direito a sermos entidades dotadas de independência e de vontade.

NÃO EXISTE "EU" UNIFICADO

Na vida, de modo geral, valemo-nos de uma parte mínima de nossas funções e de nossa força. É que não nos conhecemos. Não aceitamos que somos máquinas e não conhecemos a natureza e o funcionamento de nosso mecanismo. Somos *máquinas*.

O homem nasce, diz-se, com um mecanismo criado para receber diversos tipos de impressões. A percepção de algumas dessas impressões começa antes de seu nascimento, e, durante seu crescimento, surgem mais e mais aparatos receptores, os quais vão se aperfeiçoando. A estrutura desses aparatos é a mesma em todas as partes do mecanismo, como discos virgens nos quais é possível gravar músicas. Nesses "discos", gravam-se todas as impressões, desde o primeiro dia de vida, e mesmo antes dele. Além disso, um mecanismo automático permite que todas as novas impressões se conectem com as gravadas anteriormente, em um registro cronológico. Logo, toda impressão já vivenciada fica gravada em diversas partes de diversos discos, onde é preservada intacta. O que chamamos de memória é um sistema muito imperfeito, com o qual fazemos uso apenas de uma pequena parte de nosso depósito de impressões. Entretanto, uma vez vivenciadas, as impressões nunca desaparecem; elas ficam preservadas nos discos em que são gravadas. Muitos experimentos de hipnose provaram que é possível se recordar de tudo pelo que já se passou, nos mínimos detalhes. Todas as particularidades de nossa visão de mundo e as características de nossa individualidade dependem da ordem na qual esses registros foram feitos e da qualidade dos discos gravados existentes em nós.

A operação de nosso mecanismo associativo determina como pensamos e sentimos. Suponha que tivemos uma impressão e a registramos em conexão com outra que não tem nada em comum com a primeira — por exemplo, uma música animada e dançante foi ouvida em um momento de choque físico intenso, de agonia ou de pesar. Essa música animada sempre irá evocar em nós a mesma emoção negativa e, por correspondência, a sensação de agonia com que nos lembramos dela. Nossa ciência dá a isso o nome de pensamento e sentimento associativos. Mas a ciência não percebe que o homem fica atado por essas associações e que não consegue se livrar delas. Nossos pensamentos e sentimentos são totalmente determinados pelo caráter e pela qualidade dessas associações.

Um de nossos maiores erros é a ilusão com relação ao nosso "eu". O homem, tal como o conhecemos — a "máquina humana" que não pode "fazer" e cujas ações aparentes simplesmente são "feitas" —, não pode ter um "eu" invariável e unificado. Nosso "eu" muda com tanta frequência quanto nossos pensamentos, sentimentos e humores, e cometemos um grave erro ao nos considerarmos sempre a mesma pessoa, quando, na realidade, somos *sempre outra pessoa*, e nunca a mesma pessoa que fomos no momento anterior. *O homem não tem um "eu" constante e invariável.* Cada pensamento, cada humor, cada desejo e cada sensação dizem "eu". E, em cada caso, presumimos que esse "eu" fala pelo *Todo*, pela pessoa inteira, e que um pensamento, um desejo ou uma aversão representam a expressão desse Todo. Na verdade, essa suposição é totalmente infundada. Cada pensamento e cada desejo surgem e vivem de maneira separada e independente do Todo. E o Todo nunca chega a se expressar de fato, porque ele existe, como tal, apenas como uma entidade material em um corpo físico e como um conceito abstrato. Em sua psique, o homem não tem um "eu" unificado, mas centenas de pequenos "eus" separados, os quais, com frequência, são totalmente desconhecidos e inacessíveis aos demais, ou hostis uns com os outros, ou seja, mutuamente exclusivos e incompatíveis. A cada minuto, a cada momento, estamos dizendo ou pensando "eu" e, todas as vezes, o "eu" é diferente. Primeiro é um pensamento, depois um desejo, depois uma sensação, depois outro pensamento, e assim por diante, *ad infinitum. O homem é uma pluralidade; seu nome é Legião.*

A alternância de "eus", sua luta constante pela supremacia, é orientada por influências externas acidentais. Calor, sol, bom tempo — essas coisas lembram de modo imediato todo um grupo de "eus". Frio, neblina e chuva lembram outro grupo, com associações, sentimentos e ações diferentes. Em nós não há nada que possa controlar a mudança dos "eus". Em grande parte, isso se deve ao fato de não chegarmos a ficar conscientes da mudança, mas vivermos sempre no "eu" mais recente. Naturalmente, alguns "eus" são mais fortes do que outros. Isso não se deve à sua força consciente; trata-se apenas do resultado de acidentes ou de estímulos externos mecânicos. Fatores como educação, exemplos seguidos, leituras, o hipnotismo da religião ou a casta e a tradição podem criar "eus" na personalidade com força suficiente para dominar grupos inteiros de "eus" mais fracos. Mas sua força é determinada pelos discos de gravação em nossos aparatos de recepção. E todos os "eus" que formam nossa personalidade têm a mesma origem que esses discos. Tanto os "eus" mais fortes quanto os mais fracos são resultado de estímulos externos, e eles são ativados e controlados por novas influências do exterior.

Vamos reiterar: o homem não tem individualidade, um "eu" singular e unificado, mas divide-se por uma multiplicidade de pequenos "eus". Cada um desses pequenos "eus" separados é capaz de se chamar pelo nome do Todo, de agir em nome do Todo, de concordar ou discordar, de fazer promessas e tomar decisões com as quais outro "eu" ou o Todo terão de lidar. Isso explica por que, de modo geral, as pessoas tomam decisões e raramente as levam a cabo. Por exemplo: uma pessoa decide que, a partir de amanhã, vai acordar cedo todos os dias. Isso é decidido por um "eu", ou mesmo por um grupo de "eus", mas acontece que o "eu" responsável por sair da cama discorda completamente da decisão anterior ou, talvez, nem tenha tomado conhecimento dela. Assim, essa pessoa continuará dormindo de manhã e, à noite, irá decidir, outra vez, acordar cedo no dia seguinte. Em alguns casos, esse fenômeno pode ter consequências bem desagradáveis. Um pequeno "eu" acidental pode prometer algo de modo espontâneo, em um dado momento, não para si mesmo, mas para terceiros, por capricho ou vaidade. Depois disso esse "eu" desaparece, mas a pessoa — ou seja, a combinação dos outros "eus", totalmente inocentes da ação desse "eu" — pode acabar pagando por esse capricho pelo resto da vida. A tragédia da condição humana é que cada um desses pequenos "eus" tem o direito de assinar cheques e fazer promessas vinculantes, e a pessoa, ou seja, o Todo, tem de cumpri-las. Com frequência, a vida das pessoas consiste em pagar ou desfazer as promessas de pequenos "eus" acidentais.

A principal ilusão é a convicção de que podemos "fazer", que temos o poder de agir, de fazer coisas. Na verdade, porém, a humanidade é incapaz de fazer qualquer coisa em seu estado atual. Tudo com que a humanidade se ocupa simplesmente está "feito". *Tudo que acontece à nossa volta, tudo que realizamos, tudo que vem de nós — tudo acontece*. E acontece assim como a chuva resulta de mudanças na temperatura de diversas camadas da atmosfera, como a neve derrete sob os raios do sol e a água congela a certa temperatura. O homem é uma máquina. Tudo que fazemos, todas as nossas ações e palavras, todos os nossos pensamentos, sentimentos, convicções, opiniões e hábitos são provocados por influências e impressões externas. Não podemos produzir um único pensamento ou uma única ação por conta própria. Tudo que dizemos, fazemos, pensamos, sentimos — tudo acontece, simplesmente. Não podemos descobrir nada, inventar nada. Tudo está "feito", tudo acontece por si só.

Para internalizarmos sozinhos esse fato, para compreendê-lo, para nos convencermos de sua veracidade, precisamos nos livrar de milhares de ilusões sobre o homem, sobre nossa capacidade de criar ou de controlar nossa própria vida. Tudo que imaginamos fazer simplesmente acontece — movimentos populares, guerras, revoluções, mudanças no governo, tudo apenas acontece. Isso se aplica a tudo que ocorre na vida do indivíduo. Nascemos, vivemos, morremos, construímos casas, escrevemos livros, não como queremos, mas só porque é assim que as coisas são. Não podemos fazer, construir, destruir, escrever ou imaginar, mas *somos meramente uma parte do fazer, do construir, do destruir, do escrever e do imaginar que ocorrem*. Não podemos amar, odiar ou desejar; somente vivenciar o amor, o ódio e o desejo. Tudo tem uma causa necessária em outra coisa.

As pessoas acreditam no progresso e na cultura, mas *não existe isso de progresso*. Tudo é como era há milhares, ou mesmo há dezenas de milhares de anos. As aparências podem mudar, mas a essência das coisas não. A humanidade é sempre a mesma. A vida de povos "civilizados" e "cultos" gira em torno exatamente dos mesmos interesses que a dos selvagens mais ignorantes. A civilização moderna baseia-se na violência e na escravidão. E em palavras elegantes. Mas o "progresso" e a "civilização", no sentido real desses termos, não podem acontecer sozinhos, como resultado de ações inconscientes, mecânicas. Eles só podem advir de esforços *conscientes*. Porém, de que esforço consciente as máquinas podem ser capazes? E se uma máquina age inconscientemente, então uma centena de máquinas também agem inconscientemente, e isso também se aplica a mil, a cem mil ou a um milhão de máquinas. A atividade inconsciente de *um milhão de máquinas* deve resultar, necessariamente, em destruição e extermínio. Essas ações inconscientes e involuntárias são exatamente a raiz de todos os males.

Um aspecto particular é a questão da guerra. As pessoas se perguntam como podem acabar com as guerras, mas as guerras não podem ser impedidas, pois resultam da escravidão na qual vivemos. Em termos estritos, o homem não pode ser culpado pelas guerras, as quais, na verdade, devem-se a influências planetárias em uma escala cósmica. Mas não impomos resistência alguma a essas influências, nem podemos resistir a elas, pois somos escravos. Se fôssemos livres e capazes de "fazer", seríamos capazes de resistir a essas influências, deixando de nos matar uns aos outros. Somos o que somos e não podemos ser diferentes. A guerra tem muitas causas desconhecidas, algumas em nós, outras fora de nós. Precisamos começar com as causas que estão em nós mesmos e aceitar o fato de que não é possível sermos independentes de forças cósmicas se somos escravos de tudo o que nos rodeia. Precisamos entender que somos controlados por tudo o que nos envolve. Se pudermos nos libertar do que nos cerca, então poderemos nos libertar das influências planetárias.

Liberdade, libertação — essa deve ser nossa meta. Tornarmo-nos livres, escapar da escravidão — é isso que devemos almejar caso queiramos compreender nossa posição atual. Enquanto permanecermos escravos, interior e exteriormente, nada poderemos realizar e nunca conseguiremos escapar da escravidão das circunstâncias. Mas não poderemos deixar de ser escravos das condições externas enquanto nos mantivermos internamente cativos. A fim de sermos livres, precisamos adquirir a liberdade interior. A principal razão para a escravidão interior é nossa ignorância, ou seja, a ignorância sobre nós mesmos. Sem autoconhecimento, não podemos ser livres, não podemos nos governar. Sem compreendermos o funcionamento de nossa máquina, permaneceremos sempre escravos, joguetes das forças que atuam sobre nós.

Antes de qualquer coisa, é necessário *conhecer a máquina*. Naturalmente, uma máquina, uma máquina de verdade, não se conhece nem pode se conhecer. Com efeito, quando uma máquina se conhece, não é mais apenas uma máquina ou, no mínimo, não como era antes. Ela já começa a ser *responsável* por suas ações. No intuito de conhecer nossa máquina, é preciso compreender nossa própria situação. Estamos na prisão. Tudo que queremos, se é que somos sensatos, é escapar.

Mas como? A única maneira é escavar um túnel sob o muro. Trata-se de uma tarefa grandiosa demais para uma pessoa só. Mas, se dez ou vinte pessoas se reunirem, trabalhando em turnos, umas escavando, outras dando cobertura às demais, então elas poderão fugir pelo túnel. Além disso, ninguém escapa da prisão sem a ajuda dos *que já escaparam*. Apenas eles podem dizer como sair ou indicar as ferramentas a serem usadas. Mas não há como um *único* prisioneiro, agindo sozinho, encontrar essas pessoas ou comunicar-se com elas. É preciso organizar um grupo. Nada pode ser feito sem um grupo organizado.

Se uma pessoa que está na prisão quer ter alguma chance de escapar, a primeira coisa a fazer é *perceber que está na prisão*. Se ela não puder perceber isso, não terá chance alguma. Ninguém pode nos libertar à força; ninguém pode nos ajudar a escapar se não quisermos sair. A libertação, para que ocorra, só pode ser o resultado de trabalho e esforços — acima de tudo de esforços conscientes rumo a determinada meta.

RUMO AO AUTOCONHECIMENTO

O apelo "Conhece-te a ti mesmo" costuma ser atribuído a Sócrates, mas na verdade essas palavras servem de base a muitos sistemas e escolas ainda mais antigas. O pensamento moderno conhece esse princípio, embora compreenda seu sentido e sua importância de maneira vaga. A típica pessoa educada de hoje, mesmo a que tem interesses filosóficos ou científicos, não percebe que o princípio "Conhece-te a ti mesmo" refere-se à necessidade de conhecermos nossa própria máquina, a máquina humana", que é mais ou menos a mesma em todas as pessoas. É um apelo, em primeiro lugar, para estudarmos a estrutura, as funções e as leis de nosso organismo. Todas as partes da máquina humana acham-se tão interligadas, cada coisa dependendo de outras, que é completamente impossível estudar qualquer função isolada, sem estudarmos todas as demais. Logo, pelo menos no que diz respeito à máquina humana, precisamos conhecer tudo a fim de conhecer qualquer coisa em nós. E, na verdade, isso é possível. Mas exige tempo e esforço e, acima de tudo, a aplicação do método certo sob orientação adequada.

O princípio "Conhece-te a ti mesmo" é um imperativo rico e profundo. Exige, antes de qualquer coisa, que quem quer se conhecer compreenda seu significado, suas consequências e seus requisitos. De fato nos conhecermos é uma meta imensa, mas muito vaga e distante — bem além de nossa capacidade atual. Assim, em termos estritos, não podemos nem afirmá-la como nossa meta atual. Em vez de nos preocuparmos com o autoconhecimento, temos de nos contentar, no presente, com o autoestudo, aceitando-o como objetivo imediato. Portanto, a meta deve ser começarmos a nos estudar, a *nos conhecer*, da maneira certa. O autoestudo é o trabalho, o caminho, que acabará levando ao autoconhecimento.

Mas, antes de podermos nos dedicar a um autoestudo, precisamos *aprender a estudar*, por onde começar e que métodos usar.

O principal método de autoestudo é a auto-observação, necessária a fim de se compreender como as diversas funções da máquina humana relacionam-se umas com as outras. Esse método, por sua vez, irá nos permitir compreender como e por que, em ocasiões específicas, tudo está "feito" em nós. Essa noção básica das funções e características da máquina humana é um pré-requisito para se compreender os princípios fundamentais de sua atividade. Sem compreender esses princípios e mantê-los sempre em mente, qualquer tentativa de auto-observação será intrinsecamente falha. Logo, para o verdadeiro autoconhecimento, aquela introspecção à qual as pessoas costumam se dedicar habitualmente no curso da vida é inútil e não leva a lugar algum.

Temos de entender que cada uma de nossas funções psíquicas normais é um modo de obter certo tipo de conhecimento. A mente permite-nos perceber um aspecto das coisas e dos eventos; as emoções, outro aspecto; as sensações, um terceiro. Entretanto, só podemos ter o conhecimento pleno de alguma coisa se a examinarmos simultaneamente com a mente, o sentimento e a sensação. Tal nível de percepção, possível apenas com um tipo diferente de existência, deveria ser a meta de todas as pessoas que almejam o conhecimento verdadeiro.

Em condições normais, vemos o mundo através de um vidro escuro, mas, mesmo que percebamos isso, somos impotentes para mudar essa realidade. Nosso modo de percepção depende do funcionamento de nosso organismo como um todo. Todas as nossas funções estão interligadas, são interdependentes, e todas procuram manter um estado de equilíbrio mútuo. Portanto, ao começarmos a nos estudar, devemos compreender que, se descobrirmos um aspecto do qual não gostamos, não seremos capazes de mudá-lo. Estudar é uma coisa, mudar é outra bem diferente. Mas o estudo é o primeiro passo a fim de se perceber o potencial de mudança no futuro. No começo, devemos compreender que, por um longo tempo, todo o nosso trabalho será dedicado a estudarmos sozinhos.

II

NOSSA MÁQUINA HUMANA

FUNÇÕES E CENTROS

A ideia do homem como máquina precisa ser compreendida com clareza e precisa ser representada para a própria pessoa, a fim de que ela perceba sua importância e todas as suas implicações. Este ensinamento mostra princípios gerais da estrutura do mecanismo, mas que servem apenas de plano para a auto-observação de cada um. O primeiro princípio é que nada deve ser aceito com base na fé.

Nosso principal erro é presumir que temos uma *única mente*, cujas funções são "conscientes", e que tudo que não entra nessa mente é "inconsciente" ou "subconsciente". A atividade da máquina humana não é controlada por uma mente, mas por *várias*, totalmente independentes umas das outras, com funções distintas e esferas separadas de atividade. Isso precisa ser compreendido antes de qualquer coisa, pois, a menos que o façamos, nada poderá ser compreendido sobre nosso funcionamento.

A máquina humana tem cinco funções comuns:

Pensamento
Sentimento
Movimento
Instinto
Sexo

Para nós, o autoestudo deve começar pelas quatro primeiras: pensamento, sentimento, movimento e instinto. A função sexual é condicionada por essas quatro e só pode ser estudada depois, quando as outras forem compreendidas de modo satisfatório.

À maioria, fica claro o que queremos dizer com a função do pensamento, ou intelectual: processos mentais, como a formação de representações e conceitos, raciocínio, comparação, afirmação, negação, formação de palavras, imaginação. A segunda função é a do sentimento, ou das emoções, como alegria, tristeza, medo, espanto, e assim por diante. Cremos estar claro que as emoções são diferentes dos pensamentos, mas volta e meia nós os misturamos em nosso discurso e em nossos pensamentos habituais.

As outras duas funções, do movimento e do instinto, requerem mais tempo para a compreensão, pois não são divididas corretamente pela psicologia convencional. As palavras "instinto" e "instintivo" costumam ser usadas de forma incorreta, em especial se aplicadas a funções externas que, na verdade, são funções de movimento, ou até mesmo emocionais. A função do movimento governa todos os movimentos externos, como andar, escrever, falar e comer. Incluem-se aí movimentos externos chamados, na linguagem popular, de "instintivos", por exemplo agarrar um objeto que está caindo sem pensar. A função do movimento também é responsável por movimentos internos inúteis, como imaginar, devanear, falar sozinho, tagarelar e, de modo geral, todas as manifestações sem controle.

A função instintiva inclui todo o funcionamento interno do organismo, como digestão, respiração e circulação sanguínea; os cinco sentidos; toda sensação física, ou seja, sensações agradáveis ou desagradáveis; e todos os reflexos, inclusive o riso e o bocejo.

A diferença entre a função do movimento e a instintiva é evidente e pode ser compreendida com facilidade. Nenhuma das funções do movimento é inerente, e o indivíduo deve aprender todas, assim como a criança aprende a andar e a escrever. Por outro lado, todas as funções instintivas, sem exceção, são inerentes e não precisam ser aprendidas.

De acordo com o que a psicologia aceita, a função do pensamento é controlada por um certo centro, o qual chamamos de "mente", "intelecto" ou "cérebro". E é isso mesmo. Ao mesmo tempo, todavia, devemos compreender que cada uma das outras funções é controlada por seu próprio centro ou mente. Logo, do ponto de vista deste ensinamento, há quatro mentes controlando nossas ações habituais:

pensamento, sentimento, movimento e mente instintiva, as quais chamaremos de "centros". Cada centro é independente dos outros, com sua própria esfera de ação, seus poderes e suas formas de desenvolvimento.

Na verdade, *cada centro ocupa o corpo todo*, penetra, por assim dizer, o organismo inteiro. Ao mesmo tempo, cada um tem o que é chamado de seu "centro de gravidade". O centro de gravidade do centro do pensamento está no plexo solar. E os centros de gravidade dos centros do movimento e do instinto estão na coluna vertebral. Os quatro centros têm muito em comum e, ao mesmo tempo, cada um tem suas características peculiares.

Uma das características mais importantes dos centros é a grande diferença na velocidade de funcionamento. *O mais lento é o centro do pensamento*. Na sequência — apesar de serem muito mais rápidos — estão os centros do movimento e do instinto, os quais têm aproximadamente a mesma velocidade. O mais rápido de todos é o centro do sentimento, embora ele raramente funcione em sua verdadeira velocidade quando no estado normal e costume funcionar na mesma velocidade dos centros do movimento e do instinto.

A observação pode nos mostrar a grande diferença na velocidade das funções. Podemos comparar a velocidade dos processos mentais com as funções motoras se nos observarmos realizar movimentos simultâneos rápidos, por exemplo dirigir um carro ou fazer exercícios físicos que exigem decisões e ações rápidas. Veremos imediatamente que não podemos observar todos os nossos movimentos. Ou reduzimos sua velocidade ou deixamos de observar a maior parte do que tentamos observar. Do contrário, correremos o risco de um acidente e, é muito provável, cometeremos um erro se persistirmos nessa observação. Podemos realizar muitas observações similares, em especial sobre o centro dos sentimentos, que é ainda mais rápido.

Outra suposição deste ensinamento é que cada centro se divide em partes positivas e negativas. Essa divisão fica bem evidente nos centros do pensamento, do movimento e do instinto. Todo o trabalho do centro do pensamento se divide em *afirmação* e *negação*, em *sim* e *não*. A cada momento, em nossos pensamentos, ou uma das partes suplanta a outra, ou elas chegam a um momento de indecisão, de forças iguais. A parte negativa é tão útil quanto a positiva, e qualquer diminuição na força de uma com relação à outra resulta em distúrbio mental.

No centro do movimento, a divisão em positivo e negativo é simplesmente o movimento em oposição ao repouso. No trabalho do centro do instinto, a divisão entre positivo e negativo, ou agradável e desagradável, também é evidente, e as duas partes são igualmente necessárias para nos orientarmos na vida.

No centro do sentimento, à primeira vista a divisão parece óbvia e simples, caso considerarmos que emoções agradáveis como alegria, afeto e autoconfiança pertencem à parte positiva e que emoções desagradáveis como medo, irritação e inveja pertencem à parte negativa. Contudo, a questão é mais complicada. O centro dos sentimentos não tem parte positiva e parte negativa e, em nosso estado habitual de consciência, não temos emoções positivas ou verdadeiras emoções negativas. *Emoções positivas são as emoções que não podem se tornar negativas* — ou seja, entendem-se como emoções invariáveis, como "amor", "esperança" e "fé". Mas todas as nossas emoções agradáveis podem se tornar desagradáveis a qualquer momento. O amor pode se transformar em ciúmes ou no medo de se perder o que se ama, ou em raiva e ódio; a esperança pode se transformar em devaneio ou na expectativa de coisas impossíveis; e a fé pode se converter em superstição e na débil aceitação da insensatez reconfortante. Por outro lado, a maioria de nossas emoções negativas não pertence ao centro dos sentimentos. São artificiais, baseadas em emoções instintivas não relacionadas, transformadas pela imaginação e pela identificação. De fato, muitos nunca vivenciaram sentimento *real* algum, tamanha a ocupação de nosso tempo com emoções imaginárias. Claro, vivenciamos muitos tipos de sofrimento mental, o qual pertence ao centro dos sentimentos — tristeza, pesar, medo, apreensão, e assim por diante —, relacionados intimamente à nossa vida, como doença, dor e morte. Mas são muito diferentes das emoções negativas, baseadas na imaginação e na identificação.

Além de se dividirem em partes positivas e negativas, cada um dos centros se divide em três partes que correspondem aos próprios centros: "mecânica", "do sentimento" e "do pensamento". Podemos facilmente ver isso no centro do pensamento. A parte mecânica trabalha quase de modo automático e não exige atenção alguma. No centro do pensamento, essa parte inclui o registro de impressões, memórias e associações. Embora incapaz de "pensar", infelizmente essa parte mecânica está sempre pronta para responder a questões de maneira estreita, limitada, reagindo sempre em termos formais. Ela é chamada de "aparato formador". A grande maioria da humanidade vive apenas com o aparato formador, mal tocando outras partes do centro do pensamento. A parte sentimental do centro do pensamento exige atenção plena, mas sem qualquer esforço. A atenção é atraída e sustentada pelo próprio assunto, em geral mediante identificação, a qual costuma ser chamada de "interesse" ou "entusiasmo". A parte pensante do centro, que inclui a criação, a inovação e a descoberta, também exige atenção, mas esta precisa ser controlada e mantida pela vontade e pelo esforço.

Além desses quatro centros e do centro do sexo, que também é independente mas quase nunca funciona de forma independente, há mais dois centros: o centro do "sentimento superior", para a função dos sentimentos superiores no estado de *autoconsciência*, e o centro do "pensamento superior", para a função mental superior no estado de *consciência objetiva*. Esses centros estão em nós, plenamente desenvolvidos e em atividade o tempo todo, mas seu funcionamento não atinge a consciência comum. A causa disso está nas propriedades especiais da chamada "consciência clara".

ESTADOS DE CONSCIÊNCIA

Nem as funções psíquicas do homem nem as físicas podem ser compreendidas se não aceitarmos que ambas podem funcionar em estados de consciência diferentes. Por isso, devemos tentar definir, de modo geral, o que é a consciência. Só podemos conhecer a consciência em nós mesmos. Perceba que eu disse "*podemos* conhecer"; afinal, só podemos vivenciar a consciência caso a tenhamos de fato. E podemos saber que não a temos, embora não no mesmo momento, mas depois, quando ela retorna. No instante em que a consciência reaparece, é possível perceber que ela tinha ido embora por um bom tempo, e podemos identificar exatamente quando ela saiu e quando voltou. Também podemos identificar os momentos em que estamos mais próximos ou mais afastados dela. E, observando seu aparecimento e seu desaparecimento em nós mesmos, veremos, de modo inevitável, algo que não percebemos atualmente — que os momentos de consciência são extremamente breves e separados por longos intervalos de atividade completamente inconsciente e mecânica. Então veremos que podemos pensar, sentir, agir, falar, trabalhar, *sem termos consciência disso*. E assim que virmos em nós mesmos os breves lampejos de consciência e os extensos períodos de mecanicidade, poderemos perceber quando os outros estão conscientes do que fazem e quando não estão.

Nosso maior engano consiste em presumir que *estamos sempre dotados de consciência* e que, de modo geral, ou a consciência está *sempre presente* ou *nunca está presente*. Na verdade, a consciência muda de modo contínuo — agora nós a temos, agora não a temos. Ademais, há vários graus ou níveis de consciência. Tanto a consciência quanto seus diferentes graus precisam ser vivenciados em nós mesmos, por meio da sensação, do gosto. Não só há definições verbais que não nos ajudam nesse ponto, como não há definição possível enquanto não compreendermos o que precisamos definir, enquanto não distinguirmos a *consciência* da *consciência em potencial*. Como tudo o que temos é a consciência em potencial, com um lampejo ocasional da verdadeira consciência, não podemos definir a consciência como tal. Só podemos dizer que ela é um tipo específico de "percepção", independente da atividade mental — antes de tudo, a *percepção de nós mesmos*, a percepção de *quem somos*, *onde estamos* e, mais ainda, a percepção do que sabemos, do que não sabemos, e assim por diante.

Os seres humanos são suscetíveis de quatro estados de consciência diferentes. Mas o homem comum (o qual depois chamaremos de homem número um, número dois e número três) vive apenas nos dois estados mais baixos e não tem acesso aos dois estados mais elevados. Apesar de poder passar por breves lampejos de consciência superior, ele não é capaz de compreendê-los, pois seu pensamento sobre a consciência tem raízes profundas nos estados normais, com os quais está familiarizado.

Os dois estados comuns da consciência são o sono, o estado passivo no qual passamos algo entre um terço e metade de nossa vida, e o estado mais ativo, no qual passamos o saldo de nossa vida e no qual falamos, escrevemos e conversamos, chamado de "consciência clara" ou "estado de vigília consciente". Chamar este último estado de "claro" ou de "desperto" é uma piada para quem compreende o que deve ser de fato a *consciência clara* e a compara com o estado no qual vivemos.

O terceiro estado da consciência é o da autorrecordação, ou, em outras palavras, a "autoconsciência", a consciência de nossa própria existência. A maioria presume que temos esse estado ou que, no mínimo, podemos alcançá-lo caso assim desejemos. Com efeito, nossa ciência e filosofia têm negligenciado o fato de que *não possuímos* esse estado de consciência e que não podemos criá-lo em nós mesmos simplesmente porque decidimos que o queremos.

O quarto estado da consciência é chamado de "consciência objetiva", um estado no qual a pessoa é capaz de perceber as coisas *tal como são*. Todas as grandes religiões sugerem a possibilidade de se atingir esse estado, o qual chamam de "iluminação" ou de outro nome inefável, mas que não pode ser descrito em palavras. Embora seja possível ter lampejos ocasionais dessa consciência objetiva, o único caminho correto até esse estado é o desenvolvimento da consciência de si mesmo. Se tal estado for induzido artificial e temporariamente em uma pessoa comum, ela não se lembrará de nada ao voltar a seu estado habitual e, é bem provável, presumirá apenas que ficou desacordada durante algum tempo. Por outro lado, no estado de autoconsciência, é possível que a pessoa sinta um lampejo da consciência objetiva e mantenha sua lembrança depois.

A capacidade de ter uma experiência do quarto estado da consciência significa que a pessoa atingiu um estado de existência totalmente diferente, que só pode surgir mediante um profundo crescimento interior, resultante de um longo e intenso trabalho sobre si mesmo. Já o terceiro estado de consciência é algo que a pessoa pode atingir *tal como está*. A única razão pela qual não o possuímos é que vivemos de maneira errada. A verdade é que, do modo como somos, só podemos vivenciar esse estado como um lampejo de percepção muito ocasional. Dito isso, há um tipo especial de treinamento que pode nos ajudar a tornar esse estado mais ou menos permanente. Para a maioria de nós, como pessoas educadas e pensantes, o principal obstáculo para nos tornarmos conscientes de nós mesmos é pensar que já possuímos esse estado e tudo o que está ligado a ele — a individualidade no sentido de um "eu" invariável, uma vontade, a capacidade de "fazer", e assim por diante. É claro que quem pensa que já tem algo não terá interesse em adquiri-lo mediante um longo e árduo esforço.

A fim de compreender a diferença entre estados de consciência, vamos voltar ao primeiro estado, ou seja, o sono. Trata-se de um estado de consciência totalmente subjetivo, no qual mergulhamos em sonhos, quer nos lembremos deles, quer não. Mesmo que as impressões do mundo real cheguem até nós, como sons, temperatura, a sensação de nosso próprio corpo, essas impressões são transformadas em imagens oníricas subjetivas, em geral fantásticas. E então acordamos. Nesse momento, a vigília parece um estado de consciência bem diferente. Podemos nos mover, conversar com as pessoas, fazer planos, perceber e evitar perigos, e assim por diante. Portanto, fica óbvio que estamos bem melhor quando acordamos do que quando dormimos.

No entanto, se investigarmos a questão mais a fundo, se examinarmos nosso mundo interior, nossos pensamentos, as causas de nossas ações, perceberemos que, na verdade, as coisas não são diferentes de quando estamos dormindo. Com efeito, as coisas até pioram, pois, enquanto no sono somos passivos e não podemos manifestar nada, na vigília manifestamo-nos o tempo todo, e os resultados de todas as nossas ações têm consequências inevitáveis para nós mesmos e para os que nos rodeiam. *E, mesmo assim, não nos lembramos de nós mesmos.* Somos máquinas que não podem "fazer" nada; tudo em nós está "feito". Não podemos controlar nossos pensamentos, nossa imaginação, nossas emoções ou o foco de nossa atenção. Vivemos em um mundo subjetivo de "Amo isto", "Odeio isto", "Gosto disto", "Não gosto disto", "Quero isto", "Não quero isto", ou seja, um mundo daquilo que pensamos serem nossos gostos, desejos e aversões. Não vemos o mundo real, o qual está obscurecido pelo véu de nossa imaginação. *Vivemos adormecidos.*

Aquilo que chamamos de "consciência clara" é o sono, e de um tipo bem mais perigoso do que o sono noturno na cama. Podemos ver seus efeitos ao estudarmos algum evento da humanidade — a guerra, por exemplo. As guerras acontecem a todo instante, ou seja, milhões de pessoas adormecidas tentam aniquilar milhões de outras pessoas adormecidas. Naturalmente, não fariam isso caso estivessem acordadas. Tudo que as pessoas fazem resulta do fato de estarem adormecidas. Volta e meia, perguntamo-nos se as guerras podem ser eliminadas. Poderiam se as pessoas despertassem. Parece pouco, mas é a coisa mais difícil de todas, porque esse sono é induzido e mantido pelo mundo que nos rodeia.

Tanto o sono como o estado de consciência da vigília são igualmente subjetivos. Apenas ao começar a se *lembrar de si mesma* é que a pessoa desperta de fato. E então, de repente, tudo que a rodeia assume um aspecto e um significado totalmente diferentes. Veremos que a "vida" que conhecemos é a *vida dos adormecidos*, uma vida de sono. Tudo que as pessoas dizem e tudo que fazem é dito e feito no sono. É possível pensar durante mil anos, escrever bibliotecas de livros, postular milhões de teorias, mas tudo isso é apenas um sonho, do qual é impossível acordar. A única coisa que esses livros e teorias que sonhamos podem é fazer com que outras pessoas adormeçam.

Bem, e como despertar? Como escapar desse sono? Essas são as perguntas mais importantes, mais vitais, com as quais nós, como seres humanos, iremos nos defrontar. No entanto, a fim de responder a essas perguntas, é preciso estarmos convencidos de que dormimos, o que só podemos fazer tentando despertar. Ao percebermos que não nos lembramos de nós mesmos e que só poderemos fazê-lo quando começarmos a despertar, e quando, ao mesmo tempo, a experiência nos mostra como é difícil lembrarmo-nos de nós mesmos, é que compreenderemos mesmo que não podemos despertar simplesmente porque queremos fazê-lo. Mais precisamente, podemos dizer que não é nem mesmo possível despertarmos por conta própria, *sozinhos*. Mas se, digamos, vinte pessoas concordarem que quem despertar primeiro desperta os demais, poderão ter alguma chance.

Esse conceito da vida humana como sono não tem nada de novo. Desde a aurora dos tempos, as pessoas ouvem dizer que estão adormecidas e que precisam despertar. Quantas vezes isso é dito nos Evangelhos, por exemplo? "Despertai", "vigiai", "não durmas". Os discípulos de Cristo dormiam inclusive enquanto ele fazia sua última oração no Jardim do Getsêmani. Está tudo ali, mas será que entendemos isso? A maioria das pessoas considera isso apenas uma expressão, uma metáfora, e deixa de perceber sua verdadeira importância. Mais uma vez, é fácil entender a razão. E, para entendê-la, é necessário que comecemos a despertar ou, no mínimo, que tentemos despertar. Enquanto estivermos profundamente adormecidos e imersos em sonhos, não poderemos sequer pensar no fato de estarmos adormecidos. Na verdade, se percebêssemos que estamos adormecidos, despertaríamos.

ESSÊNCIA E PERSONALIDADE

Todo ser humano é formado por duas partes: *essência* e *personalidade*. A essência da pessoa é o que *é dele*. Sua personalidade é o que "não é dele", ou seja, "o que não pertence a ele", porque ele a adquiriu do exterior. Isso inclui todo o conhecimento adquirido por meio do ensino e de reflexões, todos os sinais de impressões externas na memória, nas palavras e nos movimentos aprendidos, os sentimentos criados por imitação. Tudo isso, que não pertence de fato a ele, "não é dele". Tudo isso é personalidade. Naturalmente, essa divisão em essência e personalidade não é reconhecida pela psicologia convencional.

A criança pequena é o que de fato é, sem personalidade. Ela é essência, e seus desejos, gostos, preferências e aversões refletem seu ser tal como ele é. Apenas quando começa a chamada "educação" é que a personalidade principia por se desenvolver, sendo formada em parte pelas influências intencionais de outras pessoas e em parte pela imitação involuntária que a criança faz dessas pessoas. Nessa formação, é grande o papel da "resistência" da criança aos que a rodeiam, bem como das tentativas de ocultar deles algo que é "só seu" ou "real".

A essência representa a verdadeira natureza, a verdade no homem, enquanto a personalidade é falsa. Porém, à medida que a personalidade se desenvolve, a essência se manifesta cada vez menos e de modo mais débil. É muito comum a essência da pessoa parar de crescer com pouca idade e não se desenvolver mais. Como resultado, não é raro encontrarmos uma pessoa crescida, até com dotes intelectuais e, segundo o sentido aceito para o termo, muito "educada", com a essência de uma criança de cinco ou seis anos. Isso significa que tudo que vemos nessa pessoa "não é dela" de fato. O que é seu verdadeiro eu, ou seja, sua essência, só costuma se manifestar em seus instintos e suas emoções básicas. Apesar de haver pessoas cuja essência aumentou com a personalidade, elas representam raras exceções, sobretudo nas circunstâncias da vida urbana, cultural. A essência tem muito mais chances de se desenvolver em quem vive mais perto da natureza, em condições de constante conflito e perigo. Contudo, como regra, a personalidade dessas pessoas é pouco desenvolvida. Elas têm mais do que é delas e pouco do que "não é delas". Não têm educação e, por isso, não têm cultura superior. A cultura superior cria a personalidade e, ao mesmo tempo, é produzida pela personalidade. Na verdade, a totalidade da vida humana — tudo que chamamos de "civilização", tudo que chamamos de "ciência", "filosofia", "arte" e "política" — é criada pela personalidade das pessoas, ou seja, pelo que não lhes pertence de fato, pelo que, neles, "não é deles".

Quando crescida e desenvolvida de maneira plena, a essência une tudo que é sério e real em nós. Com efeito, podemos dizer que nosso verdadeiro "eu", nossa individualidade, só pode crescer com base na essência, ou seja, nossa essência, crescida e madura. Mas isso depende de um trabalho pessoal, do enfraquecimento da pressão da personalidade que impede o crescimento da essência. Na pessoa educada mediana, a personalidade é ativa, e a essência é passiva. Enquanto essa ordem de coisas persistir, nosso crescimento interior não poderá começar. A personalidade deve tornar-se passiva, e a essência precisa tornar-se ativa.

Podemos pensar que as pessoas menos cultas deveriam ter maior possibilidade de crescimento, porque a essência nelas costuma ser mais desenvolvida. Contudo não é assim, pois sua personalidade não se formou de modo suficiente. O trabalho pessoal e o crescimento interior exigem certo desenvolvimento da personalidade, que consiste, na maior parte, em material registrado resultante do trabalho dos centros. Se a pessoa tem uma personalidade pouco desenvolvida, isso significa que ela tem carência de registros, ou seja, falta de conhecimento e de informação, falta do material no qual o trabalho pessoal precisa se basear. Sem certo depósito de conhecimentos, sem certa quantidade de material que "não é dela", a pessoa não pode começar seu trabalho pessoal. Não pode começar a se estudar e a enfrentar seus hábitos mecânicos, simplesmente porque não irá compreender a razão de fazê-lo. Isso não significa que todos os caminhos estejam fechados para ela, mas os métodos e meios acessíveis a uma pessoa de intelecto desenvolvido não estão disponíveis para ela.

Assim, a evolução é tão difícil para a pessoa culta quanto para a inculta. A pessoa culta vive longe da natureza, sob condições artificiais de vida, desenvolvendo sua personalidade à custa de sua essência. A pessoa menos culta, vivendo em condições mais naturais, desenvolve sua essência à custa de sua personalidade. No intuito de começar um trabalho pessoal e ter mais chances de sucesso, é preciso ter a sorte de possuir uma personalidade e uma essência igualmente desenvolvidas.

CORPOS IMATERIAIS

Segundo uma doutrina antiga, cujos vestígios aparecem em muitos ensinamentos de diversos períodos, a pessoa que atingiu o mais elevado desenvolvimento humano é *formada por quatro corpos*, compostos por substâncias que lentamente se tornam mais finas, interpenetrando-se e dando origem a quatro organismos separados, os quais mantêm um relacionamento claro uns com os outros, mas são capazes de ação independente. A razão pela qual quatro corpos podem existir é que o organismo humano (o corpo físico) tem uma organização tão complexa que, sob as condições corretas, um organismo novo e independente pode crescer dentro dele, formando um instrumento muito mais conveniente e obediente para a consciência do que o corpo físico. A consciência nesse novo corpo é capaz de exercer um controle completo sobre o corpo físico. Nesse segundo corpo, sob certas condições, um terceiro corpo pode crescer, outra vez com características próprias. A consciência desse terceiro corpo tem pleno poder e controle sobre os dois primeiros e também é capaz de adquirir conhecimentos inacessíveis a qualquer um deles. No terceiro corpo, sob certas condições, pode crescer um quarto, com uma consciência que tem controle completo sobre os três primeiros corpos e sobre si mesmo.

Cada ensinamento tem a própria maneira de definir os quatro corpos. Na terminologia cristã, o primeiro corpo é chamado de corpo "carnal"; o segundo, de corpo "natural"; o terceiro, de corpo "espiritual"; e o quarto (na terminologia do *cristianismo esotérico*), de corpo "divino". Na terminologia teosófica, o primeiro é o corpo "físico"; o segundo, o "astral"; o terceiro, o "mental"; e o quarto, o "causal". Na terminologia de certos ensinamentos orientais, o primeiro corpo é a "carruagem" (corpo), o segundo é o "cavalo" (sentimentos, desejos), o terceiro é o "cocheiro" (mente), e o quarto é o "senhor", ou "mestre" do cocheiro, e também o dono da carruagem ("eu", consciência, vontade). Essas definições podem ser vistas na tabela a seguir.

1º corpo	2º corpo	3º corpo	4º corpo
Corpo carnal	Corpo natural	Corpo espiritual	Corpo divino
"Carruagem" (corpo)	"Cavalo" (sentimentos, desejos)	"Cocheiro" (mente)	"Mestre" ("eu", consciência, vontade)
Corpo físico	Corpo astral	Corpo mental	Corpo causal

É possível encontrar divisões similares na maioria das escolas de pensamento que reconhecem no homem algo além do corpo físico. Mas quase todos esses ensinamentos, embora repitam de maneira perceptível as divisões da doutrina antiga, esqueceram-se do que é mais importante: apesar de os corpos mais refinados poderem ser cultivados de modo artificial, sob condições internas e externas favoráveis, ninguém os possui desde o nascimento. O "corpo astral" não é algo indispensável, mas um grande luxo que apenas alguns poucos podem ter. O corpo físico é plenamente capaz de realizar todas as funções necessárias à vida, e podemos viver muito bem sem um "corpo astral". Uma pessoa sem "corpo astral" pode até se revelar alguém *espiritualizado*, ou seja, uma pessoa cuja vida inclui uma série de preocupações intelectuais, religiosas e morais, e pode não apenas enganar os demais como a si mesma. Isso se aplica ainda mais, evidentemente, ao "corpo mental" e ao quarto corpo.

O homem comum não tem esses corpos ou essas funções correspondentes. Mas ele e os que o rodeiam costumam achar que sim, por dois motivos. Primeiro, o corpo físico funciona com as mesmas substâncias que compõem os corpos superiores, embora não pertençam a eles e não se cristalizem neles. Segundo, o corpo físico é capaz de funções análogas às dos corpos superiores, mesmo significativamente diferentes. A principal diferença de funcionamento está no controle. No caso de uma pessoa que só possui corpo físico, todas as funções são controladas e governadas pelo corpo que, por sua vez, é governado por influências externas. No caso de uma pessoa que tem um corpo superior, tudo, inclusive o corpo físico, é controlado por esse corpo superior. As funções paralelas de uma pessoa com corpo físico e as de uma com corpos superiores podem ser representadas da seguinte maneira:

→

| Autômato que trabalha conforme influências externas | Desejos produzidos por autômato | Pensamentos que procedem de desejos | "Vontades" diferentes e contraditórias criadas por desejos |

←

| Corpo que obedece a desejos e emoções sujeitos à inteligência | Poderes e desejos emocionais que obedecem ao pensamento e à inteligência | Função do pensamento que obedece à consciência e à vontade | "Eu" Ego Consciência Vontade |

No primeiro caso, o corpo físico, que funciona de modo automático, depende de influências externas, enquanto as três funções seguintes dependem totalmente do corpo e dessas influências externas. Desejos e aversões — "Eu quero", "Eu não quero", "Eu gosto", "Eu não gosto" — pertencem ao segundo corpo, mas dependem de acontecimentos aleatórios, puramente acidentais. O "pensamento", mesmo correspondendo às funções do terceiro corpo, é um processo totalmente mecânico. E a "vontade", um atributo do quarto corpo, está ausente por completo. O homem mecânico comum tem apenas desejos incidentais, cuja consistência relativa é o que a maioria das pessoas considera como uma vontade forte ou fraca.

No segundo caso, ou seja, em relação às funções dos quatro corpos, o corpo físico ainda funciona de maneira automática, mas depende das influências dos outros corpos. Em vez de uma massa de desejos diferentes e que volta e meia se contradizem, há *um único "eu"*, íntegro, indivisível e invariável. Há a *individualidade*, capaz de dominar os desejos e de superar tanto a relutância quanto a resistência do corpo físico. Em vez dos processos mecânicos do pensamento, há a *consciência*. E há a *vontade*, a qual não é formada apenas pelos desejos contraditórios de vários "eus" diferentes, mas por uma força que vem da consciência e é governada pela individualidade, por um único e invariável "eu". Apenas essa vontade, independente de acidentes e de influências externas, pode ser chamada de "livre", pois ela não pode ser alterada ou dirigida por forças externas.

Um ensinamento oriental descreve as funções e o crescimento dos quatro corpos por meio da analogia de um vaso, ou retorta, com vários pós metálicos. Os pós não estão interligados, mas apenas misturados; assim, qualquer mudança acidental na posição da retorta redistribui sua organização. Se a retorta for abalada ou golpeada pelo lado de fora, o pó do alto pode acabar na parte de baixo ou no meio, e o que antes estava embaixo pode acabar em cima. A distribuição dos pós não é constante, nem deve poder ser, em tais condições. Isso também se aplica à nossa vida emocional e espiritual. Assim como, a qualquer momento, uma nova influência pode se manifestar e alterar a distribuição dos pós, fazendo com que aquele no alto troque de lugar com o que está embaixo, a mesma coisa acontece conosco. A ciência dá a isso o nome de estado de mistura mecânica, no qual a característica essencial é a instabilidade e a variabilidade da relação entre os pós.

Embora seja impossível estabilizar essa relação em um estado de mistura mecânica, a natureza dos pós é tal que eles podem se fundir. Isso pode ser feito acendendo-se um tipo de fogo especial sob a retorta, o qual, aquecendo e derretendo os pós, faz com que eles se misturem e se fundam. Fundidos dessa forma, os pós se encontrarão em um estado de composto químico, uma liga, em que, diferentemente da mistura mecânica, não podem mais ser separados e redistribuídos mediante um simples abalo ou golpe na retorta. O conteúdo da retorta terá se tornado indivisível, "individual". Podemos comparar isso com a formação do segundo corpo do ser humano. O fogo que produz a fusão é produzido pelo "atrito", o qual é produzido em nós pelo conflito interior entre "sim" e "não". Se cedermos a todos os nossos desejos e nos dedicarmos a eles, não haverá conflito, não haverá "atrito", não haverá fogo. Se, por outro lado, lutarmos ativamente contra os desejos que nos impedem de atingir uma meta específica, criaremos o fogo necessário para transformar, mais cedo ou mais tarde, nosso mundo interior em um todo único.

Vamos voltar à nossa analogia. O composto químico, ou liga, obtido pela fusão possui certas qualidades, como gravidade específica e condutividade elétrica. Todavia, por meio de determinado manuseio, essas características podem ser realçadas, ou seja, a liga pode receber novas propriedades que, no início, não pertenciam a ela. Ela pode se tornar magnética ou radioativa. A capacidade de adquirir novas propriedades corresponde à nossa capacidade de adquirir novos conhecimentos e forças por intermédio da formação do terceiro corpo.

Depois que o terceiro corpo adquire forma e todos os conhecimentos e poderes que lhe são possíveis, resta o problema de mantê-los, pois eles podem ser removidos por influências externas com a mesma facilidade com que foram adquiridos. Essas propriedades só podem se tornar bens permanentes e inalienáveis do terceiro corpo mediante um trabalho especial. O processo pelo qual essas propriedades adquiridas são mantidas corresponde à formação do quarto corpo.

Apenas a pessoa que possui quatro corpos plenamente desenvolvidos pode ser chamada de "homem" na acepção plena da palavra. Essa pessoa possui muitas propriedades que o homem comum não possui, inclusive a *imortalidade*, ou, mais corretamente, a *existência após a morte*. Todas as religiões e os ensinamentos antigos têm em comum a ideia de que o homem atinge a imortalidade ao obter o quarto corpo e todos proporcionam caminhos para se chegar a isso.

ALQUIMIA INTERIOR

Em tudo que fazemos, somos limitados pela quantidade de energia produzida por nosso organismo. Cada função e estado, cada ação, pensamento e emoção exigem um gasto específico de energia na forma de uma substância específica. Se chegarmos à conclusão de que devemos despertar e nos "lembrar de nós mesmos", isso só será possível caso tenhamos em nós a energia necessária à "autorrecordação". Apenas podemos estudar, compreender ou vivenciar alguma coisa caso tenhamos energia para estudar, compreender ou vivenciar.

O organismo humano é como uma fábrica de produtos químicos idealizada para uma produção considerável. Porém, nas condições habituais da vida, a fábrica nunca atinge a produção plena possível, porque utiliza somente uma pequena parte do maquinário disponível produzindo apenas a quantidade de material necessária para se sustentar. Nem é preciso dizer que essa fábrica é gerida de forma ineficiente. De fato, ela não produz nada, não tem produção. Seu maquinário e seus equipamentos complexos mal sustentam sua própria existência e não têm nenhum propósito útil.

O trabalho da fábrica consiste em processar material, transformar materiais mais grosseiros (no sentido cósmico) em materiais mais finos. Como matéria-prima do mundo exterior, a fábrica recebe diversas substâncias grosseiras e as transforma em substâncias mais finas mediante uma série de complexos processos *alquímicos*. Entretanto, nas condições habituais da vida, a produção dessas matérias mais finas, importante para vivenciarmos estados de consciência mais elevados e para o funcionamento dos centros superiores, não é suficiente, e todas as matérias finas são desperdiçadas na manutenção da própria fábrica. Se pudéssemos elevar a produção ao máximo possível, começaríamos a acumular matéria fina, a qual saturaria todo o corpo, todas as suas células, assentando-se nelas de modo gradual e se cristalizando de maneira especial. Com o tempo, essa cristalização de matéria fina levaria o organismo todo a um nível superior, um plano superior da existência.

"Aprenda a separar o fino do grosseiro" — esse princípio da *Tábua de Esmeralda de Hermes Trimegisto* refere-se ao trabalho da "fábrica humana". Caso "aprendamos a separar o fino do grosseiro", ou seja, caso aumentemos a produção de matéria fina até sua capacidade máxima, com esse mero fato criaremos a possibilidade de um crescimento interior, o qual não pode ser atingido por outros meios. O desenvolvimento dos corpos internos do homem é um processo material análogo ao crescimento do corpo físico. A fim de crescer, a criança precisa de bons alimentos e de um organismo saudável, no intuito de preparar o material necessário ao desenvolvimento dos tecidos. Isso também é necessário para o crescimento dos corpos superiores. Todas as substâncias finas necessárias precisam ser produzidas dentro do organismo físico, e isso é possível caso a fábrica humana funcione de maneira apropriada e econômica.

Todas as substâncias necessárias à manutenção da vida do organismo, bem como às funções mais elevadas da consciência e ao desenvolvimento de corpos superiores, são produzidas pelo organismo a partir do alimento ingerido, o qual vem de fora. O organismo humano recebe três tipos de alimento:

1. Os alimentos que comemos
2. O ar que respiramos
3. As impressões que recebemos

É difícil não aceitar que o ar é um tipo de alimento para o organismo, mas a forma pela qual as *impressões* podem representar uma espécie de sustento não é tão aparente assim. Precisamos, porém, levar em conta que todas as vezes em que recebemos uma impressão do mundo exterior, quer sob a forma de sons, visões ou odores, também recebemos certa quantidade de energia que nos anima. Essa energia, que vem de fora para dentro do organismo, é matéria que o nutre como um alimento, no sentido pleno da palavra.

Para sua existência normal, o organismo precisa receber esses três tipos de alimento. Ele não pode sobreviver apenas com um ou mesmo dois tipos de sustento. Contudo, a importância desses alimentos e as quantidades necessárias não são iguais. O organismo pode viver por um tempo relativamente longo sem o fornecimento de alimento físico. Há muitos exemplos de pessoas que passaram fome por mais de sessenta dias, com o corpo perdendo parte da vitalidade, mas recuperando-se depressa após começar a receber alimento outra vez. É claro que uma privação desse tipo não pode ser considerada completa, pois, em todos esses casos, as pessoas não deixaram de beber água. No entanto, uma pessoa pode viver sem água por vários dias. Sem ar, podemos sobreviver apenas alguns minutos (como regra geral, morremos após quatro minutos). Sem impressões, as pessoas não podem viver sequer um segundo. Se, por algum motivo, o fluxo de impressões cessasse, ou o organismo não fosse capaz de receber impressões, a morte seria instantânea. O fluxo de impressões vindo de fora é como uma correia dentada nos transmitindo movimento, e o motor principal é a natureza, o mundo à nossa volta. Por meio de nossas impressões, a natureza nos transmite a energia com que vivemos, nos movemos e temos nossa existência. Se o influxo dessa energia for detido, nossa máquina irá parar imediatamente. Portanto, as impressões são o mais importante dos três tipos de alimento, embora, naturalmente, ninguém possa existir apenas de impressões por muito tempo. Podemos viver por algum tempo de impressões e de ar. Com os três tipos de alimento, o organismo pode viver até o fim da duração normal de sua vida e produzir as substâncias necessárias não apenas à manutenção da vida, mas à criação e ao crescimento dos corpos superiores.

Se compreendermos o conceito de escala e de níveis de maturidade, será possível examinar a relação entre as funções do homem e os planos do universo e estabelecer evidentemente as razões para as diferenças entre os centros. Os centros funcionam com substâncias de materialidade distinta. O centro que trabalha com materiais mais grosseiros, pesados ou densos funciona de modo mais lento. O centro que trabalha com materiais mais leves e móveis funciona com mais agilidade. Essa é a principal diferença entre eles.

Como vimos, o centro do pensamento é o mais lento dos três centros inferiores. O centro do movimento trabalha mais depressa, com uma substância muitas vezes mais leve e mais móvel. O centro do pensamento nunca consegue acompanhar o funcionamento do centro do movimento. Somos incapazes de acompanhar nossos próprios movimentos ou os de outra pessoa, a menos que sua velocidade seja reduzida de propósito, e somos ainda menos capazes de acompanhar o trabalho das funções internas e instintivas de nosso organismo. O centro dos sentimentos pode trabalhar com um material ainda mais leve. Na prática, porém, é raro que o faça e, na maior parte do tempo, seu trabalho difere pouco em intensidade e velocidade do trabalho do centro do movimento.

Como visto, a máquina humana tem dois centros superiores, plenamente desenvolvidos e funcionais, mas não conectados aos três centros nos quais temos consciência de nós mesmos. São o centro do sentimento superior e o centro do pensamento superior, cada qual funcionando com as substâncias mais finas. Se considerarmos a máquina humana em relação aos materiais usados pelos centros, deve ficar claro por que as diferenças em qualidade impedem a conexão com os centros superiores. O centro do pensamento trabalha com a substância mais pesada, e o centro do movimento, com uma substância menos densa. Se o centro do sentimento usasse a substância mais fina que lhe está destinada, seu funcionamento estaria conectado com o do centro do sentimento superior. Com efeito, nos casos em que o centro do sentimento atinge a intensidade conferida por essa substância mais fina, dá-se uma conexão temporária com o centro do sentimento superior, e a pessoa sente novas emoções e impressões, diferentes de tudo que já sentiu antes, as quais não há forma de descrever. Ficamos surdos às vozes que falam conosco e *chamam por nós* desde o centro do sentimento superior.

O centro do pensamento superior, ao trabalhar com uma substância ainda mais leve, fica mais remoto e inacessível. A conexão só é possível por meio do centro do sentimento superior, e isso se dá de forma tão rara que os únicos exemplos conhecidos disso são descrições de experiências místicas e de estados de êxtase. Esses estados podem ocorrer por meio de emoções religiosas; experiências patológicas como ataques epilépticos ou ferimentos traumáticos no cérebro; ou, por momentos muito breves, por meio de narcóticos ou outras drogas.

A fim de se obter uma conexão correta e permanente com os centros superiores, é necessário regular os centros inferiores e fazê-los funcionar mais depressa. Infelizmente, os centros inferiores costumam trabalhar de maneira errada, esquivando-se de suas funções apropriadas e assumindo as que deveriam pertencer a outros centros. Isso reduz consideravelmente a velocidade da máquina e dificulta muito a aceleração dos centros. Portanto, no intuito de regular e acelerar os centros inferiores, antes precisamos libertar cada uma das funções que não lhes pertencem, redirecionando seu trabalho ao funcionamento para o qual está mais bem equipado.

Se quisermos regular os três centros cujas funções constituem nossa vida, precisamos aprender a economizar a energia produzida por nosso organismo, ou seja, a não desperdiçá-la em funções desnecessárias, economizando-a para a atividade que pode levar a uma conexão entre os centros inferiores e os superiores. Todo trabalho feito com nós mesmos na formação da unidade interior visa a mesma meta final. O que um sistema chama de "corpo astral", outro designa como "centro do sentimento superior", embora a distinção seja maior do que a mera terminologia. De modo mais correto, trata-se de aspectos diferentes do estágio seguinte da evolução humana. Podemos dizer que o "corpo astral" é um pré-requisito para que o "centro do sentimento superior" funcione em uníssono com o inferior ou que o "centro do sentimento superior" é um pré-requisito para o desenvolvimento do "corpo astral". O "corpo mental", por outro lado, corresponde ao "centro do pensamento superior". Não são a mesma coisa, mas um precisa do outro, um não pode existir sem o outro e um é a expressão de certos aspectos e funções do outro. No estágio mais elevado da unidade, o quarto corpo requer o funcionamento pleno e harmonioso de todos os centros e implica o, ou é a expressão do, controle completo desse funcionamento.

É preciso compreender que todos os processos internos intelectuais, emocionais, volitivos etc. são completamente materiais, inclusive as inspirações poéticas e religiosas mais exaltadas, bem como as revelações místicas. Todos os processos psíquicos são materiais e todos dependem da qualidade do material ou da substância usada. Não há um só processo que não exija o dispêndio de alguma substância correspondente. Se esse material está presente, o processo continua e, quando a substância se exaure, o processo cessa.

III

MUNDOS DENTRO DE MUNDOS

POR DENTRO DA VIA LÁCTEA

É impossível estudar o homem sem estudar também o universo. Somos um microcosmo do mundo que habitamos. Fomos criados segundo as mesmas leis que governaram a criação desse mundo. Conhecendo-nos e compreendendo-nos, conheceremos e compreenderemos o mundo como um todo, bem como as leis que o governam e a nós. O estudo do mundo e o estudo de nós mesmos, portanto, devem correr lado a lado, um ajudando o outro.

Com relação à expressão "mundo", precisamos reconhecer desde o princípio que há, na verdade, muitos mundos e que vivemos não apenas em um deles, mas em vários ao mesmo tempo. Pode ser difícil entender esse conceito, pois na linguagem comum o termo "mundo" costuma ser usado no singular; empregamos o plural "mundos" apenas ao enfatizar o mesmo conceito básico, ou seja, no intuito de expressar a ideia de vários mundos, um paralelo aos outros, e não *uns dentro dos outros*. Mas a questão é que vivemos em diversos mundos que se contêm mutuamente, com os quais mantemos relações diferentes.

No intuito de compreender os mundos nos quais vivemos, devemos antes de qualquer coisa nos perguntar o que é que chamamos de "mundo", no sentido que nos é imediatamente mais relevante. A resposta é que, de modo geral, nos referimos ao mundo das pessoas, aquele no qual vivemos, o mundo humano do qual fazemos parte. Mas a humanidade também é um componente indissociável da vida orgânica da Terra. Portanto, seria mais preciso dizer que o mundo mais relevante para nós é a *vida orgânica da Terra*, o mundo das plantas, dos animais e das pessoas.

Mas a vida orgânica também está em um mundo. Qual, portanto, será o "mundo" da vida orgânica? A isso podemos responder que, para a vida orgânica, nosso planeta, a Terra, é o "mundo", o globo terrestre — ou melhor, a superfície do globo terrestre.

Porém, a Terra também está em um mundo. Qual, portanto, é o "mundo" do ponto de vista da Terra? Ao observar a relação entre a Terra e o universo, vemos que, como um dos pequenos planetas que giram em torno do sol, a Terra é um componente do mundo planetário do sistema solar. A massa da Terra forma uma fração quase desprezível se comparada à massa dos planetas, e estes exercem grande influência sobre a vida na Terra e sobre todos os organismos vivos — uma influência bem maior do que nossa ciência imagina. A vida dos povos, de grupos coletivos, da humanidade, tudo isso depende das influências planetárias, e de várias maneiras. Para a Terra, "mundo" é o mundo planetário do sistema solar, do qual ela faz parte.

E o que é "mundo" para os planetas considerados como um todo? Os planetas também vivem, assim como vivemos sobre a Terra. Mas o mundo planetário, por sua vez, participa do sistema solar e o faz com um papel pouco importante, pois a massa de todos os planetas juntos é muitas vezes menor do que a massa do sol. "Mundo", para os planetas, é o sol, ou melhor, a esfera da influência do sol, ou do sistema solar, do qual os planetas fazem parte.

Para o sol, por sua vez, "mundo" é a galáxia das estrelas, a Via Láctea, na qual ele é apenas um de um vasto número de sóis e de sistemas solares. Ademais, do ponto de vista astronômico, é bem possível presumir uma multidão de galáxias além da nossa, existindo a distâncias enormes umas das outras, no espaço de "todas as galáxias". Reunidas, essas galáxias seriam o "mundo" para a Via Láctea.

A ciência não pode ir além, mas o pensamento filosófico verá o princípio supremo por trás de todas as galáxias, isto é, o Absoluto, conhecido na terminologia hindu como Brahma. Esse Todo, ou Um, ou Tudo, é o "mundo" para "todos os mundos". Sem dúvida, é bem possível conceber um estado de coisas no qual tudo — Tudo — forma um único "Todo". Esse "Todo", por definição, seria um "Absoluto" autônomo porque, como unificação de todas as coisas, ele seria infinito e indivisível e não dependeria de nada. O Absoluto — ou seja, o estado no qual todas as coisas constituem um Todo unificado — é o estado primordial do universo, do qual a diversidade dos fenômenos surge por divisão e diferenciação.

Vivemos ao mesmo tempo em todos esses mundos, porém de formas diferentes. De modo mais preciso, somos, antes e acima de tudo, influenciados pelo mundo mais próximo de nós, aquele do qual fazemos parte. Mundos mais distantes também nos influenciam, tanto diretamente quanto por meio de outros mundos intermediários, contudo sua ação fica menor com a distância. A influência direta do Absoluto não chega até nós. Mas a influência do mundo seguinte e a influência do mundo estelar afetam, evidentemente, nossa vida, apesar de isso não ser de conhecimento da ciência.

A LEI DAS TRÊS FORÇAS

No estudo paralelo do mundo e do homem, podemos presumir que as mesmas leis valem em todos os lugares e para tudo. Ao mesmo tempo, é mais fácil observar algumas leis no mundo, e é mais fácil observar outras no homem. Em certos casos, é melhor começar com o mundo e, depois, passar ao homem; em outros, é melhor começar pelo homem e passar para o mundo.

Esse estudo do mundo e do homem demonstra a unidade fundamental de todas as coisas e nos ajuda a encontrar analogias em fenômenos de várias ordens. Todos os processos em funcionamento no homem e no mundo são governados por um número muito pequeno de leis fundamentais. Toda a variedade aparente que vemos à nossa volta é, na verdade, produto de algumas forças básicas, as quais operam em diferentes combinações numéricas. A fim de compreendermos o mecanismo do universo, antes precisamos aprender a reduzir fenômenos complexos às forças básicas de que eles são compostos.

A primeira lei fundamental é a lei *dos três princípios* ou *das três forças*, que determina a unidade e a diversidade pelo universo. Segundo essa lei, que costuma ser chamada de "Lei de Três", todo fenômeno, qualquer que seja a escala e qualquer que seja o mundo em que possa aparecer, desde o molecular até o cósmico, é o resultado da interação de três forças diferentes e opostas. O pensamento contemporâneo reconhece a existência e a necessidade de duas forças na produção de um fenômeno: força e resistência, polaridade positiva e negativa, correntes positivas e negativas, e assim por diante. Mas essa visão não leva em conta duas forças em todos os fenômenos, nem admite a possibilidade de uma terceira força constitutiva.

De acordo com a ciência antiga, uma ou duas forças são insuficientes para produzir um fenômeno. É preciso haver uma terceira força, sem a qual as duas primeiras nunca poderão produzir algo. Esse ensinamento das *três forças* está na base de todos os sistemas antigos. A primeira força pode ser chamada de "ativa" ou "positiva"; a segunda, de "passiva" ou "negativa"; a terceira, de "neutralizante". Mas esses são *apenas nomes* e, com efeito, as três forças são igualmente ativas. Só parecem ativas, passivas ou neutralizantes em seu ponto de interseção, isto é, elas só adotam essas funções *umas em relação às outras e apenas em um dado momento*. Somos mais ou menos capazes de compreender as duas primeiras, e a terceira pode ser observada ocasionalmente no ponto de aplicação das forças, ou no "meio", ou no "resultado". Mas, de maneira geral, a terceira força não é algo que possamos observar ou compreender de modo típico. Isso se deve às limitações fundamentais de nossa atividade psicológica normal e às categorias fundamentais de nossa percepção limitada do mundo dos fenômenos, ou seja, nossa percepção do espaço e do tempo. Não podemos perceber diretamente a terceira força em ação mais do que podemos perceber espacialmente a "quarta dimensão".

Contudo, é possível aprender a observar a ação das três forças em nós estudando a nós mesmos — a manifestação de nossos pensamentos, de nossa consciência, de nossos hábitos e desejos. Vamos supor, por exemplo, que decidimos trabalhar com nós mesmos no intuito de atingirmos um nível de existência mais elevado. Nesse caso, nosso desejo, nossa iniciativa, é a força ativa, e a inércia de nossa vida psicológica habitual, que se opõe à iniciativa, é a força passiva, ou negativa. No final, ou essas duas forças se equilibrarão mutuamente, ou uma irá se sobrepor à outra — embora ambas se enfraqueçam demais para poderem agir. Logo, as duas forças irão, por assim dizer, girar em torno uma da outra, e uma acabará absorvendo a outra sem produzir nenhum resultado. Esse impasse pode durar uma vida inteira. Podemos sentir desejo e iniciativa, mas estes podem ser absorvidos na luta para superar a inércia habitual da vida, nada deixando no final para atingirmos a meta digna de nossa decisão original. E o processo pode continuar até a terceira força surgir, talvez na forma de *novos conhecimentos* que mostrem a vantagem, ou melhor, a necessidade de um trabalho com nós mesmos, reforçando, desse modo, a iniciativa. Então, graças ao apoio dessa terceira força, a iniciativa poderá ser capaz de superar a inércia, e poderemos nos tornar ativos na direção desejada.

Podemos encontrar outros exemplos das três forças, inclusive o surgimento eventual da terceira força, em todas as manifestações da vida psíquica, em todos os fenômenos da vida comunitária e da humanidade como um todo, bem como na natureza à nossa volta. Por enquanto, porém, bastará compreender o princípio geral: todo fenômeno, de qualquer magnitude, acaba representando a manifestação de três forças e não pode ser produzido apenas por uma ou duas delas. Sempre que observamos uma ação que se detém ou hesita de maneira interminável, podemos dizer que, naquele momento, falta a terceira força. Ao mesmo tempo, um fenômeno que parece ser simples pode ser bastante complexo, consistindo em uma combinação complexa de trindades. Mais importante: devemos lembrar que não podemos captar os fenômenos diretamente como manifestações de três forças, porque não podemos observar o mundo objetivo em nosso estado subjetivo de consciência. O mundo subjetivo ou fenomênico de nossas observações é incompleto, relativamente real, porque só vemos nos fenômenos a manifestação de uma ou duas forças. Se pudéssemos ver a manifestação das três forças em toda ação, veríamos o mundo tal *como ele é* (as coisas em si mesmas). A terceira força é uma propriedade do mundo real.

O RAIO DA CRIAÇÃO

Com relação à Lei de Três, podemos dizer agora que no Absoluto e em tudo mais há três forças em ação — a ativa, a passiva e a neutralizante. Como, por definição, o Absoluto representa um todo unificado, as três forças existentes nele também devem ser unidas como um único todo. Além disso, na formação de um todo unificado e independente, as três forças possuem uma vontade independente, bem como uma consciência plena e uma compreensão completa de sua própria natureza e de sua função. O conceito de unidade das três forças no Absoluto forma a base de muitos ensinamentos antigos, inclusive a Trindade consubstancial e indivisível do cristianismo e o Trimurti de Brahma, Vishnu e Shiva no hinduísmo.

As três forças do Absoluto separam-se e se combinam de maneira deliberada e, nos pontos de junção, criam fenômenos, ou "mundos" de segundo escalão. Esses mundos, criados pela vontade do Absoluto, dependem totalmente dessa vontade em todos os aspectos de sua existência. Em cada um deles, as três forças tornam a agir. Como, porém, cada uma representa apenas uma parte, e não a totalidade do Absoluto, as três forças nele não formam um todo singular. Fora do Absoluto, as três forças envolvem três vontades, consciências e unidades. Cada uma das três forças leva em seu bojo o potencial para funcionar na capacidade das outras duas, mas em seu ponto de contato manifestam apenas um princípio — o ativo, o passivo ou o neutralizante. Nesses pontos elas se combinam a fim de formar uma trindade, a qual produz um mundo do segundo escalão, sujeito à ação de três forças.

As três forças divididas em um mundo de segundo escalão encontram-se e criam novos mundos de terceiro escalão, nos quais o número de forças será seis.

Nesses mundos são criados mundos de uma nova ordem, nos quais atuam doze forças, seguidos de mundos em mundos governados por 24, 48 e 96 forças, e assim por diante. Vamos designar os mundos pelo número de forças atuantes neles.

O Absoluto dá à luz um número potencialmente infinito de mundos de segundo escalão, e cada um deles contém o início de uma cadeia de mundos, no que chamamos de "raio da criação". Se considerarmos um desses mundos de segundo escalão, designado "mundo 3" por conter três forças, ele será o mundo que representa todos os mundos estrelados ou as galáxias do universo. Apenas um deles, porém, nos é relevante, qual seja, a Via Láctea, designada como "mundo 6". E, dentre os diversos sóis que compreendem a Via Láctea, só nos interessa o nosso próprio sol, o "mundo 12", do qual dependemos diretamente. No sistema solar, o mundo planetário — o "mundo 24" — é o mais relevante, do qual o planeta Terra, ou "mundo 48", é o mais imediato. O final de nosso raio da criação é a lua, ou "mundo 96". Essa cadeia de mundos na qual existimos — ou seja, segundo a nossa perspectiva, o "mundo" no sentido mais amplo da expressão — pode ser representada conforme mostra o diagrama ao lado.

O número de forças de cada mundo — 1, 3, 6, 12, e assim por diante — indica o número de leis que governam esse mundo. Quanto menor o número de leis a que está sujeito, mais próximo esse mundo estará da vontade do Absoluto. Quanto mais leis houver nele, mais distante ele estará da vontade do Absoluto e mais mecânico será. Nosso mundo terrestre, o "mundo 48", está sujeito a nada menos que 48 ordens de leis, ou seja, está bem distante da vontade do Absoluto, em um recanto remoto e sombrio do universo.

A ideia do raio da criação pode ser encontrada em ensinamentos antigos, e muitas das ingênuas concepções geocêntricas do universo que conhecemos são exposições incompletas dessa ideia ou distorções geradas por uma compreensão literal. O desenvolvimento do raio do Absoluto contradiz muitas visões modernas. Tome-se como exemplo o *continuum* do sol, da Terra e da lua. Segundo o entendimento habitual, a lua é um corpo celeste frio e morto, o qual já foi semelhante à Terra, ou seja, costumava ter um núcleo fundido e, antes disso, era uma massa gasosa como o sol. De acordo com essa visão, a Terra também foi como o sol, mas esfriou gradualmente e, um dia, irá se tornar uma massa fria como a lua.

○ ABSOLUTO

○ TODAS AS GALÁXIAS

○ VIA LÁCTEA

○ SOL

○ TODOS OS PLANETAS

○ TERRA

○ LUA

Presume-se que o sol também está esfriando e um dia ficará parecido com a Terra e, posteriormente, com a lua. A ideia do raio da criação e de seu crescimento a partir do Absoluto conflita com essas visões gerais e considera, em vez disso, a lua como um planeta que está nascendo. Ela está ficando cada vez mais quente e, com o tempo (dado o desenvolvimento favorável do raio da criação), ficará parecida com a Terra, chegando mesmo a ter seu próprio satélite. Essa nova lua representará um novo elo do raio da criação. De acordo com essa visão, a Terra não está esfriando, mas ficando mais quente e, com o tempo, poderá ficar parecida com o sol. Um exemplo desse fenômeno pode ser visto no sistema de Júpiter, o qual serve de sol para seus satélites.

Como vimos acima, a vontade do Absoluto só se manifesta no mundo 3, o mundo que ele criou imediatamente em si mesmo. Sua vontade irrestrita não atinge o mundo 6, manifestando-se ali apenas na forma de leis mecânicas. Ademais, nos mundos 12, 24, 48 e 96, a vontade do Absoluto fica ainda mais remota e mais mediada. Podemos dizer que no mundo 3 o Absoluto cria um plano ou esboço geral para o resto do universo, o qual depois é realizado mecanicamente. A vontade do Absoluto só pode ser sentida nos mundos subsequentes como a realização mecânica desse plano. Isso significa que, se o Absoluto quisesse manifestar diretamente sua vontade em nosso mundo (o que conflitaria com as leis mecânicas cabíveis aqui), antes teria de destruir todos os mundos intermediários entre ele e o nosso mundo. O conceito de milagre, no sentido da "violação das leis físicas comuns pela Vontade que as criou", não apenas viola o bom senso como é contrário à própria ideia de Vontade. Logo, o "milagre" só pode ser a manifestação de leis desconhecidas ou pouco familiares a nós, ou, em outras palavras, a manifestação, em nosso mundo, das leis de outro mundo.

Aqui na Terra, estamos muito afastados da vontade do Absoluto, separados por 48 ordens de leis mecânicas e, em nossa vida mecânica, sujeitos à influência da lua. Se, contudo, pudéssemos nos libertar de metade dessas leis, estaríamos sujeitos a apenas 24 ordens de leis, ou seja, às leis do mundo planetário, o que nos levaria a um grau mais próximo do Absoluto e de sua vontade. Se pudéssemos então nos libertar de metade das leis remanescentes, estaríamos sujeitos apenas às doze ordens de leis do sol e, portanto, nos aproximaríamos mais um estágio do Absoluto. Se, outra vez, pudéssemos nos libertar de metade dessas leis, estaríamos sujeitos apenas às leis da galáxia, separados apenas por um estágio da vontade irrestrita do Absoluto. Essa possibilidade de libertação gradual das leis mecânicas existe para nós. Caso desenvolvamos a consciência e a vontade, submetendo nossas manifestações mecânicas a elas, escaparemos do poder da lua.

A LEI DAS OITAVAS

A segunda lei fundamental do universo é a Lei das Oitavas, a qual costuma ser chamada de "Lei de Sete". A fim de compreender essa lei, é preciso entender que o universo *consiste em vibrações*. Essas vibrações ocorrem em todos os tipos de matéria formadora do universo, desde a mais fina até a mais grosseira. Elas emanam de diversas fontes e seguem variadas direções, cruzando-se, colidindo umas com as outras, ficando mais fortes ou mais fracas, detendo-se mutuamente, e assim por diante.

Na base da compreensão das vibrações, a ciência antiga reconhece o princípio básico de sua *descontinuidade*, isto é, a característica definitiva e necessária de todas as vibrações da natureza, quer sua frequência cresça ou decresça, a fim de se desenvolverem não como oscilações iguais, contínuas e uniformes, mas com acelerações e retardos periódicos em sua velocidade. Segundo esse princípio, a força do impulso original não atua de maneira uniforme nas vibrações, mas, por assim dizer, ora fica mais forte, ora mais fraca.

As leis que governam a desaceleração ou a deflexão das vibrações eram conhecidas da ciência antiga e foram incorporadas a uma fórmula específica preservada até nossos dias. Nessa fórmula, o período em que as vibrações são dobradas é dividido em *oito* etapas desiguais, correspondentes ao índice de aumento nas vibrações. A oitava etapa repete a primeira com um número de vibrações duas vezes maior. Esse período entre determinado número e o dobro desse número é chamado de oitava, ou seja, *composto de oito*.

Essa fórmula representa a maneira pela qual o conceito da oitava foi transmitido de professor para discípulo e de uma escola a outra. Muito, muito tempo atrás, uma escola descobriu ser possível aplicar essa fórmula à música. Assim, obteve-se a escala musical diatônica — *dó, ré, mi, fá, sol, lá, si, dó* —, a qual era conhecida na mais remota antiguidade, foi esquecida e posteriormente descoberta ou "reinventada". A estrutura da escala de sete notas, sem os semitons nos intervalos entre *mi* e *fá* e entre *si* e *dó*, produz um esquema da lei cósmica dos "intervalos", ou semitons ausentes. Desse modo, quando falamos de oitavas em um sentido cósmico ou mecânico, apenas os semitons entre *mi e fá* e entre *si e dó* são chamados de "intervalos".

Dessa maneira, a escala diatônica representa a fórmula da Lei das Oitavas desenvolvida inicialmente nas escolas antigas e depois aplicada à música. Ao mesmo tempo, porém, se estudarmos as manifestações dessa lei em outros tipos de vibração, não musicais, veremos que as leis são as mesmas em toda parte e que as vibrações intrínsecas à luz, ao calor, a reações químicas e ao magnetismo estão sujeitas aos mesmos princípios que o som. A física, por exemplo, conhece a escala luminosa, e na química temos o sistema periódico dos elementos, intimamente relacionado com o princípio das oitavas. Nossa divisão de tempo, isto é, a separação dos dias da semana em dias úteis e domingos, reflete a lei geral que governa nossa atividade. E o mito bíblico da criação, no qual Deus criou o mundo em seis dias e descansou no sétimo, é uma expressão ou, no mínimo, uma indicação dessa lei, embora incompleta.

Ao compreendermos seu verdadeiro significado, a Lei das Oitavas nos proporciona uma explicação nova da totalidade da vida e do desenvolvimento dos fenômenos em todos os planos do universo. Essa lei explica, por exemplo, por que a natureza não tem linhas retas. Explica ainda por que não podemos "fazer", por que em nós tudo está "feito" e, em geral, de modo oposto ao que gostaríamos ou esperaríamos. Sempre que nos dispomos a fazer alguma coisa, acabamos fazendo algo diferente, mas pensamos o tempo todo que estamos fazendo exatamente o que queríamos desde o início. Tudo isso é efeito direto dos "intervalos" ou decréscimos na frequência das vibrações à medida que se desenvolvem.

Até aqui, concentramo-nos na descontinuidade das vibrações e na maneira como as forças podem se desviar. Há ainda outros dois princípios que precisamos tentar compreender: primeiro, que a ascensão ou o declínio são inevitáveis em qualquer linha de desenvolvimento e, segundo, que em toda linha, ascendente ou descendente, há flutuações periódicas, ou seja, subidas e descidas. Desenvolvimento implica mudança, e a ascensão ou a queda são condições cósmicas inevitáveis de qualquer ação. Não vemos nem compreendemos o que está acontecendo à nossa volta e em nós. Isso porque pensamos continuamente que as coisas podem se manter no mesmo nível por um longo tempo e não damos margem para a inevitabilidade da queda quando não há subida. Também confundimos a queda com a ascensão, sem perceber que as *ascensões* que imaginávamos possíveis em certas circunstâncias são, na verdade, impossíveis — é impossível, por exemplo, aumentar a consciência por meios mecânicos.

Após distinguir oitavas ascendentes e descendentes no mundo que nos rodeia, precisamos aprender a distinguir ascensão e queda nas próprias oitavas. Em qualquer aspecto de nossa vida, nada permanece nivelado e constante. Em toda parte e em tudo, o pêndulo oscila, ondas se erguem e caem. Pense em nossa energia, que subitamente aumenta e depois, com a mesma volatilidade, enfraquece; em nossos humores, que "melhoram" ou "pioram" sem razão aparente; em nossos sentimentos, desejos, intenções, decisões. Todos ascendem ou descendem de modo contínuo, ficando mais fortes ou mais fracos.

Observações baseadas na Lei das Oitavas mostram que as "vibrações" podem se desenvolver de diversas maneiras. Se uma oitava é interrompida, as vibrações podem ser vistas como coisas que começam e depois somem, ou são engolidas por vibrações mais fortes que cruzam com elas, ou vão em direção oposta. Se uma oitava se desvia da direção original, as vibrações mudam de natureza e produzem resultados diferentes dos esperados. Apenas nas oitavas de ordem cósmica, descendentes ou ascendentes, as vibrações se desenvolvem de maneira consecutiva e organizada e continuam na mesma direção com que começaram.

Observações adicionais mostram que as oitavas têm o potencial de se desenvolver consistentemente na vida, tanto na natureza quanto na atividade humana, embora esse tipo de desenvolvimento seja raro e volta e meia se baseie no que parece ser um *acidente*. O que acontece às vezes é que, com a progressão da oitava, outras oitavas, correndo paralelas à primeira, intersectando-a ou encontrando-a, de algum modo *preenchem seus "intervalos"*, de modo que suas vibrações prosseguem em seu desenvolvimento sem problemas. No momento em que aquela oitava específica passa por um "intervalo", surge um "choque adicional" que lhe corresponde em força e caráter. Isso faz com que a oitava possa se desenvolver mais de acordo com a direção original, sem perdas ou mudanças na natureza de suas vibrações. Mas, nesses casos, há uma diferença essencial entre oitavas ascendentes e descendentes.

Em uma oitava ascendente, o primeiro "intervalo" ocorre após a terceira nota, entre *mi* e *fá*. Se uma energia adicional e correspondente entrar nesse ponto, a oitava irá se desenvolver sem abalos até o *si*, a sétima nota. Mas, a fim de continuar pelo intervalo entre *si* e *dó*, precisará de um *"choque adicional" muito mais forte*. Nesse ponto, as vibrações são de um diapasão bem mais alto e, por isso, exigem maior intensidade, a fim de impedir que o desenvolvimento da oitava se desacelere. Em uma oitava descendente, por outro lado, o "intervalo" mais difícil ocorre bem no começo, logo após o primeiro *dó*, e o material que o preenche em geral é encontrado no próprio *dó* ou nas vibrações laterais induzidas pelo *dó*. É por isso que uma oitava descendente costuma se desenvolver com muito mais facilidade do que uma oitava ascendente e que, ao passar pelo *si*, ela atinge o *fá*, a quarta nota, sem se abalar. Aqui, é necessário um "choque adicional", embora consideravelmente menos forte do que o primeiro choque entre *dó* e *si*.

Na operação da Lei das Oitavas, há, na relação de umas com as outras, oitavas *fundamentais* e *subordinadas*. A oitava fundamental é como o tronco de uma árvore que produz ramos de oitavas laterais. As sete notas fundamentais e os dois "intervalos", os *portadores de novas direções*, formam nove elos de uma corrente, com três grupos de três elos cada. A formação das oitavas e a relação das oitavas subordinadas de ordens distintas podem ser comparadas com a formação de uma árvore. Do tronco básico saem ramos importantes por todos os lados, os quais se dividem em galhos menores, cada vez menores, e que por fim se cobrem de folhas. O processo continua em uma escala bem menor na formação das folhas, dos veios e dos recortes denteados.

O exemplo completo da Lei das Oitavas pode ser visto na grande oitava cósmica do raio da criação que chega até nós. O raio começa pelo Absoluto, que é Tudo. Esse Tudo, que possui a unidade, a vontade e a ciência completas, cria mundo em si mesmo, dando início à oitava *descendente* do mundo do qual o Absoluto é o *dó*. Os mundos que o Absoluto cria em si mesmo, portanto, são o *si*, com o "intervalo" entre *dó* e *si* preenchido pela vontade do Absoluto. O processo criativo se desenvolve ainda mais sob o ímpeto do impulso original com a assistência do "choque adicional". *Si* passa para *lá*, que, de acordo com nossa perspectiva, é nossa galáxia estelar, a Via Láctea. *Lá* passa para *sol* — o nosso sol, o sistema solar —, e *sol* passa para *fá* — o mundo dos planetas de nosso sistema solar. Aqui, entre o mundo planetário como um todo e nossa Terra, ocorre um "intervalo". A consequência desse intervalo é que as emanações planetárias que trazem diversas influências para a Terra não conseguem atingi-la, ou, mais corretamente, a Terra, em vez de recebê-las, as desvia. Nesse ponto, a fim de ocupar o "intervalo", criou-se um aparato especial para receber e transmitir essas influências planetárias. Esse aparato é a *vida orgânica da Terra*, a qual transmite a ela todas as influências que lhe são destinadas. Isso possibilita o desenvolvimento e o crescimento contínuo da Terra, o *mi* da oitava cósmica; e, depois, o da lua, ou o *ré*; depois vem outro *dó* — o *Nada*. Assim, o raio da criação se estende do *Tudo* ao *Nada*.

Na oitava cósmica, o sol soa originalmente como *sol*, mas começa, em dado momento, a soar também como *dó* em uma nova oitava descendente. Prosseguindo no nível dos planetas, essa nova oitava passa para *si* e, descendo ainda mais, produz três notas, *lá*, *sol* e *fá*, as quais criam e constituem toda a vida orgânica da Terra, assim como a conhecemos. Nessa oitava, o *mi* se mistura com o *mi* da oitava cósmica, ou seja, com a Terra, e o *ré* dessa oitava se mistura com o *ré* da oitava cósmica, isto é, com a lua. A vida orgânica funciona como órgão de percepção e de emanação da Terra. Em todo momento, por meio da vida orgânica, cada porção da superfície da Terra envia emanações na direção do sol, dos planetas e da lua, cada qual exigindo um tipo específico de emanação. Tudo que acontece na Terra cria emanações, e muitos eventos ocorrem simplesmente porque certo tipo de emanação é exigido de certos lugares da superfície da Terra. As duas oitavas podem ser ilustradas da seguinte maneira:

Ao passar do estudo do universo ao estudo do homem, devemos tentar compreender a ideia de "choques adicionais", os quais permitem que as linhas de força atinjam uma meta projetada. Como sugerido, os choques podem ocorrer por acidente. Por acaso, nossas atividades podem recair e se mover em algum canal escavado por forças cósmicas ou mecânicas e criar a ilusão de que alguma meta está sendo atingida. Essa correspondência acidental entre resultados e as metas que estabelecemos para nós ou a realização de metas pequenas, *sem consequências*, dão origem à convicção de que somos capazes de atingir qualquer meta, de que pode-

ABSOLUTO	dó	
TODAS AS GALÁXIAS	si	
VIA LÁCTEA	lá	
SOL	sol	dó
TODOS OS PLANETAS	fá	si
	lá sol fá	
TERRA	mi	mi
LUA	ré	ré
ABSOLUTO	dó	

mos "conquistar a natureza", "organizar toda a nossa vida", e assim por diante. Na verdade, é evidente que somos incapazes disso, porque não só não temos controle sobre o que acontece fora de nós mesmos, como não temos controle sequer sobre o que acontece dentro de nós mesmos. Essa última frase precisa ser compreendida com clareza. Ao mesmo tempo, precisamos compreender que o controle sobre as coisas começa com o controle sobre as coisas em nós mesmos, com o *controle sobre nós mesmos*. A pessoa que não consegue se controlar, ou ao curso das coisas em seu íntimo, não consegue controlar nada.

A parte técnica desse controle é explicada pela Lei das Oitavas. Como vimos, as oitavas só podem se desenvolver na direção desejada se "choques adicionais" surgirem nos momentos certos, isto é, nos pontos em que as vibrações se desaceleram. Se não surgem "choques adicionais" nesses momentos, as oitavas mudam de direção. É lógico que não dá para esperar que esses "choques" apareçam por acidente, por conta própria e no momento certo. Para cada caso, há uma opção entre três posturas diante da vida. Podemos encontrar uma direção para nossas atividades correspondente à linha mecânica de eventos de determinado momento; em outras palavras, "ir com o vento" ou "remar a favor da maré", mesmo que isso contrarie nossas tendências, convicções e simpatias íntimas. Podemos aceitar o fracasso de tudo o que começamos a fazer. Ou podemos aprender a identificar os "intervalos" nas linhas de nossa atividade e *criar* os "choques adicionais" de que precisamos; ou seja, podemos aprender a aplicar o método usado pelas forças cósmicas em nossas próprias atividades, nos momentos necessários.

A fim de tentar compreender a Lei das Oitavas, é importante evitar o excesso de teorias. Precisamos é entender e sentir essa lei em nós mesmos. Apenas assim seremos capazes de vê-la operar fora de nós.

GRAUS DE MATERIALIDADE

No universo na forma do raio da criação, tudo pode ser pesado e medido, até — e inclusive — o Absoluto. O Absoluto é tão material, e portanto tão mensurável fisicamente, quanto a lua ou um ser humano. Se o Absoluto pode ser chamado de "Deus", isso significa que Deus pode ser medido e pesado. Mas o conceito de "materialidade" é tão relativo quanto qualquer outro. No raio da criação, há sete planos no universo, sete mundos, um dentro do outro, e tudo que se refere ao mundo também se divide em sete categorias correspondentes. A materialidade do Absoluto é de uma ordem diferente daquela de "todas as galáxias", a qual é de ordem diferente da ordem da Via Láctea. A materialidade, em cada caso — da Via Láctea, de "todos os planetas", da Terra e da lua —, é de uma ordem diferente da materialidade dos mundos inferiores. Esse conceito é de difícil compreensão no início, pois estamos acostumados a supor que a matéria é basicamente a mesma. Essa premissa serve de base para a física, a astrofísica e a química. E, de fato, a matéria é a mesma. Mas a *materialidade* varia e tem graus diferentes em função das características da energia manifestada em um dado momento.

Matéria ou substância pressupõe necessariamente a existência de força e energia. Mas isso não implica uma concepção dualista do mundo, pois os conceitos de matéria e de força são tão relativos quanto quaisquer outros. Por exemplo, no Absoluto, onde tudo é um, matéria e força também são um. Nesse caso, porém, matéria e força não devem ser entendidas como princípios do mundo real em si, mas como propriedades ou características do mundo fenomênico tal como ele é observado por nós. Tudo de que precisamos a fim de começar a estudar o universo é a compreensão elementar da matéria e da energia assim como captadas por nossa percepção sensorial habitual, presumindo-se a matéria como uma "constante" e as "mudanças" no estado da matéria como manifestações de força ou de energia. Essas mudanças, por sua vez, podem ser compreendidas como o resultado de vibrações que começam no centro, isto é, no Absoluto, antes de irradiarem para fora como ondas em todas as direções, entrecruzando-se, colidindo e se fundindo, até se deterem no final do raio da criação. De acordo com esse ponto de vista, o mundo consiste em vibrações e matéria, ou, se preferir, em matéria em um estado de vibração, isto é, matéria vibratória. A frequência de vibração é inversamente proporcional à densidade da matéria. No Absoluto, as vibrações são as mais rápidas, e a matéria é a menos densa. No mundo seguinte, as vibrações são um pouco mais lentas, e a matéria um pouco mais densa. Quanto maior a distância do Absoluto, mais lentas as vibrações e mais densa a matéria.

Podemos considerar a "matéria" formada por "átomos", definidos como o resultado da menor divisão possível dessa matéria. Em cada ordem da matéria, há um ponto além do qual essa matéria não pode mais ser dividida no mundo em questão, um ponto que representa o tamanho dos átomos que constituem a materialidade desse mundo. Apenas os átomos do mundo do Absoluto são de fato indivisíveis. Os átomos do mundo seguinte, ou seja, do mundo 3, consistem em três átomos que correspondem ao mundo do Absoluto e são três vezes maiores, três vezes mais densos e três vezes mais lentos que os do Absoluto. Os átomos do mundo 6 consistem em seis átomos do Absoluto combinados, embora na forma de um único átomo, e os átomos dos mundos seguintes consistem em 12, 24, 48 e 96 partículas primordiais. Os átomos do mundo 96 são enormes se comparados com os átomos do mundo 1, além de proporcionalmente mais lentos e mais densos.

Os sete mundos do raio da criação representam sete ordens diferentes de materialidade e, em vez de um conceito de matéria, temos sete tipos diferentes de matéria. Mas nossa concepção de materialidade não está bem adaptada para a compreensão da materialidade dos mundos 96 e 48. Do ponto de vista científico, a matéria do mundo 24 é tão rarefeita que ela é praticamente hipotética, isso para não falar da matéria ainda mais fina do mundo 12, a qual nem sequer é matéria. Como essas matérias correspondem às diversas ordens que constituem o universo, elas não estão separadas em camadas: interpenetram-se, assim como espécies mais conhecidas de matéria de densidades diferentes às vezes se misturam. Como exemplo, um pedaço de madeira pode ficar saturado de água, e a água pode ficar saturada de gás. A mesma relação se dá entre os diferentes tipos de matéria que constituem o universo, com as mais finas permeando as mais grosseiras, embora, como foi dito, a matéria dos planos superiores não seja nem um pouco material nos planos inferiores.

Toda a matéria que forma nosso mundo — o alimento que comemos, a água que bebemos, as pedras usadas na construção de nossa casa e até nosso próprio corpo — está permeada por todas as diferentes matérias existentes no universo. Portanto, não é preciso estudar o sol para descobrir a matéria do mundo solar. Ela pode ser encontrada em nós, incluída no resultado da divisão de nossos próprios átomos. Do mesmo modo, temos em nós todas as matérias dos outros mundos. Cada um de nós é, na acepção plena da expressão, um universo em miniatura, um "microcosmo", temos em nós mesmos todas as matérias que constituem o universo e operamos sob as mesmas forças e leis que governam o universo. Portanto, quando nos estudamos podemos estudar o mundo inteiro, assim como ao estudar o mundo podemos nos estudar. Mas só podemos traçar um paralelo completo entre o homem e o mundo se considerarmos o "homem" no sentido pleno da palavra, isto é, uma pessoa cujos poderes latentes estão desenvolvidos. Alguém que permanece sem desenvolvimento ou que não conclui o curso possível de sua evolução não pode ser considerado um microcosmo do universo; na verdade, essa pessoa é como um mundo inacabado.

Como comentado, o estudo de si mesmo deve andar de mãos dadas com o estudo das leis fundamentais do universo, as quais são as mesmas em todos os planos. Voltando à Lei de Três, precisamos aprender a descobrir suas manifestações em tudo que estudamos e em todas as nossas ações. Descobrir sua aplicação em qualquer esfera de atividade revela-nos de modo imediato um grande depósito de conhecimentos novos, muitos dos quais nunca vimos antes. A química comum, por exemplo, ignora a Lei de Três e estuda a matéria sem considerar suas propriedades cósmicas. No entanto, há outro tipo de química, uma química especial, ou "alquimia", se preferir, a qual leva em conta as propriedades cósmicas de cada substância, determinadas *por seu lugar* e *pela força que atua por meio dela* em um dado momento. Duas substâncias no mesmo lugar podem, muitas vezes, ser diferentes em função da força manifestada por meio delas. Cada substância pode ser a condutora de qualquer uma das três forças, podendo, assim, ser *ativa*, *passiva* ou *neutralizante*. E pode não ser nada disso caso não haja força manifestando-se por meio dela no momento ou se ela for considerada sem se levar em conta a manifestação de forças. Logo, qualquer substância pode aparecer, por assim dizer, em um de quatro aspectos ou estados diferentes. Nesse sentido, deve ser dito que, ao falarmos de matéria, não estamos falando de seus elementos químicos. Essa química especial vê cada substância, mesmo as mais complexas, como um "elemento" separado. Essa é a única maneira de se estudar propriedades cósmicas, pois todos os compostos complexos têm seu próprio papel e sua função cósmica. Segundo esse ponto de vista, um "átomo" de determinada substância é redefinido como a menor quantidade dessa substância a reter todas as suas propriedades químicas, físicas e cósmicas. Naturalmente, átomos de substâncias diferentes irão variar de tamanho e, em alguns casos, um átomo pode até ficar visível a olho nu.

A distinção entre os graus de materialidade permite-nos examinar a relação entre as funções do homem e os planos do universo. A principal diferença entre os centros é que eles funcionam com substâncias de materialidade diferente. O centro do pensamento é o mais lento dos três centros inferiores e opera com uma substância do mundo 48. O centro do movimento trabalha mais depressa, com uma substância do mundo 24, muitas vezes mais leve e mais móvel. O centro do sentimento pode funcionar com uma substância do mundo 12, e o centro do pensamento, com uma substância do mundo 6. Como já foi dito, os diferentes graus de materialidade explicam por que os centros superiores não podem se conectar com os inferiores. No intuito de se obter uma conexão correta e invariável entre os centros inferiores e os superiores, é necessário regular e acelerar o trabalho dos centros inferiores.

No que diz respeito à Lei das Oitavas, o homem serve como aparato para a evolução possível das substâncias, as quais entram no organismo sob a forma de três tipos de alimento. O primeiro é o que habitualmente chamamos de comida — o pão, por exemplo —, que entra como *dó* e tem a possibilidade de passar para *ré* no estômago, onde as substâncias mudam de vibração e de densidade. Essas substâncias são transformadas quimicamente, misturam-se e, por meio de certas combinações, passam para *ré*, que também tem a possibilidade de passar para *mi*. Mas *mi* não pode evoluir sozinho. Aqui, o segundo tipo de alimento — o ar

— vem auxiliá-lo, entrando como *dó* de uma segunda oitava. Ele ajuda o *mi* da primeira oitava a passar para *fá*, após o que sua evolução pode prosseguir. Por sua vez, em um ponto similar, a segunda oitava também requer a ajuda de uma oitava superior, a qual aparece na forma do terceiro tipo de alimento — as impressões —, que entra como o *dó* da terceira oitava. Logo, a primeira oitava evolui até *si*, a substância mais fina que o organismo humano pode produzir a partir do que costumamos chamar de alimento. A evolução de um pedaço de pão atinge esse nível de materialidade, porém não pode se desenvolver mais no homem comum. Se *si* pudesse se desenvolver e passar para *dó* de uma nova oitava, seria possível formar um novo corpo dentro de nós mesmos. Isso requer condições especiais, combinações internas especiais.

IV

A POSSIBILIDADE DE EVOLUÇÃO

EVOLUÇÃO CONSCIENTE

Sempre, e por toda parte, há afirmação e negação, não apenas nos indivíduos, mas na humanidade como um todo. Essa é uma lei mecânica, e não pode ser diferente. Ela opera em todo lugar e em todas as escalas — no mundo, nas cidades, nas famílias, na vida íntima de um indivíduo. Uma parte afirma, outra nega. Essa é uma lei objetiva, e todos são escravos dela. Apenas os que ficam no meio são livres. Ao conseguir isso, escapamos dessa lei geral. Mas como escapar? É muito difícil. Não somos fortes o bastante e, por isso, nos submetemos. Somos fracos, somos escravos. Mas, se tentarmos, existe a possibilidade de nos libertar, de modo lento, gradual, mas com firmeza. Do ponto de vista objetivo, isso significa ir contra essa lei geral, contra a natureza. Mas podemos fazê-lo, porque existe uma lei de ordem diferente; recebemos outra lei de Deus.

O que é preciso para atingirmos a liberdade? Consideremos a oposição aparente entre ciência e religião. O que uma afirma a outra nega, e vice-versa. Reflito com profundidade sobre essa questão, raciocinando da seguinte maneira.

Sou um homem insignificante. Vivi apenas cinquenta anos, enquanto a religião existe há milhares de anos. Milhares de pessoas estudaram essas religiões, contudo eu as nego. Pergunto-me: "Será que todos são tolos e eu sou o único inteligente?". A situação é a mesma com a ciência. Ela também existe há milhares de anos. Suponha que eu a negue. Surge a mesma pergunta: "Será que sou mais sagaz do que todos os que estudaram a ciência por tanto tempo?". Se raciocinar de modo imparcial, admitirei que posso ser mais inteligente do que uma ou duas pessoas, mas não mais do que mil. Caso eu seja uma pessoa normal e raciocine de maneira imparcial, compreenderei que não posso ser mais inteligente do que milhões de pessoas. Repito, sou apenas um indivíduo insignificante. Como posso descartar a religião e a ciência? O que é possível fazer?

Começo a pensar que deve haver um pouco de verdade em ambas. É impossível que todos estejam enganados. Por isso, empenhei-me na tarefa de tentar compreender a contradição. Quando começo a pensar e a estudar de forma imparcial, vejo que a religião e a ciência estão corretas, apesar de estarem opostas uma à outra. Descubro uma pequena diferença. Um lado considera um assunto, e o outro lado, um assunto diferente. Ou estudam o mesmo tema, mas sob ângulos diferentes. Ou uma estuda as causas, e a outra estuda os efeitos do mesmo fenômeno. Assim, nunca se encontram. Mas ambas estão certas, pois as duas baseiam-se em leis racionalmente sólidas. Se levarmos em conta apenas o resultado, nunca compreenderemos onde está a diferença.

Em um dado ponto, tanto a ciência quanto a religião ocupam-se do desenvolvimento humano, ou seja, a questão da evolução, da mudança da existência. O homem contém em si mesmo essa possibilidade. Mas é importante compreender desde o início que a evolução, de certo modo, contraria a lei geral. Para o indivíduo, a evolução é o desenvolvimento de sua própria capacidade de se libertar da dependência de influências externas. Apenas esse tipo de desenvolvimento, esse tipo de crescimento, representa a evolução *real* da humanidade. Salvo isso, não pode haver evolução alguma. Com efeito, a humanidade como um todo não progride nem evolui. O que parece ser progresso ou evolução nada mais é do que uma modificação superficial, a qual pode ser contrabalançada por modificações correspondentes na direção oposta a qualquer momento.

A fim de compreender a lei da evolução possível ao homem, antes precisamos compreender que, pelo menos no que diz respeito à natureza, essa evolução não é necessária além de certo ponto. Mais precisamente: a evolução da humanidade corresponde à evolução do planeta, mas o planeta evolui segundo ciclos temporais tão longos, de acordo com nossa perspectiva, que parecem infinitos. O tempo mais longo que podemos imaginar ainda é breve demais para que ocorram mudanças substanciais na vida do planeta e, consequentemente, na vida da humanidade.

Como qualquer outra vida orgânica, a humanidade existe na Terra a fim de satisfazer as necessidades e os propósitos do planeta, exatamente como deveria ser para atender aos requisitos da Terra no presente momento. Somente um pensamento tão teórico e distante da realidade quanto o pensamento contemporâneo ocidental poderia ter tido a ideia de que a humanidade evolui *separadamente da natureza*, que a evolução humana pode ser compreendida como a *conquista gradual da natureza*. Isso é absolutamente impossível. Servimos aos fins da natureza tanto na vida quanto na morte, evoluindo e involuindo — ou, de modo mais preciso, a natureza nos usa da mesma maneira que usa os outros produtos da evolução e da involução, embora talvez com propósitos diferentes. Ao mesmo tempo, a humanidade *como um todo* nunca pode se separar da natureza, pois, mesmo que lutemos contra isso, nunca deixaremos de servir a seus fins. Na verdade, a evolução da humanidade como um todo, ou o desenvolvimento dessas possibilidades em um grande número de pessoas, não apenas é desnecessária para os fins da Terra e do mundo planetário, como seria nociva ou até fatal para a lua, por exemplo.

Entretanto, o potencial para a evolução existe e pode ser realizado em *indivíduos isolados* com a ajuda de conhecimentos e de métodos apropriados. Como isso só pode servir aos interesses da própria pessoa, vai contra os interesses, por assim dizer, do mundo planetário. Cada um de nós precisa entender o seguinte: a evolução só é necessária para o indivíduo em si. Ninguém mais tem interesse nela, ninguém é obrigado a nos ajudar. Por outro lado, as forças que se opõem à evolução de um grande número de seres humanos também se opõem à evolução individual. A pessoa em questão deve ser ousada e mais sagaz do que as outras. *Uma pessoa* pode ser mais sagaz; a *humanidade* não. Mais tarde, ficará evidente que esses obstáculos nos são úteis e teriam de ser criados propositalmente caso não existissem. Apenas com a superação de obstáculos é que podemos desenvolver as qualidades de que precisamos.

Esse é o ponto central da visão correta da evolução humana. Não existe isso de evolução inevitável, mecânica. A evolução se dá como resultado de um esforço consciente. A natureza não tem necessidade nem desejo desse tipo de evolução, na verdade luta contra ele. A evolução pode ser necessária apenas para nós, se compreendemos nossa situação e a possibilidade de mudá-la, se percebemos que temos poderes intocados e tesouros não vislumbrados. A evolução é possível para o indivíduo cujo objetivo é atingir esses poderes e tesouros. Mas, se todos, ou mesmo a maioria das pessoas, percebessem isso e quisessem obter o que é um direito de nascença, a evolução deixaria de ser possível.

Cada pessoa é tão mínima que, na economia da natureza como um todo, a adição ou a subtração de uma pessoa mecânica não faz diferença. Imagine a correlação entre uma célula muito pequena, microscópica, e nosso próprio corpo. A presença ou a ausência de uma única célula não terá efeito na vida do corpo. Não podemos ter consciência dela e, por si só, ela não pode influir na vida ou na atividade do organismo humano. Do mesmo modo, um indivíduo isolado é pequeno demais para influir na vida do organismo cósmico, pois ele não é mais importante ao organismo do que uma de nossas células é para nós. É *exatamente* essa obscuridade relativa que torna possível nossa "evolução".

Individualmente, o homem serve de aparato ao desenvolvimento em virtude da Lei das Oitavas. A natureza nos fez com determinado propósito — evoluir. Comemos não apenas por nós mesmos, mas com um propósito externo, pois a comida não pode evoluir sozinha, sem nossa ajuda. Comemos pão e também ingerimos ar e impressões, e cada uma dessas coisas se desenvolve conforme a Lei das Oitavas. O pão entra como *dó*, que contém a possibilidade e o impulso de passar para *ré* e *mi* sem ajuda. Mas ele não pode passar a *fá* a menos que se misture com o ar, o qual leva a energia necessária à passagem por um intervalo difícil. Depois disso, ele não precisa de ajuda até chegar ao *si*, mas depois não pode avançar por ele mesmo. Nossa meta é ajudar essa oitava a se completar. *Si* é o ponto mais elevado da vida animal comum e é a matéria a partir da qual um novo corpo pode se formar.

Nossa evolução é a evolução de nossa consciência. E *a "consciência" não pode evoluir inconscientemente*. Ela é a evolução de nossa vontade, e a "vontade" não pode evoluir sem querer. É a evolução de nosso poder de fazer, e "fazer" não pode ser o resultado de coisas que simplesmente estão "feitas".

CONHECIMENTO E EXISTÊNCIA

Há, por assim dizer, duas linhas ao longo das quais se dá o nosso desenvolvimento: a linha do conhecimento e a linha da existência. A evolução correta envolve o desenvolvimento simultâneo de ambas as linhas, que são paralelas e recíprocas. Se o conhecimento avança muito mais do que a existência, ou vice-versa, nosso desenvolvimento está errado e, mais cedo ou mais tarde, chegará a um impasse.

Entendemos o que significa "conhecimento" e entendemos a possibilidade de níveis distintos de conhecimento — maior ou menor, de uma qualidade ou de outra. Contudo, não entendemos que isso também se aplica à "existência". Para nós, "existência" é sinônimo de vida. Não entendemos que é possível haver vários níveis de existência, que duas pessoas superficialmente idênticas podem ter níveis de existência radicalmente diferentes e que o conhecimento de uma pessoa depende de seu nível de existência. A existência de um mineral, a de uma planta e a de um animal representam níveis distintos de existência. E a existência de um animal não é a existência de um homem. Mas o nível de existência de duas pessoas pode diferir mais do que a existência de um mineral com relação à de um animal. É exatamente isso que não entendemos, assim como não entendemos que o conhecimento depende da existência. Não apenas não entendemos isso, mas não estamos dispostos a entender.

Na cultura ocidental, cremos na possibilidade de alguém ser muito culto — por exemplo, um cientista competente que faz descobertas e avanços para a ciência — e, ao mesmo tempo, ser, e ter o direito de ser, mesquinho, egoísta, ardiloso, fútil, ingênuo e distraído. Tomamos como fato consumado o mito do "professor distraído". No entanto, essa é a sua existência. E cremos que seu conhecimento não depende de sua existência. Valorizamos muito o nível de seu conhecimento, porém não ligamos para o nível de sua existência e não nos envergonhamos do baixo nível de nossa própria existência. O conceito nos é estranho, e não conseguimos entender que o conhecimento de uma pessoa depende do nível de sua existência. Com efeito, em um dado nível de existência, nosso potencial para adquirir conhecimento é fixo e limitado. Dentro dos limites de um dado nível, é impossível alterar a qualidade do conhecimento que podemos adquirir. Só podemos aprender a acumular mais e mais informações sobre a mesma coisa básica. A única maneira de obter novos tipos de conhecimento é mudando a natureza de nossa existência.

A característica mais típica do homem moderno é a *ausência de unidade interior*, além de uma completa falta dos valores que mais gostamos de nos atribuir: uma "consciência lúcida", o "livre-arbítrio", um "eu invariável" e a "capacidade de 'fazer'". O aspecto dominante de nossa existência, a característica que explica essa deficiência e *tudo mais que falta* em nós, é o *sono*. O homem contemporâneo nasce, vive e morre adormecido. Que *conhecimento* uma pessoa adormecida pode ter? A fim de refletirmos sobre essa questão, considerando que o *sono* é a característica primária de nossa existência, a primeira coisa em que precisamos pensar é como despertar, como mudar nossa *existência*.

Manter o *equilíbrio* entre o nosso conhecimento e a nossa existência é ainda mais importante do que desenvolver os dois de forma separada. Isso se aplica de modo particular ao desenvolvimento independente do conhecimento, o qual é totalmente indesejável, embora seja esse desenvolvimento *unilateral* que as pessoas costumam achar atraente. Mas o conhecimento sem existência é teórico, abstrato e irrelevante para a vida. Desenvolver apenas a linha de conhecimento cria alguém que conhece muito, mas é incapaz de fazer qualquer coisa, uma pessoa que *não compreende* o que conhece, que não demonstra *reconhecimento* e não distingue um tipo de conhecimento de outro. Por outro lado, alguém que só se desenvolve ao longo da linha da existência e desconsidera o conhecimento possui a capacidade de fazer muita coisa, mas não tem ideia do que fazer ou da razão para fazê-lo. Essa pessoa faria o que seus sentimentos subjetivos a levassem a fazer, e isso poderia levá-la a grandes desvios e a cometer erros graves. De qualquer modo, tanto o conhecimento quanto a existência sofrem um impasse, e ambos param de se desenvolver.

No intuito de compreender a natureza do conhecimento, a natureza da existência e a relação entre ambas, antes precisamos conhecer sua relação com a "compreensão". *Conhecimento é uma coisa, compreensão é outra.* Mas as pessoas costumam confundir esses dois conceitos e não captam de modo preciso a diferença entre eles. O conhecimento, por si e em si, não confere compreensão, e o mero fato de a pessoa aumentar seus conhecimentos não aumentará sua compreensão. A compreensão depende da relação entre conhecimento e existência. Ela é a média ou a resultante entre conhecimento e existência. Conhecimento e existência sempre devem se manter equilibrados, pois, se um ficar muito à frente do outro, a compreensão, por sua vez, irá se manter mais afastada de ambos. Ao mesmo tempo, a relação entre conhecimento e existência não muda meramente com o aumento do conhecimento. Muda apenas quando a existência cresce com ele, de modo simultâneo. Em outras palavras, a compreensão só aumenta se a existência também se desenvolve.

De modo geral, as pessoas não fazem diferença entre compreensão e conhecimento. Pensamos que compreendemos melhor em função de um conhecimento maior. Por isso acumulamos conhecimento, ou o que imaginamos ser conhecimento, mas não acumulamos compreensão nem nos preocupamos com ela. Todavia, muitos percebem que, em momentos diferentes da vida, compreendemos determinada ideia, determinado pensamento, de formas totalmente diferentes. Por vezes, parece estranho no passado termos entendido mal uma coisa que, com nossa postura atual, compreendemos muito bem. Ao mesmo tempo, percebemos que, malgrado essa mudança em nossa compreensão, nosso conhecimento sobre o assunto em questão permanece o mesmo, ou seja, sabíamos tanto sobre ele quanto sabemos hoje. O que, portanto, justifica essa diferença? É que nossa existência mudou, e isso resultou inevitavelmente em uma mudança correspondente em nossa compreensão.

No contexto dos interesses práticos que constituem a vida cotidiana, sabemos muito bem a diferença entre mero conhecimento e compreensão. Reconhecemos que *saber* e *saber como fazer* são duas coisas diferentes e que *saber como fazer* não é algo que o conhecimento isolado nos traga. Mas, fora da esfera prática, não temos noção precisa do que pode significar "compreensão". Geralmente, quando nos damos conta de que não compreendemos alguma coisa, nossa primeira reação é tentar *encontrar um nome* para essa coisa. Assim que encontramos um nome, dizemos que a compreendemos, mas encontrar um nome não significa compreender. Infelizmente, volta e meia nos satisfazemos com nomes. Consideramos a pessoa que conhece muitos nomes, isto é, um monte de palavras, como alguém que compreende muita coisa — exceto, mais uma vez, na esfera da vida prática, na qual a ignorância fica aparente no mesmo instante.

A diferença entre conhecimento e compreensão fica evidente quando percebemos que o conhecimento pode ser a função de um centro, enquanto a compreensão é a função de três centros. É possível que só a parte pensante *conheça* algo sobre determinado fenômeno, mas a *compreensão* aparece somente quando sentimos seu aspecto emocional e as sensações relacionadas com esse fenômeno. Ninguém pode dizer que compreende a ideia de mecanicidade apenas por conhecê-la intelectualmente. A fim de compreender de fato nossa mecanicidade, precisamos *senti-la* com todo o nosso eu. Da forma como somos, quando não compreendemos nada, pensamos que compreendemos tudo, ou que no mínimo somos capazes de compreender tudo. Então, ao começarmos a compreender, pensamos que não compreendemos nada. Isso porque o *sabor da compreensão* é tão desconhecido que parece uma falta de compreensão.

ASSIM EM CIMA COMO EMBAIXO

O conhecimento começa pelo ensino dos cosmos. Conhecemos as expressões "macrocosmo" e "microcosmo" basicamente como grande cosmo e pequeno cosmo, grande mundo e pequeno mundo. O universo pode ser considerado um grande cosmo, e o homem, um pequeno cosmo, análogo ao maior. Isso traduz a ideia de unidade e de semelhança entre o mundo e o homem.

O ensinamento dos dois cosmos pode ser encontrado na Cabala e em outros sistemas mais antigos, mas essa doutrina é *incompleta* e inadequada para servir de base a qualquer outra. Trata-se apenas de um fragmento saído de outro ensinamento esotérico ainda mais pleno e antigo, o qual descreve uma série de cosmos ou mundos incluídos um dentro do outro. Cada cosmo é criado à imagem e semelhança do cosmo maior, o qual contém em si todos os outros. "Assim em cima como embaixo", de acordo com a *Tábua de Esmeralda de Hermes Trimegisto*, é uma expressão que se refere aos cosmos. Mas é essencial saber que o *ensinamento completo* sobre os cosmos não fala apenas de dois, mas de sete cosmos, incluídos uns dentro dos outros — a partir do Absoluto, como o primeiro cosmo. A ideia de dois cosmos análogos, acidentalmente preservados de um ensinamento grandioso e completo, é tão incompleta — o Microcosmo e o Macrocosmo estão distantes demais —, que é impossível ver ou estabelecer qualquer analogia direta entre o homem e o mundo.

No ensinamento dos cosmos, cada cosmo é um ser que vive, respira, pensa, sente, nasce e morre. Todos os cosmos resultam da ação das mesmas forças e leis. Mas, embora as mesmas leis pertençam a todas as partes, elas se manifestam de maneira diferente nos diversos planos do universo, ou seja, nos diversos níveis. É por isso que os cosmos não são propriamente análogos um ao outro. Graças à

Lei das Oitavas, não há analogia completa entre eles, assim como não há analogia completa entre as diversas notas da oitava.

Apenas *três* cosmos, estudados em conjunto, são similares e análogos a quaisquer outros três. Um único cosmo não pode fornecer uma imagem completa da manifestação das leis do universo. A maneira como as leis atuam em cada plano, ou seja, em cada cosmo, é determinada por seus dois cosmos adjacentes, acima e abaixo dele. Portanto, a fim de conhecer determinado cosmo, é necessário conhecer seus dois cosmos adjacentes, o maior, acima, e o menor, abaixo. Juntos, esses dois determinam o cosmo que há entre eles. Três cosmos juntos dão uma imagem completa da manifestação das leis do universo.

A relação entre um cosmo e outro é diferente da relação entre um mundo e outro no raio astronômico da criação. No raio da criação, consideramos os mundos de acordo com sua relação real mas de acordo com nosso ponto de vista: a lua, a Terra, os planetas, o sol, a Via Láctea, e assim por diante. Logo, a inter-relação quantitativa dos mundos no raio da criação não é constante. Em um caso, ou em um dado nível, é maior — por exemplo, a relação entre a Via Láctea e nosso sol. Em outro caso, em outro nível, é menor — como a relação entre a Terra e a lua. Mas a relação entre os cosmos é sempre a mesma — ou seja, cada cosmo se relaciona com o cosmo adjacente acima dele, do *zero ao infinito*.

O ensinamento sobre os cosmos tem relevância imediata para a ideia de expansão da consciência e do aumento da capacidade para o conhecimento. Em nosso estado habitual, temos consciência de nós mesmos *em um cosmo* e vemos todos os outros cosmos segundo o ponto de vista desse cosmo. Ao expandir nossa consciência e intensificar nossas funções psíquicas, podemos entrar simultaneamente na esfera de atividade de *outros dois* cosmos, um maior e outro menor. Logo, a consciência não se expande apenas em uma direção, isto é, rumo ao cosmo mais elevado, mas também para baixo, na direção do cosmo inferior. Pelo mero ato de expansão da consciência rumo a um cosmo superior, incluímos o nível de um cosmo inferior.

Essa última ideia talvez explique expressões como "O caminho para cima é, ao mesmo tempo, o caminho para baixo". Isso significa que se, por exemplo, começarmos a sentir a vida dos planetas, ou se nossa consciência passar para o nível do mundo planetário, começaremos, ao mesmo tempo, a sentir a vida dos átomos, ou nossa consciência passará simultaneamente para o nível deles. Desse modo, a expansão da consciência se dá simultaneamente em duas direções. E o conhecimento da maior e da menor exige uma mudança correspondente em nós mesmos.

Ao procurarmos paralelos e analogias entre os cosmos, podemos considerar cada cosmo em três relações — em sua relação consigo mesmo, em sua relação com um cosmo superior, ou maior, e em relação com um cosmo inferior, ou menor. Quando as leis de um cosmo se manifestam em outro cosmo, o resultado é chamado de "milagre". Não é nem uma violação às leis nem uma exceção a elas. Trata-se de um fenômeno que ocorre segundo as leis de outro cosmo. Como essas leis são pouco familiares e, em última análise, incompreensíveis para nós, vemos suas manifestações como milagrosas. Ao mesmo tempo, a fim de compreender as leis da relatividade, é útil examinar o que acontece em um cosmo como se olhássemos de outro cosmo, ou seja, sob a perspectiva das leis de outro cosmo. Tudo que acontece em um dado cosmo assumirá uma aparência e uma importância completamente diferentes sob o ponto de vista de outro cosmo. Muitas coisas novas aparecerão, muitas outras desaparecerão e, de modo geral, tudo parecerá diferente.

Apenas a ideia de vários cosmos pode proporcionar uma base firme para as leis da relatividade, em que a verdadeira ciência e a filosofia deveriam se basear. Com efeito, é possível dizer que *ciência e filosofia, no verdadeiro sentido dessas expressões, começam pela ideia dos cosmos.*

NÍVEIS DE DESENVOLVIMENTO

No estudo do conhecimento antigo, nosso primeiro passo deve ser aprender uma linguagem que nos permitirá determinar, de maneira imediata e precisa, aquilo de que estamos falando, sob que perspectiva e com relação a quê. Essa linguagem não contém quase nenhuma terminologia nova, mas nos permite construir nosso discurso segundo um novo princípio — o *princípio da relatividade*. Ela introduz o elemento da relatividade em todos os conceitos, exatamente o que falta na linguagem cotidiana. Após dominarmos essa linguagem, poderemos receber muitos conhecimentos e informações que não podem ser transmitidos pela linguagem comum, apesar de toda sua terminologia científica e filosófica.

A característica principal dessa nova linguagem é que todos os conceitos são definidos de acordo com uma única ideia — a ideia de *evolução*. Naturalmente não se trata de uma evolução mecânica, pois não existe tal coisa, mas da evolução consciente e deliberada, a única possível. Tudo no universo, de sistemas solares até o homem e do homem até o átomo, ou se ergue ou cai, evolui ou se degenera, se desenvolve ou se deteriora. Embora a degeneração se dê de modo mecânico, a evolução e a mudança para um nível superior não podem ser mecânicas. Mesmo a ajuda do exterior só pode ser recebida caso ela seja valorizada e aceita. *Nada evolui mecanicamente*, e o que não pode evoluir de forma consciente tem de se degenerar.

A nova linguagem faz com que cada objeto seja considerado com base em seu potencial de evolução, inclusive com base em seu *lugar* na escala evolutiva. Logo, muitos de nossos conceitos mais comuns são divididos de acordo com as etapas de sua evolução. Como exemplo, vamos analisar outra vez a ideia de *homem*. Nessa nova linguagem, no lugar de uma única palavra "homem" há sete designações: de homem número um até homem número sete.

O homem número sete é a pessoa que atingiu o maior desenvolvimento possível ao ser humano e que possui todos os atributos que alguém pode ter, isto é, consciência, um "eu" permanente e imutável, imortalidade e muitas outras propriedades que estão além de nosso alcance, mas as quais, em nossa cegueira e ignorância, atribuímos a nós mesmos. O homem número seis fica bem próximo do homem número sete e difere deste apenas porque algumas de suas propriedades ainda não se tornaram *permanentes*. O homem número cinco, o qual também é praticamente inatingível para nós, é a pessoa que alcançou a *unidade*. O homem número quatro, por sua vez, representa um estágio intermediário, que analisaremos mais adiante.

O homem número um, o número dois e o número três referem-se a todos os que constituem a humanidade mecânica, ou seja, toda a humanidade que conhecemos e à qual pertencemos. Cada pessoa nasce como número um, dois ou três, e todas ficam no mesmo nível de desenvolvimento. O homem número um é alguém cujo centro de gravidade da vida psíquica localiza-se no centro do movimento. Essa é a pessoa do corpo físico, cujas funções motoras e instintivas suplantam de modo constante as funções emocionais e intelectuais, cuja vida se caracteriza por temas primários originados na sensação física. O homem número dois é uma pessoa cujo centro de gravidade da vida psíquica está no centro dos sentimentos, cujas funções emocionais superam todas as outras — a pessoa emotiva, sentimental. Sua vida caracteriza-se por temas primários originados no centro dos sentimentos e, por isso, as pessoas e as coisas são definidas pelo gostar ou não delas, por serem agradáveis ou desagradáveis, amadas ou odiadas. O homem número três é uma pessoa cujo centro de gravidade está no centro do pensamento, cujas funções intelectuais têm preferência sobre as funções motoras, instintivas e emocionais. Sua vida caracteriza-se por temas primários que têm origem na teoria, e tudo que ele faz precisa ser logicamente correto.

Portanto, ninguém nasce como homem número quatro. Tendo nascido no nível das três primeiras categorias, a pessoa só atinge esse nível elevado como resultado de esforços de natureza bem definida. O homem número quatro não pode se desenvolver como fruto de influências comuns, acidentais, por exemplo formação ou educação. Ele é sempre o produto do trabalho em uma "escola", da qual falaremos mais adiante. Essa pessoa já está em um nível diferente daquele dos homens de número um, dois e três. Ele tem um *centro de gravidade invariável* formado por suas ideias, sua avaliação do trabalho com a consciência e sua relação com a escola. Além disso, seus centros psíquicos já começaram a se equilibrar, de modo que um centro não predomina sobre os demais; eles trabalham por uma meta comum. O homem número quatro começa a se conhecer e a saber aonde está indo.

O homem número cinco atingiu a unidade. Sua formação se cristalizou, e ele não é mais mutável como os homens um, dois e três. Mas é preciso dizer que o homem número cinco pode ser o resultado de um trabalho correto ou o resultado de um trabalho errado. Uma pessoa pode se tornar número cinco a partir do número quatro ou *sem ter sido um homem número quatro*. Nessa última hipótese, ele não pode se desenvolver mais, não pode se tornar um número seis ou sete.

A divisão da humanidade em sete categorias proporciona o primeiro conceito da *relatividade* aplicada à humanidade e fornece uma base para entendermos todas as manifestações internas e externas do homem, tudo que pertence a ele e é criado por ele. Podemos falar agora, por exemplo, do conhecimento número um, ou seja, o conhecimento do homem número um, que se baseia na imitação ou no instinto, aprendido por memorização, enfiado ou injetado em uma pessoa. O verdadeiro homem número um aprende tudo como um papagaio ou um macaco. Por sua vez, o conhecimento do homem número dois consiste apenas no que ele gosta. Aquilo de que ele não gosta permanece além de seu conhecimento. Nada lhe interessa se não for agradável ou, caso ele seja doentio, só conhecerá aquilo pelo que tem aversão, o que acha repulsivo ou aterrorizante ou que lhe dá medo e asco. Já o conhecimento do homem número três baseia-se em um pensamento subjetivamente lógico, baseia-se em palavras e na compreensão literal. Esse é o conhecimento dos ratos de biblioteca e dos acadêmicos. Os homens número três, por exemplo, foram os que contaram quantas vezes cada letra do alfabeto árabe apareceram no Alcorão de Maomé e usaram esses dados como base para toda uma interpretação das escrituras.

O conhecimento do homem número quatro é de um tipo bem diferente, sem se distorcer pelo predomínio de um centro. É o conhecimento que vem do homem número cinco, o qual já o recebeu do homem número seis, que, por sua vez, o recebeu do homem número sete. Desse conhecimento, naturalmente, o homem número quatro só é capaz de assimilar o que consegue dominar com sua capacidade limitada. Entretanto, em comparação com os homens número um, dois e três, fez grandes progressos para libertar seu conhecimento da subjetividade anterior e avançar no caminho que conduz ao conhecimento objetivo.

O conhecimento do homem número cinco é íntegro e indivisível. Essa pessoa possui um único "eu", bem como o conhecimento que isso acarreta. Não é mais possível para nenhum dos "eus" conhecer algo inacessível aos demais. O que ele conhece, todo ele conhece — um conhecimento que se aproxima mais do conhecimento objetivo. O conhecimento do homem número seis é tudo que um ser humano é capaz de saber, embora permaneça em uma esfera um tanto quanto teórica e ainda possa se perder. O conhecimento do homem número sete é dele por completo e não pode ser subtraído. Esse é o conhecimento *objetivo* e plenamente *prático* de *Tudo*, do Todo.

Exatamente a mesma coisa acontece com a existência. Existe a existência do homem número um, isto é, a existência de alguém que vive segundo o instinto e a sensação; a existência do homem número dois, de uma pessoa sentimental ou emocional; e a existência do homem número três, da pessoa racional ou teórica. Com base nisso, fica bem evidente por que conhecimento e existência são inextricavelmente entremeados. É por causa das limitações inerentes à sua existência que os homens número um, dois e três nunca conseguem adquirir o conhecimento acessível aos homens número quatro, cinco e superiores. Essas pessoas só conseguem compreender as coisas à sua própria maneira e reduzem quaisquer ideias a seu próprio nível.

Absolutamente tudo que se relaciona com o homem pode ser dividido de acordo com essas sete categorias. Portanto, podemos falar da arte do homem número um, que é imitativa, uma cópia, ou primitiva e sensorial. Existe a arte número dois, enjoativa e sentimental, e a arte número três, mais cerebral. E deve haver a arte número quatro, a número cinco, e assim por diante. Do mesmo modo, existe a religião do homem número um, a do homem número dois e a do homem número três. Todas as religiões e denominações religiosas do mundo pertencem a uma dessas três categorias, as únicas que conhecemos.

CAMINHOS ESPIRITUAIS

Certos ensinamentos comparam o homem a uma casa com quatro cômodos. Vivemos apenas em um dos cômodos, o menor e mais despojado deles, e, a menos que alguém nos diga algo a respeito, nunca suspeitaremos que há outros três cômodos, repletos de tesouros. Assim que a pessoa fica sabendo disso, começa a procurar as chaves desses cômodos, em especial a do quarto cômodo, o mais importante. Ao descobrir como entrar ali, torna-se, na verdade, o senhor de sua casa, pois só então ela lhe pertencerá plenamente, para sempre. O quarto cômodo confere imortalidade ao homem, e todos os ensinamentos religiosos procuram mostrar o caminho que leva até esse quarto.

São muitos os caminhos, alguns mais curtos, outros mais longos, mais difíceis ou mais fáceis, mas todos, sem exceção, conduzem ou se propõem a conduzir por uma direção, a que leva à imortalidade. Os caminhos conhecidos e aceitos pela maioria podem ser divididos em três categorias:

1. O caminho do faquir
2. O caminho do monge
3. O caminho do yogue

O caminho do faquir é o caminho da luta com o corpo físico, do trabalho focado no primeiro cômodo. Esse caminho é longo e difícil, sem garantias de sucesso. O faquir esforça-se para desenvolver o poder sobre o corpo, sobre a vontade física, atormentando ou até torturando seu corpo. Esse caminho consiste em desafios físicos quase insuperáveis. O faquir permanece imóvel, sentado na mesma posição durante horas, dias, meses ou anos; ou se senta com os braços estendidos sobre uma rocha ao sol, sob chuva ou neve; ou se tortura com fogo, ou sofre dores extremas. Se não ficar doente ou morrer antes de desenvolver o que podemos chamar de vontade física, essa pessoa poderá atingir o quarto cômodo, ou o potencial para formar o quarto corpo. Mas suas funções — emocional, intelectual e outras — não se desenvolverão. Essa pessoa terá adquirido a vontade, mas não poderá usá-la para adquirir conhecimentos ou buscar a autoperfeição. De qualquer maneira, estará velha demais para dar início a esse novo trabalho.

O segundo caminho é o do monge, um caminho de fé, de sentimento religioso e de sacrifício. Apenas uma pessoa com forte emoção religiosa e forte imaginação religiosa pode tornar-se um "monge" no sentido verdadeiro da palavra. Esse caminho também é muito longo e difícil. O monge passa anos, até décadas, em conflito íntimo, mas todo o seu trabalho concentra-se no segundo cômodo, ou seja, nos sentimentos. Ao submeter todas as outras emoções a uma única emoção, isto é, à fé, ele desenvolve a *unidade* interna em seu íntimo, o controle ou a vontade sobre as emoções. Desse modo, chega ao quarto cômodo, mas seu corpo físico e suas funções intelectuais se manterão sem desenvolvimento. Para poder usar a vontade desenvolvida, precisará desenvolver seu corpo e a capacidade de pensar, o que só poderá ocorrer mediante novos sacrifícios, obstáculos e renúncias. Com efeito, *o monge precisa tornar-se tanto um yogue quanto um faquir*. Poucos são capazes de compreender isso e, menos ainda, capazes de levar a tarefa a cabo. A maioria ou morre antes de chegar a esse ponto, ou torna-se monge apenas na aparência externa.

O terceiro caminho é o do yogue, o caminho do conhecimento, o caminho da mente. Esse caminho trata principalmente do terceiro cômodo, na tentativa de chegar ao quarto cômodo por meio do conhecimento. O yogue procura chegar ao quarto cômodo desenvolvendo a mente, mas seu corpo e suas emoções permanecem sem se desenvolver e, como os que trilham o caminho do faquir e o do monge, o yogue não consegue usar o que obteve. Ele conhece tudo, mas não pode fazer nada. A fim de adquirir a capacidade de agir, antes deve obter o domínio sobre seu corpo e suas emoções, trabalhando e obtendo resultados por meio de esforços prolongados. Nesse caso, contudo, pelo menos ele tem a vantagem de compreender sua posição, de saber o que é necessário, o que precisa ser feito e a direção a seguir. Mas no caminho do yogue, assim como os que seguem o caminho do faquir e o do monge, poucos adquirem o conhecimento necessário para saber aonde estão indo. A maioria dos seguidores só tem sucesso em uma dessas conquistas e não passa dali.

Os caminhos também diferem porque cada um implica um relacionamento diferente entre o seguidor e seu professor, ou líder. O seguidor do caminho do faquir não tem um professor no sentido próprio da palavra. Nesse caso, o professor não ensina, apenas serve de exemplo a ser imitado pelo seguidor. Já no caminho do monge, o seguidor tem um professor, e parte de seu dever e trabalho consiste na fé e na submissão absolutas a esse professor, em *obediência*. Mas a essência desse caminho é a fé em Deus, o amor a Deus, o anseio permanente de obedecer e de servir a Deus, embora possa haver muito de subjetivo e de contraditório na compreensão do seguidor sobre a ideia de "Deus" e de "serviço a Deus". No caminho do yogue, por sua vez, o seguidor não pode e não deve fazer nada sem um professor. No começo, ele combina simultaneamente a imitação que o faquir faz de seu professor com a fé do monge em seu professor. Em seguida, o seguidor do caminho do yogue precisa tornar-se seu próprio professor. Ele aprende os métodos do professor, internaliza-os e mais tarde aplica-os a si mesmo.

Todos esses caminhos, o do faquir, o do monge e o do yogue, têm uma coisa em comum: todos começam pela etapa mais difícil — a renúncia a todas as coisas mundanas e uma mudança completa na vida do seguidor. O seguidor precisa abdicar de seu lar e de sua família, caso a tenha, precisa renunciar a todos os prazeres, apegos e deveres da vida e ir para o deserto, para um mosteiro ou a um *ashram*. Desde o primeiro dia, como primeira etapa do caminho, ele precisa morrer para o mundo. Só então poderá esperar chegar a alguma coisa em um desses caminhos.

A fim de captar a essência desse ensinamento, precisamos compreender que seguir um dos *caminhos* é o *único* método possível para desenvolver o potencial oculto do homem. Isso, por sua vez, mostra como é difícil e raro esse tipo de desenvolvimento. No que diz respeito à humanidade, a lei geral exige uma existência que nunca se desvia das influências mecânicas, da existência do "homem-máquina". Mas o desenvolvimento das possibilidades ocultas da humanidade é um caminho *contra a lei geral, contra Deus*. Por isso os caminhos são tão difíceis e exclusivos. No entanto, embora sejam estreitos e retos, são o único modo de se chegar a qualquer coisa. Do ponto de vista da vida cotidiana, em especial da vida moderna, os caminhos parecem fenômenos insignificantes, quase imperceptíveis, os quais não precisam sequer existir. Mas esses fenômenos insignificantes representam *tudo* o que a humanidade tem a seu dispor para o desenvolvimento do potencial oculto do homem. Esses caminhos são contrários à vida cotidiana. Baseiam-se em outros princípios e sujeitam-se a outras leis, e essa é a essência de seu poder e importância. Em uma vida humana comum, mesmo que repleta de interesses científicos, filosóficos, religiosos ou sociais, não há nada e *não pode haver nada* capaz de proporcionar as possibilidades de desenvolvimento contidas nos caminhos. Os caminhos levam, ou melhor, deveriam levar, à imortalidade, enquanto a vida humana comum, mesmo em seu melhor momento, só pode conduzir à morte. A ideia representada pelos caminhos não pode ser compreendida a menos que aceitemos que, sem sua ajuda, não é possível haver uma evolução do homem.

Tendo em vista o estado atual de nossa vida cultural normal, uma pessoa inteligente que busque conhecimento não tem esperança alguma de atingir essa meta. É que, no mundo em que vivemos, não há nada parecido com escolas para faquires ou para yogues, e as religiões ocidentais degeneraram-se a tal ponto que não há nada vivo nelas. Alternativas como movimentos ocultistas e experimentos espiritualistas ingênuos não irão nos levar a parte alguma. E a situação seria mesmo desesperadora, não fosse pela existência de um *quarto método*, o qual chamaremos de "Quarto Caminho".

O Quarto Caminho não exige abrir mão de todas as coisas mundanas, mas inicia-se em um ponto muito mais avançado da estrada do que o caminho do yogue. Isso significa que, antes de começar a seguir o Quarto Caminho, o seguidor já deve estar preparado, isto é, deve ter se submetido a uma preparação séria da vida cotidiana que envolve muitas facetas diferentes. Para isso, ele deve viver em condições que levem ao trabalho no Quarto Caminho ou que, no mínimo, não o impossibilitem. Deve entender que há condições, internas e externas, que podem criar barreiras intransponíveis para o Quarto Caminho. Além disso, diferentemente dos caminhos do faquir, do monge e do yogue, o Quarto Caminho não tem forma definida e deve, antes de qualquer coisa, ser *encontrado*.

Ao mesmo tempo, começar a trilhar o Quarto Caminho é mais fácil do que começar a percorrer um dos outros três caminhos. É possível trabalhar e seguir esse caminho sem abrir mão das condições normais da vida. A pessoa pode manter seu emprego e seus relacionamentos e não precisa renunciar a nada. Pelo contrário, no Quarto Caminho a situação de vida na qual um seguidor se encontra, ou no qual, por assim dizer, o trabalho o encontra, é a *melhor situação possível* para ele, pelo menos no começo, pois é sua situação natural. É, em um dado sentido, *a própria pessoa*, pois nossa situação na vida nos torna o que somos. Qualquer situação diferente da criada pela vida seria artificial para nós, e o trabalho não tocaria todas as facetas de nossa existência ao mesmo tempo. Nas condições naturais da vida, o Quarto Caminho afeta simultaneamente todas as facetas da existência humana. Ele trabalha *nos três cômodos ao mesmo tempo*.

O Quarto Caminho difere dos outros caminhos porque a principal exigência feita ao seguidor é a compreensão. Não devemos fazer nada que não compreendamos, exceto, talvez, um experimento sob a supervisão e a direção de nosso líder. Quanto mais a pessoa compreende o que está fazendo, maiores são os resultados de seus esforços. Esse é um dos princípios fundamentais do Quarto Caminho. Os resultados do trabalho dependem do grau com que os esforços são realizados com propósito e lucidez. Não é preciso "fé"; qualquer fé é contrária ao Quarto Caminho. O seguidor deve se satisfazer com a verdade do que lhe dizem antes de poder fazer qualquer coisa. O método do Quarto Caminho consiste em fazer uma coisa em um cômodo e, ao mesmo tempo, fazer algo correspondente nos outros dois cômodos — ou seja, enquanto trabalha o corpo físico, a pessoa trabalha simultaneamente as emoções e a mente; enquanto trabalha a mente, trabalha o corpo e as emoções; e enquanto trabalha as emoções, também trabalha a mente e o corpo. Isso pode ser feito porque os seguidores do Quarto Caminho aplicam certo tipo de conhecimento não disponível aos que seguem os caminhos do faquir, do monge ou do yogue, um conhecimento que permite o trabalho em três direções ao mesmo tempo. Além disso, no Quarto Caminho o trabalho de cada seguidor pode ser individualizado, a fim de que ele faça o que é necessário para ele, e apenas aquilo. Isso é possível porque o Quarto Caminho, livre de formas definidas, dispensa muitas das práticas supérfluas ou meramente tradicionais dos outros caminhos. Um seguidor que atinge determinada vontade pode aplicá-la porque adquiriu controle sobre sua mente, seu corpo e suas emoções. Ele também economizou um bom tempo por trabalhar ao mesmo tempo as três facetas de sua existência em paralelo.

Às vezes, o Quarto Caminho é chamado de *caminho do homem ousado, astuto*. O "homem ousado" conhece certo segredo que o faquir, o monge e o yogue não conhecem. Não se sabe como ele descobriu esse segredo. Talvez ele o tenha encontrado em algum livro antigo, talvez o tenha herdado, adquirido ou furtado de alguém. Não importa. O "homem ousado" conhece o segredo e, com sua ajuda, ultrapassa o faquir, o monge e o yogue. O faquir passa um mês inteiro de tortura intensa no intuito de produzir a energia de que necessita, e o monge passa uma semana jejuando, orando e sofrendo privações. O yogue, que conhece bem mais do que os outros dois, leva menos tempo. Ele sabe o que quer, por que precisa dessa coisa e onde pode obtê-la. Ele sabe, por exemplo, que é necessário produzir em seu interior determinada substância e que ela pode ser produzida em um dia por meio de certos exercícios mentais ou da concentração da consciência. Assim, focaliza sua atenção nesses exercícios durante um dia inteiro sem se permitir um único pensamento que não esteja relacionado a eles e consegue aquilo de que precisa. Desse modo, o yogue consegue em um dia o que levaria uma semana para o monge e um mês para o faquir conseguirem.

Porém, no Quarto Caminho, o conhecimento é ainda mais preciso e perfeito. A pessoa que segue o Quarto Caminho sabe exatamente de que substâncias precisa para atingir sua meta, bem como quais são os diversos métodos para produzi-las. E ele sabe que, com o conhecimento certo, *as mesmas substâncias podem ser introduzidas no corpo a partir do exterior*. Em vez de passar um dia inteiro em exercícios como o yogue, uma semana orando como o monge ou um mês em autotorturas como o faquir, ele apenas prepara e ingere todas as substâncias necessárias e, desse modo, como se estivesse tomando um comprimido, obtém os resultados desejados sem perder tempo.

V

A META DA RELIGIÃO

UM NÚCLEO CONSCIENTE

Ao considerar a conexão ordenada de tudo que há no universo, precisamos entender que nada é acidental ou desnecessário na natureza. Tudo tem uma função específica, tudo serve a um propósito específico. A vida orgânica é um vínculo indispensável na cadeia dos mundos, os quais não podem existir sem ela, assim como a vida orgânica não pode existir sem eles. A vida orgânica transmite diversos tipos de influências planetárias à Terra e serve de alimento para a lua, ajudando-a a crescer. Mas a Terra também está em crescimento, não em tamanho, mas por estar adquirindo uma consciência maior, uma receptividade maior. As influências planetárias que eram suficientes em um estágio de sua existência acabaram tornando-se inadequadas. Quando a Terra começa a exigir influências mais finas, precisa de um aparato receptor mais sutil e sensível. A vida orgânica, portanto, precisa evoluir e adaptar-se, a fim de atender às necessidades da Terra e dos outros planetas. Isso também acontece com a lua. Por algum tempo, ela conseguirá se satisfazer com a qualidade do sustento recebido da vida orgânica, mas chegará um momento em que essa alimentação será insuficiente, e a lua começará a passar fome. Se a vida orgânica não conseguir satisfazer as necessidades da lua, não estará cumprindo seu papel. Logo, no intuito de servir a seu propósito, a vida orgânica precisará evoluir até o nível exigido pelas necessidades dos planetas, da Terra e da lua.

Precisamos nos lembrar de que o raio da criação, que vai do Absoluto até a lua, é como um galho de árvore que cresce. A ponta desse galho, da qual brotam novos ramos, é a lua. Se a lua não cresce, todo o raio da criação para de crescer ou é forçado a encontrar outro caminho de desenvolvimento, talvez com a produção de outro galho. Como o crescimento da lua depende da vida orgânica da Terra, o raio da criação também depende dela. Se a vida orgânica desaparecesse ou morresse, então todo o galho, ou a parte que fica além da vida orgânica, murcharia imediatamente. Isso também aconteceria, embora de modo mais lento, se a vida orgânica tivesse seu desenvolvimento prejudicado, se parasse de evoluir ou se, de modo geral, deixasse de cumprir seu papel. Devemos nos lembrar disso. No raio da criação, o segmento "Terra-lua" tem exatamente o mesmo potencial de desenvolvimento de cada um dos galhos, mas esse crescimento não é garantido. Depende do funcionamento harmonioso e correto de sua própria estrutura orgânica. Se uma parte para de se desenvolver, então tudo para.

Tudo o que pode ser dito sobre o raio da criação em geral ou sobre o segmento específico "Terra-lua" é igualmente válido no que diz respeito à vida orgânica da Terra. A vida orgânica terrestre também é uma estrutura complexa, cujas partes são mutuamente interdependentes, e seu crescimento geral também só será possível se a "ponta do galho" crescer. Há algumas partes em evolução e outras que servem de sustento a elas. Nas partes em evolução, há células evoluindo e outras que servem para sustentá-las. E, em cada célula em evolução, há partes que evoluem e outras que lhe servem de sustento. Mas sempre, e em tudo, é preciso lembrar que a evolução nunca é garantida. Trata-se apenas de um potencial, que pode parar em qualquer lugar e a qualquer momento.

A parte da vida orgânica que evolui é a humanidade. A humanidade também tem um componente evolutivo, embora, por enquanto, consideremos a humanidade como um todo. Se a humanidade não evolui, então a vida orgânica para de evoluir, e isso, por sua vez, fará com que o raio da criação pare de crescer. Assim que a humanidade parar de evoluir, deixará de cumprir a função para a qual foi criada; tornar-se-á inútil e poderá até ser destruída. Logo, o fim da evolução pode significar o fim da vida humana.

Não há sinais externos que indiquem o período da evolução planetária em que estamos ou se os requisitos da lua e da Terra estão sendo atendidos pela vida orgânica. Não temos como saber qual o estágio de evolução da humanidade, mas devemos nos lembrar de que o número de possibilidades é limitado. Entretanto, ao examinar a vida humana segundo uma perspectiva histórica, muitos concordam que a raça humana está andando em círculos. Em um século destruímos tudo o que criamos no outro e, qualquer que tenha sido o progresso tecnológico conquistado em tempos atuais, ele se deu à custa de muitas outras coisas que talvez fossem bem mais importantes. Falando de modo geral, temos todas as razões para acreditar que a humanidade chegou a um impasse em seu desenvolvimento, a partir do qual há um caminho reto que leva à degeneração e à queda. O impasse se dá quando o aparecimento de qualquer coisa é contrabalançado imediatamente por seu oposto, por exemplo quando a libertação de uma situação provoca a servidão de outra.

Se nos lembrarmos da Lei das Oitavas, veremos que um processo continuado não pode ser redirecionado em um momento qualquer. Ele só pode ser alterado e posto em um novo caminho em determinadas "encruzilhadas", que chamamos de "intervalos". Entre um intervalo e outro, ele não pode ser alterado. Ao mesmo tempo, se um processo passa por um intervalo e nada acontece, se não há mudança, então, a partir desse ponto, nada mais poderá ser feito. O processo irá continuar como era, desenvolvendo-se segundo leis mecânicas. Mesmo que as pessoas prevejam que ele levará inevitavelmente à destruição, não poderão fazer nada. Mais uma vez, a possibilidade de mudança só existe nos pontos chamados "intervalos".

Muitas pessoas consideram que a humanidade não está evoluindo como deveria e inventam diversas teorias, as quais, em sua opinião, deveriam transformar por completo a vida humana. Uma pessoa inventa uma teoria, na mesma hora outra inventa uma teoria que a contradiz, e ambas esperam que todos acreditem nelas. Embora a vida siga seu próprio curso naturalmente, continuamos a acreditar em teorias, sempre imaginando que temos forças para realizar mudanças. Todas essas teorias, é evidente, são fantásticas, sobretudo porque ignoram o papel subordinado da humanidade e da vida orgânica no processo cósmico. Teorias intelectuais posicionam o homem no centro de tudo: tudo existe para nós — o sol, as estrelas, a lua, a Terra. Essas teorias ignoram por completo a insignificância do homem — nossa trivialidade, nossa existência transiente. Elas afirmam que, se uma pessoa quiser, ela tem o poder de mudar toda a sua vida, que a condição humana pode ser mudada à vontade. A crença em todas essas teorias e no poder imaginário de realizar mudanças é que mantém a humanidade em seu estado atual. Além disso, a maioria dos ideais para o bem comum e a igualdade universal não só não poderiam jamais ser realizados, como poderiam até causar um desastre se o fossem. Na natureza, tudo tem seu propósito, inclusive condições como desigualdade social e sofrimento humano. A eliminação das desigualdades destrói a possibilidade de evolução. A abolição do sofrimento acabaria com diversas percepções pelas quais o homem existe e impediria o "choque", a única coisa que pode mudar a situação.

O processo de evolução da humanidade é totalmente análogo ao processo de evolução de cada indivíduo. E começa do mesmo modo: um certo grupo de elementos vai se tornando cada vez mais consciente. Esse grupo atrai certos elementos, subordina outros e, lentamente, faz com que todo o organismo atenda às suas metas, em vez de apenas comer, beber e dormir. Isso é evolução, o único tipo possível. Na humanidade como um todo, bem como em cada indivíduo, tudo começa com a formação de um núcleo consciente. Todas as forças mecânicas da vida trabalham para impedir isso, assim como nossos próprios hábitos mecânicos e nossas fraquezas trabalham no intuito de nos impedir de nos lembrarmos de nós mesmos.

CÍRCULOS INTERNOS DA HUMANIDADE

No desenvolvimento da humanidade, há dois processos diferentes, os quais podem ser chamados de "involutivo" e "evolutivo". Um processo involutivo começa de modo consciente no Absoluto, mas, ao chegar à etapa seguinte, já se tornou mecânico e, à medida que se desenvolve, fica cada vez mais mecânico. Um processo evolutivo, por sua vez, começa de forma semiconsciente e vai se tornando cada vez mais consciente à medida que se desenvolve. É importante estabelecer quando a evolução começa e se ela tem prosseguimento. Considerando a analogia entre humanidade e indivíduo, deveríamos ser capazes de perceber se a humanidade está evoluindo.

Podemos dizer, por exemplo, que a vida humana é governada por um grupo de pessoas conscientes? Bem, e onde elas estão? Quem são? O que vemos é exatamente o oposto, que a vida humana é, na verdade, governada por aqueles que são menos conscientes. Podemos dizer que os principais elementos da vida humana são os melhores? Nada disso. Encontramos por toda parte a vulgaridade e a estupidez. Podemos dizer que a vida humana ruma para a unidade e a harmonia? Obviamente não. Tudo o que vemos são novas divisões, novas animosidades, novos mal-entendidos. Portanto, ao analisar o estado atual da humanidade, nada sugere que estejamos evoluindo. Se compararmos a humanidade a um único indivíduo, veremos que a personalidade está se desenvolvendo à custa da essência. O que é artificial, irreal e *não é nosso* cresce à custa do que é natural, real e *nosso*. Junte-se a isso o correspondente crescimento do automatismo em uma cultura que exige comportamentos automáticos. Sem dúvida, estamos perdendo a capacidade de independência que já tivemos, tornando-nos autômatos, engrenagens em uma máquina. Não há meio de dizer como isso vai acabar e onde está a saída — ou se há um fim e uma saída. Apenas uma coisa é certa: a humanidade está se tornando mais escravizada a cada dia que passa. No entanto, trata-se de uma escravidão voluntária; não precisamos de correntes. Estamos gostando de nossa escravidão, até com orgulho dela. E isso é o pior que pode acontecer com uma pessoa que busca a libertação interior.

Como vimos, a evolução da humanidade só pode ocorrer por meio da evolução de certo grupo, o qual, por sua vez, irá influenciar o resto da humanidade. Podemos dizer que existe esse grupo? Talvez, com base em certos sinais; mesmo que exista, porém, temos de admitir que esse grupo é bem pequeno e que, por isso, não será suficiente para influenciar o resto da humanidade. Ou, sob outra perspectiva, podemos dizer que, em seu estado atual, a humanidade não é capaz de aceitar a orientação de um grupo consciente. As pessoas adormecidas não conseguem identificar as que estão despertas. Não podemos saber quem são ou quantas são. A única maneira de descobrir é nos tornarmos como elas, pois, como foi dito, ninguém consegue enxergar acima do nível de sua própria existência. Digamos que, se houvesse *duzentas pessoas conscientes* que vissem a necessidade obrigatória e legítima de mudar o resto da vida na Terra, elas poderiam fazê-lo. Atualmente, entretanto, ou essas pessoas são pouco numerosas ou não querem fazê-lo. Ou talvez ainda não tenha chegado o momento, ou as outras pessoas estejam em um sono profundo demais.

Isso nos leva à questão do esoterismo. A vida da humanidade é governada por influências de duas fontes diferentes: primeiro, as influências planetárias, as quais atuam de forma totalmente mecânica e são recebidas tanto pela humanidade em geral quanto pelos indivíduos, de maneira involuntária e inconsciente; segundo, as influências que provêm de círculos internos da humanidade, de cuja existência e importância a grande maioria não tem mais consciência do que do fato de estar sob a influência dos planetas. A humanidade à qual pertencemos, isto é, a humanidade histórica e pré-histórica conhecida como civilização, constitui, na verdade, apenas o *círculo externo da humanidade*, dentro do qual há vários círculos internos que podemos visualizar como concêntricos, um dentro do outro.

O círculo mais interno, chamado de "esotérico", consiste de pessoas que atingiram o mais alto potencial de desenvolvimento humano, ou seja, cada uma possui o mais elevado grau de individualidade, inclusive um "eu" indivisível, todas as formas possíveis de consciência e de conhecimento e uma vontade livre e independente. Para elas, não é possível agir de maneira a contradizer seu conhecimento ou ter conhecimentos que não se expressem em suas ações. Ao mesmo tempo, não lhes é possível discordar ou compreender a mesma coisa de formas distintas. Portanto, tudo o que fazem está totalmente coordenado entre elas e serve a uma meta comum, sem qualquer compulsão, pois baseia-se em uma compreensão comum e idêntica.

O círculo interno seguinte é chamado de "mesotérico", ou círculo intermediário, o qual inclui pessoas que possuem todas as qualidades do círculo esotérico, exceto por seu conhecimento cósmico, que é mais teórico. Diferentemente do círculo esotérico, essas pessoas conhecem e compreendem muitas coisas que não expressam em suas ações. Conhecem mais do que aquilo que podem fazer. Contudo, sua compreensão é tão precisa, e portanto a mesma, quanto a das pessoas do círculo esotérico. Entre elas não pode haver discórdia ou mal-entendidos. Cada uma tem o mesmo conhecimento que as demais, e todas compreendem as coisas do mesmo modo. Mas, como foi dito, em comparação com o círculo esotérico, seu conhecimento é um pouco mais teórico.

O terceiro círculo interno é chamado de "exotérico", ou círculo externo, pois se situa na periferia da parte interna da humanidade. Embora seus membros possuam muito do que os círculos esotérico e mesotérico tenham atingido, seu conhecimento cósmico é mais filosófico, ou seja, mais abstrato do que o do círculo mesotérico. O que o círculo mesotérico *calcula*, o membro do círculo exotérico *contempla*. Essas pessoas podem ter conhecimentos que não se expressam em suas ações, mas não é possível terem conhecimentos diferentes. O que uma compreende, todas compreendem.

Em geral, na literatura que trata do esoterismo, a humanidade se divide em dois círculos, o "exotérico" e o "esotérico", e o primeiro é equiparado com a vida humana normal. Porém, o verdadeiro "círculo exotérico" já é algo que, do modo como estamos, situa-se bem longe e bem acima de nós. Para o homem comum, esse círculo já é "esotérico".

O "círculo externo" é o círculo da humanidade mecânica à qual pertencemos, a única que conhecemos. Sua característica primária é a falta de compreensão comum entre seus membros. Cada um entende as coisas à sua maneira, todos de forma diferente. Por isso, às vezes ele é chamado de círculo da "confusão das línguas", isto é, o círculo no qual cada um fala sua própria língua, no qual ninguém compreende e sequer tenta ser compreendido pelos demais. A compreensão mútua é impossível fora de momentos excepcionais ou de questões insignificantes e, mesmo assim, apenas nos limites da *existência* específica. Se uma pessoa *percebe essa falta generalizada de compreensão* e procura ser compreendida, isso significa que ela tem a tendência inconsciente de participar do círculo interno.

A possibilidade de compreensão depende de a pessoa adentrar o verdadeiro círculo exotérico, onde a compreensão começa. Ao imaginarmos a humanidade na forma de quatro círculos concêntricos, podemos imaginar quatro portais na circunferência do terceiro círculo interno, ou seja, do círculo exotérico, por meio dos quais as pessoas do círculo mecânico externo podem entrar. Os quatro portais correspondem aos quatro caminhos vistos anteriormente: o caminho do faquir para o homem número um, o caminho do monge para o homem número dois, o caminho do yogue para o homem número três e o Quarto Caminho para os que não podem seguir nenhum dos outros. A diferença fundamental entre os caminhos é que os três primeiros estão ligados a formas permanentes, as quais existiram quase sem mudança alguma por longos períodos da história. Esses três caminhos tradicionais são caminhos *permanentes* dentro dos limites de nosso período histórico, com instituições baseadas na religião. Há dois ou três mil anos, havia outros caminhos, e os que existem hoje estavam muito mais próximos uns dos outros. O Quarto Caminho difere dos caminhos tradicionais antigos e dos existentes porque nunca foi fixo ou permanente. Ele não tem formas ou instituições específicas e aparece e desaparece segundo suas próprias leis, as quais não compreendemos.

Pode haver escolas esotéricas em alguns países do Oriente, mas é difícil identificá-las, porque elas se parecem com qualquer outro mosteiro ou templo comum. Geralmente, os mosteiros tibetanos são construídos na forma de quatro pátios concêntricos divididos por muros altos. Os templos indianos, especialmente no sul, são construídos de acordo com o mesmo plano, mas na forma de quadrados contidos uns dentro dos outros. Normalmente, os peregrinos têm acesso ao primeiro pátio externo, assim como, em ocasiões excepcionais, os seguidores de outras religiões e os europeus. O segundo pátio é restrito a pessoas de determinada casta ou aos que têm uma permissão especial. O terceiro pátio é apenas para pessoas associadas ao templo, e o quarto é exclusivo para brâmanes e sacerdotes. Esse tipo de estrutura, que, com pequenas variações, é encontrado por toda parte, permite que as escolas esotéricas existam sem serem percebidas. Apenas um entre dezenas de mosteiros é, na verdade, uma escola esotérica. Mas como identificá-la? Se qualquer um de nós conseguisse entrar, teria acesso apenas ao primeiro pátio. Somente os alunos podem entrar no segundo pátio, mas não saberíamos disso e nos diriam que o acesso é restrito a uma casta especial. Quanto ao terceiro e ao quarto pátio, nem sequer saberíamos de sua existência. Poderíamos viajar até qualquer templo que desejássemos e encontraríamos a mesma ordem. É impossível distinguir um mosteiro ou templo esotérico de outro comum, a menos que alguém nos diga qual é qual.

RELIGIÃO IMPLICA "FAZER"

A religião é um conceito relativo que depende da existência de cada ser humano. A religião de uma pessoa talvez não seja adequada a outra. Existe a religião do homem número um, a qual consiste em ritos, em formas externas e na pompa e no esplendor da cerimônia, ou, pelo contrário, em um caráter triste, cruel e selvagem. Há a religião do homem número dois, que é de fé, amor, adoração e inspiração, em geral transformada na perseguição e na opressão dos "infiéis" e "hereges". Existe a religião do homem número três, um sistema de crenças intelectuais baseado em dedução lógica, reflexão e minuciosa interpretação. As religiões dessas três categorias são as únicas que conhecemos. As religiões do homem número quatro, do número cinco e superiores são de natureza totalmente diferente, e não poderemos conhecê-las enquanto formos o que somos. Podemos apenas aceitar que a religião de uma pessoa de um nível de existência não é adequada a uma pessoa de outro nível.

Tomando o cristianismo como exemplo, podemos identificar as categorias de maneira mais específica. Podemos falar do cristianismo número um, que é o paganismo sob o disfarce do cristianismo. O cristianismo número dois é uma religião emotiva, a qual pode ser ou muito pura, mas sem força, ou propensa a derramamentos de sangue e ao horror das guerras religiosas e da Inquisição. O cristianismo número três, assim como as diversas formas do protestantismo, baseia-se em dialética e argumentações, em teorias. Depois há o cristianismo número quatro, do qual os homens de número um, dois e três não têm a menor ideia. Na verdade, os cristianismos de número um, dois ou três podem ser considerados como nada mais do que imitações superficiais. Apenas o homem número quatro se esforça de fato para ser cristão, e apenas o homem número cinco pode ser mesmo cristão, ou seja, ter a existência de um cristão que vive segundo os preceitos de Cristo.

Toda religião real, criada para uma finalidade específica, consiste em duas partes. A primeira ensina *o que* deve ser feito, a segunda ensina *como* fazê-lo. Como a primeira parte costuma ser de conhecimento comum, ela se transforma de modo gradual e se desvia do ensinamento original. A segunda parte, porém, é preservada secretamente em escolas especiais, e isso permite a seus seguidores retificarem o que foi distorcido e restaurarem o que foi esquecido. Sem essa segunda parte, não haveria o conhecimento da religião verdadeira, ou ele seria, na melhor hipótese, incompleto e subjetivo. A meta de todas as religiões é descobrir como "fazer", o que envolve as leis da vida. Para o homem, existe o que é "feito", ou seja, "mecânico", e existe o "fazer", que é mágico. Na vida, tudo se move, seja na evolução, seja na involução, seja para cima, seja para baixo. O movimento não segue uma linha reta, mas se dá simultaneamente em uma direção dupla, dando a volta ao redor de si mesmo e terminando perto do centro de gravidade mais próximo. Essa é a lei da queda, em geral chamada de lei do movimento. Essas leis universais eram conhecidas na antiguidade, segundo confirmam eventos históricos que não poderiam ter ocorrido sem esse conhecimento. Desde a mais remota antiguidade, as pessoas sabiam usar e controlar essas leis da Natureza. Esse direcionamento de leis mecânicas pelo homem é magia e inclui não apenas a transformação de substâncias na direção desejada, como a resistência ou a oposição a certas influências mecânicas baseadas nas mesmas leis. As pessoas que conhecem essas leis universais e sabem usá-las são magos. Cristo também era um mago, um homem de Conhecimento. Ele não era Deus; ou melhor, era Deus, mas em certo nível.

Desenvolver nossa alma, cumprir nosso destino mais elevado, é a meta de todas as religiões e escolas. Cada religião tem seu caminho especial, mas a meta é a mesma. Vamos imaginar o homem como uma casa com quatro cômodos. O primeiro é nosso corpo físico, que corresponde à carruagem na analogia que vimos antes. O segundo cômodo é o centro do sentimento, ou o cavalo. O terceiro é o centro do pensamento, ou o condutor, e o quarto cômodo é o mestre. Toda religião entende que o mestre não está aqui e procura encontrá-lo. Mas o mestre aparece apenas quando a casa toda está mobiliada, quando todos os cômodos estão mobiliados. Cada um o faz à sua maneira. Se a pessoa não é rica, mobilia cada cômodo separadamente, pouco a pouco. Mas, para mobiliar o quarto cômodo, antes é preciso mobiliar os outros três. Os caminhos do faquir, do monge e do yogue diferem segundo a ordem em que os três cômodos são mobiliados, mas todos precisam chegar ao mesmo objetivo — como ir à "Filadélfia". Essa é a meta básica de todas as religiões. Cada religião segue uma rota especial, com preparações especiais. O homem é três pessoas com línguas, desejos, desenvolvimento e formação diferentes. Mas todas as nossas funções precisam ser coordenadas e todas as nossas partes devem ser desenvolvidas. Depois da "Filadélfia", a estrada é uma só, e todas são a mesma. Podemos começar como cristãos, budistas, muçulmanos, mas só existe uma religião. Podemos começar em um centro, mas depois os outros também precisam ser desenvolvidos. Depois da "Filadélfia", há um mestre no comando, o qual pensa por todos, organiza tudo e faz com que as coisas estejam certas.

CRISTIANISMO ESOTÉRICO

Metade das pessoas do mundo é cristã, a outra metade tem outras religiões. Na minha opinião, como homem sensato, isso não faz diferença — as religiões da outra metade são as mesmas. Portanto, podemos dizer que o mundo todo é cristão, que a diferença está apenas no nome. E o mundo tem sido cristão não apenas em nossa época, mas há milhares de anos. Existem cristãos desde muito antes do advento do cristianismo.

De modo geral, nosso conhecimento acerca do cristianismo e da forma de veneração cristã é muito limitado. Não conhecemos quase nada sobre a história e a origem de uma série de coisas. Por exemplo, qual foi a fonte da igreja, da ideia de um templo no qual os fiéis se reúnem no intuito de assistir aos cultos e participar de ritos especiais? Muitos nem pensam nisso ou presumem que as formas externas do serviço religioso, como os ritos e os cânticos, foram inventadas pelos fundadores da igreja ou adotadas em parte de religiões pagãs greco-romanas e em parte dos hebreus. Mas nada disso é verdade. A origem da igreja cristã, quer dizer, do templo cristão, é muito mais interessante. Para começar, a forma adotada para a igreja e a liturgia nos primeiros séculos do cristianismo não poderia ter sido tomada por empréstimo de cultos greco-romanos ou da religião hebraica, porque não existia nada disso nessas tradições. A sinagoga, ou Templo Sagrado dos judeus, e os templos gregos e romanos dedicados a diversos deuses eram bem diferentes da igreja cristã que apareceu nos dois primeiros séculos. Na verdade, a igreja cristã é uma escola, embora isso tenha sido esquecido há muito tempo. Imagine uma escola na qual os professores dão palestras e demonstrações explicativas sem sequer saber que é isso que estão fazendo, na qual os alunos ou os visitantes pensam que essas palestras e demonstrações não são nada mais do que cerimônias e rituais. Essa é a igreja cristã de nossa época.

Nem a igreja cristã nem sua forma de adoração foram inventadas pelos fundadores da religião. Tudo foi adotado, já pronto, do Egito, embora não do Egito histórico, com o qual estamos familiarizados, mas de um que não conhecemos. Esse Egito ocupou o mesmo lugar, mas existiu muito antes. Apenas alguns remanescentes dele sobreviveram aos tempos históricos e foram tão bem preservados em segredo que nem sabemos onde encontrá-los. Dizer que esse Egito pré-histórico era cristão muitos milhares de anos antes do nascimento de Cristo é admitir que sua religião baseava-se nos mesmos princípios e ideias que constituem o verdadeiro cristianismo. Eram "escolas de repetição" especiais, nas quais, em certos dias e, em algumas delas, todos os dias, provavelmente, um recital público apresentava de forma condensada todo o curso de ciência que podia ser aprendido naquela escola. Às vezes, esse recital durava uma semana ou mesmo um mês. Graças a essas repetições, os que assistiam ao curso podiam manter uma conexão duradoura com a escola e reter na memória tudo o que haviam aprendido. Às vezes, percorriam grandes distâncias apenas para assistir a uma repetição e, quando iam embora, sentiam que a relação com a escola fora renovada. Em certos dias especiais de cada ano, os recitais eram particularmente completos e realizados com grande solenidade, e esses dias recebiam um significado simbólico. Esses "dias de repetição" serviram de modelo para a igreja cristã. Com efeito, a forma assumida pela liturgia cristã representa, quase em sua totalidade, o curso condensado da ciência que trata do universo e do homem. Todas as preces, os hinos e as respostas tinham significado próprio nessa repetição, assim como os feriados e símbolos religiosos, embora esse significado tenha sido esquecido há muito tempo.

Na prática do cristianismo, a pessoa precisa aprender a rezar, assim como precisa aprender tudo o mais. A prece pode ser produtiva caso ela saiba rezar e se concentrar de modo apropriado. Mas é preciso que se entenda que há diversos tipos de prece, os quais produzem resultados diferentes. Quando falamos de preces e de como elas podem ser produtivas, em geral temos apenas um tipo em mente, a petição, a prece *por* alguma coisa, ou presumimos que a petição possa fazer parte de todos os tipos de prece. Mas não é o caso. Muitas preces não têm nenhuma relação com pedidos. Essas são preces antigas, muitas delas mais antigas do que o cristianismo. São, por assim dizer, *recapitulações*. Ao repeti-las em silêncio ou em voz alta, a pessoa procura vivenciar, mental e emocionalmente, tudo o que está contido nelas. E é sempre possível criar novas preces pessoais. Se, por exemplo, a pessoa disser "Eu quero ser séria", o mais importante é *a maneira de dizê-lo*. Ela pode repetir isso para si mesma dez mil vezes por dia, mas, se ficar pensando no tempo que falta para acabar e no que vai ter para o jantar, então não estará rezando, apenas se iludindo.

As mesmas palavras, porém, podem se tornar uma prece se recitadas de certa maneira: ao dizer "eu", a pessoa tenta ao mesmo tempo pensar em tudo que conhece sobre esse "eu". Não existe um único "eu", mas uma multidão de "eus" mesquinhos, os quais gritam e brigam uns com os outros. A pessoa quer ser um "eu" — o mestre na alegoria da carruagem, do cavalo e do condutor. Ao dizer "quero", pensa no que significa dizer "eu quero". Ela é capaz de querer? Ela tem desejos e aversões o tempo todo, mas que não são dela — "isso quer" ou "isso não quer". Portanto, ela tenta se opor a esses dois impulsos com seu próprio "eu quero" conectado às metas do trabalho consigo mesma, ou seja, a fim de introduzir a terceira força na combinação habitual das duas forças. Ao dizer "ser", a pessoa pensa no que significa "ser", no que significa "existir". Há a existência do homem mecânico, na qual tudo está "feito", e a existência daquele que pode "fazer". Além disso, é possível "ser" de maneiras diferentes. O que a pessoa que reza quer não é apenas "ser" no sentido de "existir", mas no sentido de atingir determinado grau de unidade em si mesma. Assim, a palavra "ser" assume novo peso e significado. Finalmente, ao dizer "séria", a pessoa pensa no que significa ser séria com relação a atingir a liberdade interior. A forma de responder é muito importante. Se ela compreende o significado disso, se define isso corretamente e sente que merece mesmo isso, então sua prece pode ser produtiva, por torná-la mais forte em sua decisão. A pessoa irá perceber melhor quando não estiver sendo séria na vida e irá se esforçar mais no intuito de superar essa tendência, tornando-se realmente mais séria.

Dessa mesma maneira, a pessoa pode recitar como prece as palavras "Eu quero me lembrar de mim mesma". O que significa "lembrar"? A pessoa precisa pensar na memória e fica atônita ao perceber que se lembra de poucas coisas, que se esquece com frequência do que decidiu, do que viu, do que sabe. Sua vida poderia ser muito diferente caso ela se lembrasse. Tudo que é ruim vem dessa incapacidade de se lembrar. Ao dizer "de mim mesma", mais uma vez volta-se para si mesma. De que "mim mesma" ela quer se lembrar? Chega a valer a pena lembrar-se de todo seu eu? Como ela pode distinguir os aspectos de que quer se lembrar? Esses pensamentos levam à ideia do trabalho pelo autoconhecimento e de como realizá-lo com seriedade.

Na liturgia cristã, há muitas preces parecidas com essa, voltadas à reflexão sobre cada palavra. Mas elas perdem todo o sentido quando repetidas ou entoadas de maneira mecânica. Veja, por exemplo, a prece diária "Senhor, tenha piedade!". O que significa isso? Ao recitar essa prece, a pessoa faz um apelo a Deus. Portanto, deve pensar um pouco nisso, perguntando-se o que é Deus e o que ela é. Ela está pedindo a Deus que se apiede dela, mas, para isso, primeiro Deus precisa ter consciência dela, precisa *percebê-la*. Ela é digna de sua atenção? Se é, o que há nela que pode merecer a atenção de alguém? E quem, portanto, deve prestar atenção nela? A resposta é "o próprio Deus", e assim por diante. Como se vê, todos esses pensamentos e muitos outros devem ocorrer à pessoa sempre que ela murmura essa prece simples. E são *exatamente esses pensamentos que podem fazer por ela o que ela pede a Deus para fazer*. Mas que resultado a pessoa pode esperar se sua prece consiste apenas em dizer "Senhor, tenha piedade! Senhor, tenha piedade! Senhor, tenha piedade!" repetidas vezes, como um papagaio? Sabemos muito bem que isso não lhe trará benefício algum.

Há alguma coisa muito errada na base de nossa atitude normal com relação à religião. Precisamos entender que, como já vimos, a religião consiste em "fazer". A pessoa não apenas *pensa* sua religião ou a sente. A menos que vivamos a religião em sua extensão mais ampla, ela não será religião — será apenas filosofia, ou talvez mera fantasia. Gostemos ou não, demonstramos nossa atitude pela religião por meio de nossas ações e *apenas por nossas ações*. Logo, se nossas ações se opõem às exigidas por nossa religião, não temos o direito de afirmar que pertencemos a essa religião. A grande maioria das pessoas que se denominam cristãs não só deixa de obedecer aos preceitos de sua religião como, na verdade, nem se lembram de que *deveriam* obedecê-los. O cristianismo proíbe o assassinato, mas uma das características dominantes do progresso humano é nossa técnica belicosa, a técnica para matar as pessoas. Como podemos nos chamar de cristãos?

Ninguém que não leve a termo os preceitos de Cristo tem o direito de se autodenominar cristão. Poderemos dizer que desejamos ser cristãos se tentarmos levá-los a cabo. Mas se os ignorarmos ou fizermos pouco deles, ou criarmos nossos próprios preceitos, ou simplesmente nos esquecermos deles, não teremos direito algum de nos audenominarmos cristãos. A guerra é o exemplo mais marcante, mas o resto da vida humana é exatamente igual. Nós nos autodenominamos cristãos, mas não percebemos que não queremos de fato ser cristãos. E, mesmo se quiséssemos, isso não bastaria. Para ser cristão, é preciso não só desejar como *ser capaz* de ser cristão.

A fim de sermos cristãos, precisamos *ser*, isto é, sermos senhores de nós mesmos. Se não somos nossos próprios senhores, não podemos ser cristãos. Somos apenas máquinas, autômatos, e máquinas não podem ser cristãs. Um automóvel pode ser cristão? Ele é apenas uma máquina que funciona de forma mecânica, sem capacidade de ser responsável. Ser cristão significa ser responsável. Essa possibilidade só ocorre quando a pessoa deixa de ser máquina, pelo menos em parte, quando começa de fato, e não apenas em palavras, a desejar ser cristã.

O cristianismo diz que devemos amar o próximo, que devemos amar todas as pessoas. Mas isso é impossível. Ao mesmo tempo, é verdade que é necessário amar. Para que isso aconteça, primeiro a pessoa precisa ser capaz. Apenas assim poderá amar. Infelizmente, com o tempo os seguidores adotaram o ideal do que é preciso fazer — amar — e perderam de vista a pré-condição: a capacidade de "fazer", a religião que precisa preceder isso. É claro que, para Deus, seria tolice exigir do homem o que ele não pode dar, e não é desse jeito. Faz pouco tempo que as pessoas se esqueceram da pré-condição. E é só porque perderam a capacidade que agora isso é impossível. Perguntemo-nos, de forma simples e aberta, se podemos amar todas as pessoas. Se tivermos bebido uma xícara de café, amamos. Se não, não amamos. Como podemos chamar isso de cristianismo?

No passado, nem todas as pessoas eram chamadas de cristãs. Alguns membros da mesma família eram chamados de cristãos, outros de pré-cristãos e outros de não cristãos. Portanto, em uma mesma família podia haver o primeiro, o segundo e o terceiro. Agora, porém, todos se autodenominam cristãos sem qualquer justificativa. Cristão é aquele capaz de cumprir os Mandamentos, capaz de fazer o que é exigido de um cristão, tanto na mente quanto na essência. A pessoa que, em sua mente, deseja fazer tudo que é exigido de um cristão mas que só pode fazê-lo com sua mente e não com sua essência é chamada de pré-cristã. E a que não pode fazer nada, nem mesmo com sua mente, é chamada de não cristã.

VI

BUSCANDO O CAMINHO

DESPERTAR

Há um livro de aforismos que nunca foi e provavelmente nunca será publicado. Esse livro diz: *"O homem pode nascer, mas para nascer precisa morrer antes, e para morrer, antes precisa despertar"*. Outro trecho diz: *"Quando o homem desperta, pode morrer. Quando morre, pode nascer"*. O que isso significa?

"Despertar", "morrer", "nascer" representam três estágios sucessivos de um processo. Volta e meia, encontramos nos Evangelhos referências à possibilidade de "nascer". São feitas diversas referências à necessidade de "morrer" e muitas à necessidade de "despertar" ou de nos mantermos despertos, como "Vigiai, pois, porque não sabeis o dia nem a hora...". Mas essas três possibilidades — despertar ou não dormir, morrer e nascer — nunca são apresentadas como conceitos correlacionados, apesar de seu relacionamento ser o ponto mais importante.

"Nascer" está relacionado ao primeiro estágio do crescimento da essência, o começo da formação da individualidade e o surgimento de um "eu" unificado e indivisível. Mas, a fim de poder perceber ou mesmo começar a perceber isso, a pessoa precisa morrer no sentido de se tornar livre de uma miríade de apegos e de identificações mesquinhas que a mantém no lugar em que ela está. Estamos apegados a tudo na vida — à nossa imaginação, à nossa estupidez e, talvez mais do que qualquer outra coisa, ao nosso sofrimento. Precisamos nos libertar desse apego às coisas, dessa identificação com as coisas, que mantém vivos milhares de "eus" inúteis em nós. Esses "eus" precisam morrer a fim de que um "eu" maior possa nascer. Mas como? Eles não querem morrer.

É aí que entra em cena a possibilidade do despertar, isto é, do despertar para nossa insignificância. Despertar significa perceber nossa total e absoluta mecanicidade e nosso desamparo. E não basta perceber isso de modo intelectual. Precisamos ver isso nos fatos evidentes, simples e concretos, em nossa própria vida. Quando começamos a nos conhecer um pouco melhor, vemos muitas coisas que nos horrorizam. Ao vermos algo que nos choca, nossa primeira reação é mudar aquilo, livrarmo-nos daquilo. Por mais que tentemos, por mais que nos esforcemos, sempre fracassamos, e tudo permanece como está. Então percebemos nossa impotência, nosso desamparo, nossa insignificância. Ou, novamente, quando começamos a nos conhecer, vemos que não temos nada que nos pertença de fato. Vemos que o que considerávamos nosso — nossas posições, nossos pensamentos, convicções, gostos, hábitos, até nossos defeitos e vícios — não nos pertence. Tudo isso foi formado mediante imitação ou tomado de empréstimo, já pronto, de outra pessoa. Ao percebermos isso, podemos sentir nossa insignificância. E, ao sentir nossa insignificância, devemos nos ver como realmente somos, não apenas por um momento, mas constantemente, sem nunca nos esquecermos.

A percepção contínua de nossa insignificância e de nosso desamparo irá acabar nos dando a coragem de "morrer" — não apenas mentalmente, mas de fato — por meio da renúncia permanente a esses aspectos em nós mesmos, os quais são obstáculos ou não são necessários para nosso crescimento interior. Esses obstáculos são, em primeiro lugar, nossos "falsos eus" e, depois, todas as ideias fantásticas sobre nossa "individualidade", "vontade", "consciência", "capacidade de fazer", bem como nossos poderes, iniciativas, determinação, e assim por diante.

Porém, a fim de podermos nos conscientizar permanentemente de alguma coisa, precisamos vê-la antes, mesmo que apenas por um instante. Qualquer poder e capacidade de percepção recém-adquiridos aparecem sempre da mesma maneira básica. No começo, aparecem em flashes, em momentos raros e breves, depois com mais frequência e por mais tempo e, finalmente, após muito tempo e esforço, tornam-se permanentes. Isso também se aplica ao despertar. É impossível despertar de modo pleno de uma só vez. Primeiro precisamos despertar por breves momentos, um ou dois momentos de vez em quando. Todavia, após ter feito certo esforço, superado certos obstáculos e tomado uma decisão irrevogável, precisamos morrer *de uma vez e para sempre*. Isso seria muito difícil ou mesmo impossível caso não fosse precedido por um processo gradual de despertar.

Há, no entanto, mil coisas que nos impedem de despertar, que nos mantêm sob o poder de nossos sonhos. No intuito de agirmos de modo consciente e despertarmos, precisamos conhecer a natureza das forças que nos mantêm em estado de sono. Precisamos compreender que o sono em que existimos não é um sono comum, mas uma espécie de hipnose, um estado hipnótico mantido e reforçado continuamente. Poderíamos pensar que há forças que se aproveitam do fato de estarmos em um estado hipnótico, mantendo-nos nele e impedindo-nos de vermos a verdade e de compreendermos nossa posição.

Existe uma parábola oriental sobre um mago rico que tinha muitas ovelhas. Ele também era muito sovina e se recusava a contratar pastores ou a pagar por uma cerca ao redor de seus pastos. Por isso, volta e meia as ovelhas vagavam pela floresta e caíam em ravinas. E, sobretudo, fugiam, pois sabiam que o mago queria seu couro e sua carne, e elas não queriam isso.

Por fim, o mago encontrou uma solução: hipnotizou as ovelhas. Primeiro, fez com que pensassem que eram imortais e que nada lhes aconteceria quando tirassem sua pele, mas que isso seria muito bom para elas e que elas gostariam disso. Segundo, sugeriu que ele era um "Bom Mestre", que gostava tanto de seu rebanho que faria qualquer coisa neste mundo por elas. Terceiro, sugeriu que, se algo fosse acontecer com elas, não seria naquele momento, ou não naquele dia pelo menos, e que por isso elas não tinham motivo para pensar a respeito. Finalmente, o mago fez com que seu rebanho pensasse que não eram nem mesmo ovelhas. A algumas, sugeriu que eram leões, elefantes ou águias; a outras, que eram homens e, a outras, que eram magos. Depois disso, ele nunca mais precisou se preocupar com suas ovelhas. Elas não fugiram, ficaram esperando pacientemente pelo dia em que o mago precisaria de sua pele e de sua carne.

Essa parábola é uma excelente ilustração da posição do homem. Se pudéssemos ver e compreender de fato o horror de nossa verdadeira situação, não seríamos capazes de suportá-la nem por um segundo. Começaríamos imediatamente a tentar encontrar um modo de escapar e logo o encontraríamos, pois *existe uma saída*. A única razão pela qual não a enxergamos é que estamos hipnotizados. "Despertar", para o homem, significa "acordar da hipnose". Logo, isso é possível, mas, ao mesmo tempo, difícil. Não há motivo orgânico para estarmos adormecidos. Podemos *despertar*, pelo menos na teoria. Na prática, porém, isso é quase impossível. Assim que despertamos por um momento e abrimos os olhos, todas as forças que nos fizeram adormecer ficam dez vezes mais poderosas. No mesmo instante voltamos a dormir, sempre *sonhando* que estamos acordando ou que estamos despertos.

No sono comum, às vezes acontece de querermos despertar sem conseguir. Às vezes pensamos estar acordados, mas ainda estamos dormindo, e isso pode acontecer várias vezes até conseguirmos despertar de fato. No sono comum, porém, após despertarmos, nos vemos em um estado diferente. Não é o caso do sono hipnótico. Não há maneira precisa de dizer se despertamos mesmo, pelo menos no começo. Não podemos nos beliscar a fim de ter certeza de que não estamos dormindo. E se, Deus nos livre, alguém tiver ouvido falar de alguma maneira de descobrir se estamos dormindo, nossa fantasia a transformará em sonho na mesma hora.

DESILUSÃO

A fim de percorrer o Quarto Caminho, antes devemos nos preparar um pouco, preparar a bagagem. Precisamos saber o que podemos encontrar nos canais comuns sobre conceitos como esoterismo e conhecimentos ocultos, sobre o potencial de evolução interior do homem, e assim por diante. Essas ideias já precisam ser familiares para que possamos falar sobre elas. Também ajuda ter pelo menos algum conhecimento de ciência, filosofia e religião, embora o apego a formas religiosas sem a compreensão de sua essência acabe atrapalhando. Se conhecermos pouco, se tivermos lido e pensado pouco, será difícil falar de ideias.

Deve ser dito que existe uma regra geral para todos. No intuito de tratar com seriedade do Quarto Caminho, precisamos de *desilusão*, primeiro com nós mesmos — ou seja, com nossas habilidades — e, depois, com todos os velhos caminhos. Não poderemos perceber o que esse ensinamento tem de mais valioso se não estivermos desiludidos com nossos próprios esforços e com o fato de nossa busca estar sendo infrutífera. O cientista deve estar desiludido com sua ciência, o religioso com sua religião, o filósofo com a filosofia, e assim por diante. Mas devemos compreender o que isso significa. Dizer, por exemplo, que o religioso deve se desiludir com a religião não significa que ele deva perder a fé. Significa que deva se "desiludir" apenas com a *instrução e a metodologia*, ao perceber que a instrução religiosa não é suficiente para ele e que não vai levá-lo a parte alguma. Todo ensinamento religioso consiste em duas partes: a visível e a oculta. Desiludir-se com a religião significa desiludir-se com o visível e sentir, ao mesmo tempo, a necessidade de descobrir e de conhecer a parte oculta. Desiludir-se com a ciência não significa perder o interesse na busca do conhecimento. Significa convencer-se de que o método científico, tal como é entendido, não só tem utilidade limitada como costuma levar a teorias absurdas e autocontraditórias e, ao se convencer disso, começar a procurar um método melhor. Desapontar-se com a filosofia significa estar convencido de que a filosofia comum é apenas — como diz um provérbio russo — passar de um copo vazio para outro e aceitar que nem sequer sabemos o que a filosofia significa, embora a verdadeira filosofia possa e deva existir.

Não importa o que costumávamos fazer antes, não importa o que costumava atrair nosso interesse antes; apenas quando chegarmos a esse estado de desilusão é que estaremos prontos para adentrar o Quarto Caminho. Se ainda acreditamos que nosso velho caminho pode nos levar a algum lugar, ou que ainda não experimentamos todos os caminhos, ou ainda se pensamos que seremos capazes de encontrar ou de fazer alguma coisa por conta própria, isso significa que não estamos prontos para a tarefa. Contudo, isso não significa que o Quarto Caminho exige que abdiquemos a tudo o que estamos acostumados a fazer. Isso é totalmente desnecessário. Em geral, é até melhor que a pessoa continue a ser como sempre foi. Mas deve perceber que isso é apenas uma tarefa, ou um hábito, ou uma necessidade.

Não há e não pode haver qualquer escolha das pessoas que entram em contato com os caminhos, inclusive o Quarto Caminho. Em outras palavras, ninguém nos seleciona. Nós nos selecionamos, em parte por acaso, em parte porque temos certa fome. Quem não tem essa fome não pode receber ajuda do acaso. E quem tem muita fome às vezes pode topar com o começo do caminho, apesar de uma série de circunstâncias desfavoráveis. Mas, além da fome, a pessoa já deve ter adquirido certo conhecimento, o qual lhe permitirá discernir o caminho. Digamos, por exemplo, que um homem educado, que nada conhece sobre religião, entre em contato com um caminho religioso em potencial. Ele não verá nada e não entenderá nada, interpretando-o como uma tolice ou uma superstição, embora, ao mesmo tempo, possa ter muita fome intelectual. Isso também se aplica a alguém que nunca ouviu falar das práticas de yoga, do desenvolvimento da consciência, e assim por diante. Se essa pessoa entrar em contato com um dos caminhos do yoga, o que ouvir não terá sentido para ela, será algo morto.

O Quarto Caminho é mais difícil ainda. A fim de discernir e valorizar de modo correto o Quarto Caminho, devemos ter pensado e sentido e já devemos ter passado, na verdade, pela desilusão com muitas coisas. Talvez não tenhamos trilhado os caminhos do faquir, do monge e do yogue, mas pelo menos deveríamos conhecê-los, avaliá-los e ter decidido que não são para nós. Não é necessário levar isso ao pé da letra nem termos avaliado e rejeitado os outros caminhos, mas os resultados dessa desilusão precisam estar em nós, a fim de nos ajudar a identificar o Quarto Caminho. Do contrário, poderemos estar do lado dele sem sequer percebê-lo.

Tudo se resume a estarmos prontos para sacrificar nossa liberdade autocentrada. Todos nós lutamos, consciente e inconscientemente, pela liberdade, ou melhor, pelo que imaginamos que seja liberdade. E é isso que, mais do que qualquer outra coisa, nos impede de conquistar a verdadeira liberdade. Porém, uma pessoa capaz de realizar qualquer coisa, mais cedo ou mais tarde percebe que sua liberdade é uma ilusão que precisa ser sacrificada. Então, aceitamos voluntariamente condições que não determinamos — sem medo de perder qualquer coisa, pois sabemos que não temos nada a perder. Desse modo, conquistamos tudo. Tudo que era real em nosso entendimento, em nossas propensões, em nossos gostos e desejos, tudo volta para nós, não só com novas coisas, que antes não poderíamos ter, como também com a sensação de unidade e de vontade interior. E, se quisermos resultados reais, devemos aceitar isso não apenas externa, como internamente. Para tanto, é preciso uma boa dose de determinação, e isso, por sua vez, exige a compreensão profunda de que não há outro caminho, de que nada podemos fazer *sozinhos*, mas que, mesmo assim, é preciso fazer alguma coisa. E não há nada pior do que começar a trabalhar consigo mesmo para depois ter de desistir e encontrar-se sem nada; seria bem melhor não ter nem começado. E para não ter de começar em vão, ou não correr o risco de se enganar, precisamos testar várias vezes a nossa determinação. O mais importante é determinar até que ponto estamos dispostos a ir, o que estamos dispostos a sacrificar. Quando nos confrontamos com essa questão, a resposta mais fácil é "tudo". O fato, porém, é que ninguém pode sacrificar tudo e que isso nunca pode ser exigido de nós. Devemos definir exatamente o que estamos dispostos a sacrificar, sem fazer barganhas posteriores. Do contrário, estaremos na posição do lobo nesta fábula armênia:

Era uma vez um lobo que havia trucidado muitas ovelhas e deixado muita gente aos prantos. Um dia, por um motivo ignorado, ele sentiu dor na consciência e começou a se arrepender do que fizera na vida. Decidiu que iria mudar e que não comeria mais ovelhas. Depois de tomar sua decisão, procurou um sacerdote e pediu-lhe que organizasse um serviço de ação de graças.

O sacerdote começou o serviço, e o lobo ficou em pé na igreja, chorando e orando. O serviço religioso continuou. Como o lobo havia devorado muitas ovelhas do próprio sacerdote, ele orou fervorosamente pela reforma do lobo.

De repente, o lobo olhou casualmente pela janela e viu um rebanho de ovelhas indo para um pasto. Começou a se inquietar, mas a prece do sacerdote prosseguia, parecendo que nunca iria acabar. Por fim, o lobo não se conteve e gritou: "Acabe com isso, padre, ou as ovelhas vão sumir e ficarei sem o jantar!".

Essa fábula descreve muito bem o homem. Estamos dispostos a sacrificar tudo, menos o jantar de hoje. Queremos sempre começar de forma grandiosa. Mas o fato é que isso é impossível. É algo além de nossas forças. Precisamos começar com as coisas simples de hoje.

O PRIMEIRO LIMIAR

A principal dificuldade para se compreender a ideia do caminho é que as pessoas costumam presumir que *o caminho* começa no nível da vida cotidiana. Esse é um erro grave. O caminho começa em um nível muito superior ao da vida cotidiana. É isso que as pessoas não compreendem. Elas presumem que o início do caminho é muito mais fácil e simples do que de fato é.

Vivemos nossa vida sob a *lei da acidentalidade* e sob dois tipos de influência governados por ela. O primeiro reúne as influências criadas pela *própria vida*, como raça, país, clima, família, educação, sociedade, profissão, costumes culturais e padrão de vida. As influências do segundo tipo são criadas *fora desta vida*, como as do círculo esotérico interno, o qual segue leis diferentes, embora também da Terra. Essas influências diferem das primeiras porque têm origem *consciente*, ou seja, foram criadas conscientemente por pessoas conscientes e para uma finalidade específica. Influências desse tipo costumam ser encontradas em sistemas e ensinamentos religiosos, em doutrinas filosóficas, obras de arte, e assim por diante. Embora ganhem vida com um propósito definido, apenas sua origem é consciente; após entrarem no vórtice da vida humana, mesclam-se com influências do primeiro tipo e tornam-se imprevisíveis. Ao começarem a mudar e se tornarem distorcidas por meio da transmissão e da interpretação, essas influências mesclam-se com as influências do primeiro tipo e, no final, não se distinguem das influências inconscientes da própria vida.

É possível distinguir as influências que provêm da vida cotidiana das que se originam fora dela, embora seja impossível enumerá-las ou catalogá-las. É necessário compreender o princípio. O início do caminho depende justamente dessa compreensão e de nossa capacidade de diferenciar os dois tipos de influência.

Claro que a distribuição das influências irá variar de pessoa para pessoa. Uma pessoa pode receber mais do segundo tipo da vida exterior, outra menos, e uma terceira quase nada. Isso já é do destino, e nada pode ser feito a respeito. Entretanto, de modo geral, essas diferenças não têm grande importância no que se refere à vida normal das pessoas normais. As condições são mais ou menos as mesmas para todos, ou, mais corretamente, todos passarão pelas mesmas dificuldades. O desafio está em aprender a distinguir e a separar os dois tipos de influência. Se não vemos ou não sentimos sua diferença e não separamos o segundo tipo de influência do primeiro, sua ação sobre nós também não se dá em separado, isto é, eles atuam do mesmo modo no mesmo nível que o primeiro tipo e produzem com isso os mesmos resultados. Se, no entanto, ao recebermos as influências começarmos a distingui-las, afastando as que não são criadas pela própria vida, então a discriminação irá se tornar cada vez mais fácil, até que não a confundamos mais com as influências comuns da vida.

Os resultados das influências cuja fonte está além da vida juntam-se dentro de nós. Nós nos *lembramos* deles em conjunto, os *sentimos* em conjunto, e eles começam a formar em nós certo todo, certa concentração. Não nos proporcionamos uma explicação clara em relação à maneira como isso se dá ou sobre a razão por que se dá; e, ao fazê-lo, nossa explicação mostra-se errada. Contudo, o ponto não é a explicação, mas o fato de esses resultados se agregarem em nosso íntimo e formarem uma espécie de *centro magnético*, o qual começa a atrair influências similares e a crescer com isso. Caso receba alimentos em quantidade suficiente e não haja uma resistência maior por parte de outras facetas da personalidade, resultantes das influências do primeiro tipo, o centro magnético começará a mudar nossa orientação, determinando a direção a ser contemplada e até a ser seguida. Com o fortalecimento do centro magnético, começamos a contemplar a possibilidade do caminho e a procurá-lo. A busca pode levar vários anos. Mas pode levar a nada. Isso dependerá de condições e circunstâncias, da força do centro magnético e das tendências que se opõem a essa busca, as quais podem nos distrair no exato momento em que estivermos prestes a encontrar o caminho.

Se o centro magnético agir sobre nós, e buscarmos de fato o caminho, ou, pelo menos, sentirmos a necessidade dele, poderemos encontrar *outra pessoa* que conhece o caminho e que está conectada, diretamente ou por meio de outras pessoas, a um centro ou a uma fonte das influências que criaram o centro magnético. A influência dessa pessoa virá por meio de nosso centro magnético e, *nesse ponto*, agirá sobre nós, livre da lei da acidentalidade. É isso que precisa ser entendido. A influência da pessoa que conhece o caminho é especial, trata-se de um terceiro tipo de influência que difere dos dois primeiros por ser *consciente* e *direto*. O segundo tipo de influência tem origem consciente, mas, quando mesclado com o primeiro tipo, torna-se igualmente sujeito à lei da acidentalidade. Influências do terceiro tipo nunca se sujeitam à lei da acidentalidade, porque elas e as ações que derivam delas existem fora dessa lei. O segundo tipo de influência pode aparecer e atuar por meio de livros, sistemas filosóficos ou rituais, mas as influências do terceiro tipo só se dão diretamente, ou seja, mediante a transmissão oral de uma pessoa para outra.

O momento em que a pessoa que procura o caminho encontra alguém que conhece esse caminho é chamado de *primeiro limiar* ou *primeiro degrau*. É aí que começa a escada, a passagem entre a "vida" e o "caminho". Só podemos adentrar o caminho subindo essa escada e só podemos ascender com a ajuda de um guia. Não podemos subir sozinhos. O verdadeiro limiar do caminho está no final da escada — após o último degrau, em um nível muito mais elevado do que o da vida cotidiana. Assim, o caminho começa em um ponto que não está na vida, em um âmbito que não pode ser explicado. Já se disse que, ao subir a escada, às vezes podemos ficar inseguros por qualquer motivo. Podemos duvidar de nossa capacidade, do que estamos fazendo, do conhecimento e da competência do guia. Ao mesmo tempo, tudo o que conquistamos é instável. Mesmo que subamos bastante pela escada, podemos cair a qualquer momento e sermos forçados a começar desde o início outra vez. Todavia, ao passarmos pelo último degrau e adentrarmos o caminho, tudo muda. Primeiro, o guia é compreendido e as dúvidas são sanadas. Ao mesmo tempo, o guia torna-se bem menos necessário. Podemos até atingir certo grau de independência, com uma boa noção da direção a seguir. Segundo, não será mais tão fácil perder os frutos de nosso trabalho, ou nos encontrar de novo no começo, na vida cotidiana. Mesmo que deixemos o caminho, nunca voltaremos ao ponto no qual começamos.

De modo geral, isso é quase tudo que pode ser dito sobre a "escada" e o "caminho", pois, como observado, há vários caminhos bem diferentes um do outro.

No Quarto Caminho, por exemplo, há certas condições que não se aplicam aos outros caminhos. Uma dessas condições é que, ao subir a escada e chegar a um degrau mais elevado, precisamos ajudar outra pessoa a chegar ao degrau em que estamos. Essa pessoa, por sua vez, precisa colocar uma terceira pessoa em seu lugar a fim de subir. Logo, quanto mais subimos, mais dependemos dos que estão atrás de nós; se eles param, nós paramos. O que uma pessoa recebe, ela deve passar adiante imediatamente. Só então poderá receber mais. Do contrário, perderá tudo que já tiver dado.

No Quarto Caminho não há um líder único. O mais velho é o líder. E há diversas possibilidades em sua relação com o centro esotérico. Ele pode saber exatamente onde esse centro se situa e como receber seu conhecimento e sua ajuda, ou talvez não conheça o centro em si e conheça apenas a pessoa da qual recebeu seu conhecimento. Os resultados do trabalho não dependem de o líder saber a origem exata de seu conhecimento. Mas muita coisa depende de ele saber se as ideias saíram *mesmo* do centro esotérico e de ele compreender a diferença entre conhecimento objetivo e subjetivo, ou seja, entre ideias *esotéricas* e ideias científicas ou filosóficas. Em geral, começamos com um conhecimento limitado a um degrau acima do nosso e apenas na proporção de nosso desenvolvimento é que começamos a enxergar mais longe, percebendo a fonte do que sabemos. Nunca devemos nos esquecer de que não conseguimos enxergar o que está acima de nosso nível. Isso é lei.

AS "ESCOLAS" SÃO IMPERATIVAS

O que é necessário para despertar alguém? Um bom choque. No entanto, quando estamos em um sono profundo, um choque não é suficiente. São necessários vários choques por um bom tempo. Nesse caso, é preciso haver alguém que produza esses choques. Se quisermos despertar, precisamos encontrar e contratar alguém que irá continuar a nos proporcionar choques por algum tempo. Mas quem pode fazer isso se todos estão adormecidos? E se essa pessoa também adormecer?

Há sempre a possibilidade de despertarmos sozinhos por meios mecânicos, como um despertador. O problema é que nos acostumamos com o despertador e, em pouco tempo, deixamos de ouvi-lo. Por isso, precisamos de vários despertadores, alterados regularmente. Temos de nos rodear de despertadores que disparam constantemente e nos impedem de dormir. Mas então aparecem outros problemas. Os despertadores precisam ser ajustados. Para fazê-lo, temos de nos lembrar de que estão lá e, para nos lembrarmos, precisamos despertar com frequência. Mesmo assim, acabamos nos acostumando com todos esses despertadores e, depois de algum tempo, dormimos ainda melhor. Portanto, é necessário obter outros e ativá-los constantemente. Com o tempo, isso pode nos ajudar a despertar. Mas será muito difícil a uma única pessoa dar-se sozinho o trabalho de inventar, trocar e ajustar os relógios, sem ajuda externa. É provável que, se começarmos a fazer isso, adormeçamos e, em nossos sonhos, iremos continuar a trazer novos despertadores, trocando-os pelos antigos e ajustando seus horários, tudo enquanto dormimos como bebês. Uma pessoa só não consegue fazer nada.

Portanto, a fim de despertar alguém precisamos dos esforços combinados de diversas pessoas trabalhando juntas, como uma equipe. Se decidirem combater o sono juntas, umas conseguirão despertar as outras. Mesmo que apenas uma delas desperte, pode já ser suficiente, pois essa pessoa, por sua vez, pode despertar as demais. Elas também podem trabalhar com os despertadores. Uma pessoa inventa um despertador, outra inventa um segundo tipo, e depois elas trocam. Trabalhando juntas, podem ser de grande ajuda mútua. Sem essa assistência recíproca, ninguém consegue nada.

Logo, se quisermos despertar, a primeira coisa a fazer é procurarmos outros que queiram despertar e trabalharmos com eles. Isso, porém, é mais fácil de dizer do que de fazer. Organizar o trabalho coletivo de autoconhecimento exige conhecimentos que as pessoas comuns não possuem. A fim de produzir os resultados desejados, será preciso um líder e uma organização cuidadosa. Sem organização e liderança, nossos esforços serão inúteis. Podemos nos atormentar o quanto quisermos, mas isso não irá nos despertar. Para muitos, essa é a coisa mais difícil de se entender. Sozinhos, e por iniciativa própria, talvez sejamos capazes de grandes esforços e sacrifícios, mas, sem as condições certas, tudo isso será em vão.

O trabalho em conjunto costuma começar por um pequeno grupo, em geral ligado a uma rede de grupos similares em níveis diferentes que, considerados como um todo, formam o que se pode chamar de "escola preparatória".

As escolas do caminho religioso exigem "obediência" acima de tudo, isto é, uma submissão inquestionável do seguidor, independentemente da compreensão. As escolas do Quarto Caminho, por sua vez, exigem a compreensão acima de qualquer outra coisa. Isso se deve ao fato de os resultados dos esforços encetados nesse caminho serem sempre proporcionais à compreensão. Entretanto, para despertar, precisamos aceitar de bom grado as condições necessárias. Esse tipo de aceitação é a primeira coisa a ser compreendida, inclusive a compreensão do *motivo* pelo qual a aceitação é necessária. Essa atitude não é tão simples, pois a pessoa que se inicia no autoestudo já está acostumada a confiar em suas próprias decisões, em sua postura voluntariosa de pesquisa. Presumimos que a necessidade de mudança é prova de que nossas decisões e abordagem estão corretas, o que fortalece nossa confiança nelas. Mas o trabalho com nós mesmos só pode ter início quando começamos a questionar nosso modo de pesquisar.

Questionar nossas decisões e aceitar as condições da escola representam dificuldades insuperáveis, a menos que compreendamos que, na verdade, não estamos nos sacrificando nem perdendo nada. Embora, até esse ponto, nunca tenhamos tomado decisões de fato, não temos consciência disso. Pensamos ter liberdade de escolha e temos dificuldade para abrir mão da ilusão de que possuímos o controle da nossa vida. Mas o trabalho com nós mesmos não poderá ter início enquanto não começarmos a nos libertar dessa ilusão. Precisamos perceber que *não existimos* e que, portanto, nada temos a perder. Precisamos aceitar nossa "insignificância" no sentido amplo da palavra. Apenas a *consciência de nossa insignificância* pode vencer o medo de aceitar as condições de uma escola do Quarto Caminho.

Precisamos admitir que as "escolas" são imperativas em função da complexidade da organização humana. Ninguém consegue *vigiar-se* por *completo*, em todas as suas diferentes facetas. Apenas as condições escolares podem fazê-lo, com metodologia e disciplina. Somos preguiçosos demais para isso. Fazemos muita coisa sem a intensidade adequada, ou então nada fazemos, pensando que estamos fazendo alguma coisa, ou nos esforçamos demais em algo que não requer tanto esforço e deixamos passar os momentos que exigiriam intensidade. Ao mesmo tempo, não nos cobramos muito porque temos medo de fazer qualquer coisa que não desejamos fazer. Ninguém consegue se esforçar o suficiente por conta própria, como mostra a experiência. Assim que estabelecemos uma meta para nós mesmos, começamos imediatamente a ser indulgentes e tentamos cumpri-la da maneira mais fácil. Isso não é trabalhar consigo mesmo. Para isso, o único esforço que conta é o *superesforço*, isto é, um esforço que vai além do habitual e necessário. Esforços normais não bastam.

"Superesforço" significa um esforço além do que seria necessário para realizar nosso propósito. Digamos, por exemplo, que andei o dia inteiro e estou exausto. O tempo está péssimo; chove e está frio. Chego em casa, à noite, após caminhar 40 quilômetros, digamos. Em casa, o jantar me espera na mesa; está quentinho e reconfortante. Porém, em vez de me sentar para comer, decido voltar à chuva e caminhar mais 3 quilômetros pela rua antes de voltar para casa. Isso seria um "superesforço". Voltar para casa na primeira vez era apenas um esforço comum, o qual não conta. Eu estava a caminho do meu lar, com frio, com fome e ensopado, e isso me fez andar. No segundo caso, andei porque decidi fazê-lo. Outra forma de "superesforço" é fazer um trabalho mais depressa do que é necessário. Por exemplo, limpar a casa ou cortar lenha. Em geral, o trabalho leva uma hora, mas eu o faço em meia hora. Esse seria um "superesforço". Na prática, porém, nunca conseguimos realizar superesforços consecutivos ou por muito tempo. A única maneira de fazê-lo é obedecer à vontade de outra pessoa, alguém que tem um método específico em mente e que não irá sentir pena de nós.

Se fôssemos capazes de trabalhar com nós mesmos, tudo seria simples e não teríamos necessidade de uma escola. Mas não somos, por motivos profundamente embrenhados em nossa natureza. Vamos deixar de lado nossa autoilusão, as mentiras que nos contamos, e assim por diante, e levar em conta apenas a divisão dos centros. Isso, por si só, torna impossível o trabalho independente com nós mesmos. Temos de compreender que os centros do pensamento, do sentimento e do movimento estão interligados e que, em uma pessoa normal, suas atividades estão sempre coordenadas. Isso significa que determinada atividade do centro do pensamento está sempre coordenada com atividades específicas dos centros do sentimento e do movimento — que determinado tipo de pensamento está *inevitavelmente* coordenado com certo tipo de sentimento (ou estado mental) e com certo tipo de movimento (ou postura). E um evoca o outro, isto é, determinado tipo de sentimento (ou estado mental) evoca certos movimentos ou posturas, e determinados pensamentos e determinados tipos de movimento ou de postura evocam certas emoções ou estados mentais, e assim por diante. Todas essas coisas são coordenadas, e uma não pode existir sem as outras.

Digamos, por exemplo, que decidimos *pensar* de uma nova maneira, mas sem mudar o que sentimos. Se, todavia, não gostamos de certa pessoa, esse sentimento nos traz de volta velhos pensamentos, os quais, por sua vez, nos fazem esquecer de nossa decisão de pensar de nova maneira. Ou, então, suponhamos estarmos acostumados a fumar um cigarro enquanto pensamos — esse é um hábito que envolve movimento. Embora decidamos pensar de uma nova maneira, acendemos um cigarro e voltamos a pensar da velha maneira, sem perceber. O movimento habitual levou nossos pensamentos de volta ao ponto de partida. Temos de compreender, porém, que nunca conseguiremos romper sozinhos essa coordenação. A única maneira de fazê-lo é ter outra pessoa presente, a qual irá exercer sua vontade e chamar nossa atenção caso nos esqueçamos de nossa meta. Tudo que podemos fazer nesse estágio de nosso trabalho é obedecer. Não podemos fazer nada sozinhos.

Mais do que qualquer outra coisa, precisamos de supervisão e de observação constantes, mas não podemos nos observar *constantemente*. Também precisamos obedecer a regras definidas, o que exige tanto um esforço de memória quanto o enfrentamento de nossos hábitos. Ninguém consegue fazer tudo isso sozinho. A vida cotidiana é confortável demais para esse tipo de trabalho. Porém, em uma escola, nos vemos não só em condições desconfortáveis e pouco familiares, como rodeados por outras pessoas. Isso cria tensão entre nós e os que nos ajudam no trabalho com nós mesmos, o que é indispensável para desbastarmos nossas arestas.

A disciplina formal de uma escola é a única maneira de trabalhar de modo eficiente no centro do movimento. Isso é importante, pois seu funcionamento incorreto, ou seu funcionamento independente ou automático, priva os outros centros do apoio necessário para se trabalhar de uma nova maneira. Eles seguem de modo involuntário o centro do movimento e, por isso, esse tipo de trabalho só costuma ser possível se iniciado pelo centro do movimento, ou seja, o corpo. Um corpo preguiçoso, automático e repleto de hábitos estúpidos nos impede de qualquer trabalho real.

TRABALHO EM GRUPO

O trabalho de autoconhecimento deve ser organizado por uma pessoa que compreende seus desafios e suas metas e conhece seus métodos, alguém que já tenha passado por esse trabalho organizado. No Quarto Caminho, o mais velho é o líder. Uma atividade em grupo não pode começar sem um líder, mas o trabalho com um líder incapaz ou falso só produzirá resultados negativos.

Uma característica importante dos grupos é que sua composição não é determinada pelos membros. O líder escolhe pessoas que, segundo acredita, podem ser úteis umas às outras na meta primária do *autoestudo*, tarefa que só pode ter êxito em um grupo organizado de maneira adequada. Sozinha, uma pessoa não consegue se enxergar, mas, em grupo, as pessoas dedicadas a um autoestudo se ajudarão mutuamente, quer queiram, quer não. É da natureza humana ter mais facilidade para ver os erros dos outros do que os próprios, mas no caminho do autoestudo aprendemos que temos todos os defeitos encontrados nos outros. Vemos, em outras pessoas, muitas coisas que não vemos em nós mesmos, contudo começamos a nos identificar com essas características e percebemos que os outros membros do grupo são como espelhos nos quais nos refletimos e nos vemos. Porém, para nos vermos nos defeitos dos outros sem julgá-los, pura e simplesmente, precisamos estar em guarda e sermos sinceros com nós mesmos. Precisamos nos lembrar de que cada um de nós está dividido: uma parte de nós quer despertar, e a outra parte, nossa personalidade, não deseja isso. O grupo representa um pacto realizado entre os "eus" de seus membros com o objetivo de lutarem juntos contra suas próprias "falsas personalidades".

Quando um grupo é organizado, haverá nele tanto condições gerais para todos quanto condições individuais para cada membro. Uma condição geral é a de não revelar o que ouvimos ou aprendemos no grupo. Não há nisso nenhuma tentativa de guardar segredos ou de nos impedir de trocarmos ideias com familiares e amigos. O ponto dessa condição é que *não somos capazes* de transmitir de modo correto o que é dito no grupo e, ao transmitir *ideias errôneas*, isolamos os demais da possibilidade de abordarem ou compreenderem qualquer coisa relacionada com o Quarto Caminho. A outra razão, igualmente importante, para essa restrição é que isso serve de exercício para ficarmos em silêncio sobre as coisas que nos interessam. Gostaríamos de falar sobre essas coisas com todos com quem estamos acostumados, por assim dizer, a compartilhar nossos pensamentos. Esse é o mais mecânico de todos os desejos e, nesse caso, não falar é a abstinência mais difícil de todas. Porém, se compreendermos essa regra, ou pelo menos a seguirmos, ela será o melhor exercício possível de lembrança de si (ou autorrecordação) e de desenvolvimento da vontade.

Outra condição aplicável a todos os membros é que eles precisam ser absolutamente honestos com o líder. Isso deve ficar claro e bem compreendido. Não percebemos até que ponto nossa vida é consumida pela mentira, seja abertamente, seja pela *omissão da verdade*. Somos incapazes de ser honestos, seja com nós mesmos, seja com outras pessoas. Imaginamos que a opção de dizer a verdade cabe a nós, mas, na verdade, não compreendemos que aprender a sermos *honestos quando necessário* é uma das coisas mais difíceis deste mundo. Portanto, teremos de aprender como é difícil sermos honestos, sobretudo em nosso relacionamento com o líder. Se alguém mente de propósito para o líder, oculta algo dele ou é desonesto com ele, a presença dessa pessoa no grupo torna-se totalmente inútil. Não ser sincero com o líder é até pior do que ser mal-educado ou rude com ele ou em sua presença.

Uma terceira condição geral é não nos esquecer da *razão pela qual procuramos o grupo*: para aprender e trabalhar com nós mesmos em prol do autoconhecimento e para aprender e trabalhar não como achamos que isso deve ser, mas como nos mandam fazer. Se, portanto, após nossa entrada no grupo, começarmos a duvidar do líder, a criticar o que ele faz, por imaginar que sabemos como o grupo deve ser conduzido, e sobretudo se formos desrespeitosos com o líder, impacientes, rudes ou contestadores, isso porá fim, na mesma hora, a qualquer possibilidade de trabalho de autoconhecimento. Pois esse trabalho é possível apenas se todos se lembrarem de que estão lá no intuito de aprender, e não de ensinar. Assim que alguém começa a perder a confiança no líder, ele e o líder não serão mais úteis um ao outro. E, nessa hipótese, é melhor a pessoa sair e procurar outro líder ou trabalhar sem líder. Tentar trabalhar sozinho será perda de tempo, mas, de qualquer maneira, fará menos mal do que mentir, ocultar a verdade ou desconfiar do líder e contestá-lo.

Por fim, além dessas condições básicas, presume-se que os membros do grupo precisam trabalhar seu autoconhecimento sozinhos. Se imaginarmos que estamos trabalhando simplesmente por fazer parte de um grupo; se pensarmos que nossa mera presença é suficiente; ou, como costuma acontecer, se acharmos que nossa participação é um passatempo com a intenção de fazer amigos ou algo parecido, não há razão para continuarmos no grupo. E, quanto antes sairmos por conta própria ou nos pedirem para não voltar mais, melhor para todos.

Essas condições básicas são regras obrigatórias voltadas a todos os membros do grupo. As regras têm dois propósitos: primeiro, ajudam todos a evitar coisas que podem atrapalhar e, segundo, *ajudam a nos lembrarmos de nós mesmos*. Mas é comum, no início, que os membros considerem as regras onerosas e perguntem, inclusive, se não é possível eliminar uma delas ou todas. As regras parecem ser um limite desnecessário à nossa liberdade, ou uma formalidade entediante, e quando o líder tenta aplicá-las pensamos que ou ele não gosta de nós ou está descontente com algo que fizemos.

Na verdade, as regras são a primeira ajuda, e a mais importante, que os participantes obtêm por trabalharem em uma "escola". Obviamente, as regras não foram criadas no intuito de nos divertirmos, de ficarmos felizes ou de facilitar as coisas para nós. Elas existem por um único motivo: para que nos comportemos *"como se"*, ou seja, como se nos lembrássemos de nós mesmos e percebêssemos como devemos tratar as pessoas fora do trabalho, no trabalho e o líder. Se nos lembrássemos de nós mesmos e compreendêssemos isso, as regras não seriam necessárias. Mas, como não somos capazes de fazer isso no início do trabalho, essas regras são indispensáveis. Sem dúvida, na prática as regras nunca são fáceis, agradáveis ou confortáveis, e sim o oposto, a fim de que todos cumpram seu papel. As regras são os despertadores que acordam quem dorme. Mas quando o despertador toca e abrimos os olhos por um segundo, nossa primeira reação é ficarmos indignados, perguntando-nos se não existe jeito de acordar sem despertadores.

Todas essas condições são para grupos reais, formados no intuito de seguir o Quarto Caminho. No verdadeiro trabalho de autoconhecimento, não é permitido fomentar a paixão. E, em grupos organizados de maneira adequada, não se exige fé. Pede-se apenas um pouco de confiança, apenas por um período breve, até a pessoa ser capaz de constatar o que está ouvindo. No começo é difícil dizer se esse trabalho é correto, se as diretrizes recebidas são sensatas. É aqui que a base teórica do Quarto Caminho pode se mostrar útil, pois a pessoa pode julgar com maior facilidade sob a perspectiva da teoria. Sabemos o que sabemos e o que não sabemos, e sabemos o que pode ser aprendido por meios comuns e o que não pode. Portanto, se aprendermos alguma coisa nova que não pode ser aprendida da maneira habitual, pelos livros ou por outras fontes convencionais, isso pode servir, até certo ponto, como indicador de que o outro lado do Quarto Caminho, o lado prático, também pode estar certo. Naturalmente, porém, isso é apenas uma indicação, e não uma garantia. É possível que ainda estejamos enganados.

VII

UM ESTUDO PRÁTICO

INICIANDO A AUTO-OBSERVAÇÃO

A auto-observação, principal método de autoestudo, exige certa compreensão das funções e características da máquina humana. Precisamos compreender as divisões corretas das funções que observamos e ser capazes de defini-las de modo exato e com prontidão. Além disso, essa não pode ser apenas uma classificação verbal. Deve ser uma definição íntima, por gosto, por sensação, da mesma forma que definimos todas as experiências íntimas.

Há dois métodos de auto-observação. O primeiro é a *análise*, ou, mais precisamente, a tentativa de análise, pela qual a pessoa tenta determinar as causas do que foi observado. O segundo método é o registro, que envolve a simples *gravação* mental do que é observado no momento. Na auto-observação, especialmente no começo, a tentativa de análise deve ser evitada a qualquer preço. A verdadeira análise será útil apenas mais adiante, quando a pessoa já tiver tido a oportunidade de conhecer bem o funcionamento de sua máquina e as leis que a governam. Como estamos, se tentarmos analisar algum fenômeno interno que acabamos de observar, inevitavelmente nossas primeiras perguntas serão: "O que é isto? Por que isto está acontecendo desta maneira e não de outra?". Feitas essas perguntas, invariavelmente começaremos a procurar respostas para elas e pararemos de observar. Evidencia-se, assim, que a observação e as tentativas de análise não podem acontecer ao mesmo tempo.

Mesmo não levando isso em conta, a análise isolada de fenômenos internos, sem o conhecimento das leis gerais que os regem, é uma total perda de tempo. Antes, precisamos acumular uma quantidade suficiente de material mediante "gravação", isto é, o registro dos resultados da observação direta do que está acontecendo em um dado momento. A análise só se torna possível quando já acumulamos certa quantidade de material e quando, ao mesmo tempo, as leis foram compreendidas, pelo menos até certo ponto.

Para fazer a auto-observação, precisamos começar do começo. Todas as nossas experiências anteriores — os resultados de tentativas anteriores de auto-observação — precisam ser deixadas de lado. Embora possam conter um material valioso, elas se baseiam em divisões erradas das funções e, em si, estão divididas erroneamente. De nada nos servem, pelo menos no começo do autoestudo. Com o tempo, iremos aprender a extrair e a usar o que é valioso para nossa experiência. Desde o início, porém, precisamos começar a auto-observação como se nunca a tivéssemos feito, como se fôssemos absolutamente desconhecidos de nós mesmos.

A observação deve começar pela divisão de funções. A atividade da máquina humana pode ser dividida em três grupos claramente definidos, cada qual controlado por seu próprio centro. Ao nos observarmos, é importante diferenciar as três funções básicas e compreender que todo fenômeno está relacionado com uma ou outra dessas funções. É crucial que, ao começarmos a nos observar, compreendamos que as funções são distintas entre si, ou seja, que compreendamos o que significa atividade do pensamento, do sentimento e do movimento. E, ao observar, devemos tentar determinar imediatamente a que grupo ou centro pertence o fenômeno observado.

Para algumas pessoas, é difícil entender a diferença entre pensamento e sentimento; outros têm dificuldade em entender a diferença entre sentimento e sensação. De modo geral, podemos dizer que a função-pensamento sempre opera por meio da comparação, isto é, as conclusões intelectuais são fruto da comparação. Sentir e perceber sensorialmente, por outro lado, não são funções racionais. Elas não se comparam, apenas definem uma impressão dada por seu aspecto — que pode ser agradável ou desagradável, de uma forma ou de outra — ou por sua percepção sensorial, como cor, sabor ou odor. Além disso, as sensações podem ser indiferentes — nem agradáveis, nem desagradáveis. Na sensação de "papel branco" ou "lápis vermelho", não há nada baseado de modo exclusivo na cor que seja intrinsecamente agradável ou desagradável. Mas a função-sentimento, a emoção, é sempre agradável ou desagradável; não existe emoção indiferente.

A dificuldade em diferenciar as funções aumenta pelo fato de o funcionamento dos centros variar muito de pessoa para pessoa. Algumas percebem sobretudo com a mente, outras com o sentimento e outras por meio da sensação. Infelizmente, é muito difícil, se não impossível, pessoas com modos diferentes de percepção compreenderem-se mutuamente, pois volta e meia usam nomes diferentes para a mesma coisa ou o mesmo nome para coisas diferentes. Além disso, pode haver combinações de modos de percepção: uma pessoa percebe o mundo por meio do pensamento e da sensação, outra por meio do pensamento e do sentimento, e assim por diante. Cada modo de percepção implica necessariamente um modo específico de reagir aos eventos externos. O primeiro resultado é que, de modo geral, não nos entendemos mutuamente; o segundo é que não *nos* entendemos. Com frequência, a pessoa acredita que seus pensamentos ou suas percepções mentais são seus sentimentos, que seus sentimentos são seus pensamentos ou, o que é mais comum, que suas sensações são seus sentimentos.

Conforme aprendemos ao estudar os centros, lado a lado com seu funcionamento correto observaremos seu funcionamento errado, situação em que um centro faz o trabalho de outro — por exemplo, quando o centro do pensamento tenta sentir ou finge sentir, o centro do sentimento tenta pensar ou o centro do movimento tenta pensar e sentir. O fato de o centro do sentimento tentar realizar o trabalho do pensamento provoca afobação ou nervosismo desnecessários em uma situação que, ao contrário, requer um juízo calmo e deliberação. O centro do pensamento que atua no lugar do centro do sentimento leva deliberação e insensibilidade a uma situação na qual se requer uma decisão rápida, baseada em sutileza e nuance. Nesses casos, o pensamento é simplesmente lento demais e não consegue compreender as gradações do sentimento. Do mesmo modo, a mente não sabe apreciar sensações, como se estivesse morta para elas, e não é capaz de controlar ou mesmo de acompanhar nossos movimentos. Por fim, o centro do movimento que funciona no lugar do pensamento produz, por exemplo, leituras ou audições mecânicas, assim como ocorre ao lermos ou ouvirmos palavras sem compreender seu significado. Isso costuma acontecer quando a atenção que deveria orientar o pensamento está ocupada com outra coisa, e o centro do movimento tenta substituí-la. Esse tipo de substituição torna-se habitual com facilidade, pois o centro do pensamento tende a ficar distraído não com pensamentos ou contemplações úteis, mas com devaneios e com o jogo da imaginação. A observação dessas atividades é parte importante do autoestudo.

A "imaginação" é a principal fonte do funcionamento errôneo dos centros. Embora cada centro tenha sua própria forma de imaginação e de devaneio, como regra geral tanto o centro do movimento quanto o do sentimento tendem a usar o pensamento para essa finalidade. Como o "devaneio" já atende às suas propensões, o centro do pensamento se contenta em se colocar à disposição dos outros. A tendência dos centros ao devaneio deriva em parte da preguiça do pensamento, o qual evita trabalhos dirigidos a uma meta específica. Deriva ainda das tendências correspondentes dos centros do sentimento e do movimento em recriarem e manterem vivas as experiências, agradáveis ou desagradáveis, reais ou "imaginadas". A imaginação e o devaneio são exemplos do funcionamento errôneo do centro do pensamento.

Depois da imaginação, o próximo tema da auto-observação são os hábitos, de modo geral. Toda pessoa adulta é constituída de hábitos, embora a maioria não perceba isso. Os três centros estão repletos de hábitos, e jamais nos conheceremos enquanto não estudarmos todos eles. Isso é particularmente difícil porque, para ver e "registrar" esses hábitos, primeiro precisamos nos livrar deles, nem que seja por um momento. É impossível observar um hábito enquanto nos encontramos à sua mercê, mas tudo de que precisamos a fim de sentir e ver um hábito é lutarmos contra ele, por menos eficientes que sejamos nisso. Se quisermos observar nossa forma de caminhar, não teremos sucesso se continuarmos a caminhar da maneira habitual. Mas, se compreendermos que nossa maneira habitual é constituída de certos hábitos — por exemplo dar passadas com certa extensão, caminhar com certa velocidade, e assim por diante —, poderemos mudar isso com passadas maiores ou menores, caminhando mais depressa ou mais devagar, aprendendo a nos observar e estudar no ato de caminhar. Se quisermos nos observar escrevendo, teremos de perceber como costumamos segurar a caneta e depois tentar segurá-la de outra maneira. É assim que a auto-observação se torna possível. No intuito de nos observarmos, precisamos andar de forma diferente da habitual, sentar em posições inusitadas, ficar em pé quando normalmente nos sentaríamos, nos sentar se normalmente fôssemos ficar em pé e usar a mão esquerda em vez da direita, ou vice-versa. Tudo isso permite que nos observemos, em especial no tocante aos hábitos e às associações do centro do movimento.

Na esfera das emoções, é muito útil tentarmos lutar contra o hábito de manifestar imediatamente todas as nossas emoções desagradáveis. Muitos, por exemplo, têm dificuldade de guardar seus comentários sobre um clima feio e mais dificuldade ainda de ficar em silêncio ao perceber que alguém está violando seu senso de justiça ou de equidade. Além de sua utilidade como método de auto-observação, a luta contra a expressão de emoções desagradáveis tem outro significado. Trata-se de um dos poucos casos em que podemos de fato nos transformar e a nossos hábitos sem criarmos outros hábitos indesejáveis. A auto-observação e o autoestudo, portanto, deveriam começar, acima de tudo, pela luta contra a *expressão de emoções desagradáveis*.

PENSAMENTO FORMATIVO

No estudo prático por meio da auto-observação, é importante compreender a natureza da função chamada de "pensamento", que é a parte mecânica do centro de pensamento e o centro de gravidade de nossa personalidade.

Nossos centros de pensamento, sentimento e movimento são, em si, cérebros animados e vivem como animais incorporados em um mesmo corpo, cada cérebro atuando como um fator de movimento. Esses cérebros estão conectados uns aos outros, mas sua intercomunicação depende da força relativa de suas associações. Apenas quando um estímulo for suficientemente forte em um centro é que ele evocará uma associação correspondente em outro e, mesmo assim, só se o estímulo tiver uma velocidade ou uma intensidade específicas, já estabelecidas em nós.

O centro de gravidade da personalidade não é animado, é apenas um aparato para o pensamento, localizado na cabeça. As conexões entre esse "aparato formativo" e os centros são abertas e diretas, e todas as associações o alcançam. Cada estímulo local nos centros — cada associação — provoca associações no aparato. Mas a matéria do aparato é inanimada. O aparato é apenas uma máquina, assim como um teclado com letras que transmite cada impacto.

A melhor maneira de ilustrar o aparato formativo é por analogia. Imagine o escritório de uma fábrica com sua secretária. Cada documento que chega passa por essa pessoa, cada cliente que surge dirige-se a ela, que responde a tudo. As respostas dadas são qualificadas pelo fato de essa pessoa ser apenas uma funcionária. Ela não conhece nada mas tem instruções, livros, arquivos e dicionários nas prateleiras. Se tiver fontes nas quais buscar uma informação específica, ela o faz e responde de acordo com essas fontes. Se não tiver, não o faz.

Essa fábrica tem quatro sócios ou diretores que se sentam em quatro salas diferentes, embora não permaneçam nelas na maior parte do tempo. Esses diretores comunicam-se com o mundo exterior por intermédio da secretária. Estão ligados com seu escritório por meio de telefones. Se um deles liga e diz algo, a secretária precisa repassar a informação. Mas cada um dos quatro diretores usa um código diferente, e todos estão de acordo com isso. Quando um deles envia uma mensagem para ser transmitida, a secretária precisa decodificá-la antes de transmiti-la. No escritório há diversos formulários e materiais acumulados ao longo dos anos. Dependendo do diretor envolvido, ela consulta um livro, decodifica a mensagem e a transmite.

Se os diretores quiserem conversar entre eles, não há meio de comunicação direta. Eles estão conectados por telefone, mas este só funciona quando o clima está propício e em condições calmas e silenciosas, o que raramente acontece. Como essas condições são raras, os diretores mandam mensagens por meio da central, isto é, o escritório da secretária. Como cada um deles tem seu próprio código, a tarefa da secretária é decodificar e recodificar as mensagens. Os diretores se comunicam com as pessoas de fora do escritório do mesmo modo. Tudo que entra ou sai precisa ser decodificado, recodificado e depois encaminhado ao destino. As correspondências que chegam para cada diretor são encaminhadas com o código apropriado. Mas, volta e meia, a secretária se engana e usa o código errado. O diretor recebe a mensagem e não entende nada. Por isso, a decodificação e a recodificação dependem dessa funcionária, que não tem interesse nos negócios ou relacionados a eles. Assim que termina o expediente, ela vai para casa. Sua capacidade de decodificação depende de sua educação, e esta varia de pessoa para pessoa. Uma secretária pode ser tola, a outra pode ser uma boa funcionária. Há uma rotina estabelecida no escritório, que a secretária segue. Se certo código se fizer necessário, ela encontra um ou outro formulário que esteja à mão. Para cada tipo de pesquisa, há etiquetas prontas que ela afixa imediatamente.

Esse é um quadro aproximado do estado de coisas em nossa organização interior. O escritório é nosso aparato de formação, e a secretária representa nossa educação, nossos pontos de vista mecânicos, os clichês localizados, as teorias e opiniões que se formaram automaticamente em nós. A secretária não tem nada em comum com os centros e, na verdade, nem com o aparato formativo. Ela só trabalha lá. A educação não tem nada a ver com os centros. Uma criança é educada assim: "Se alguém apertar sua mão, você deve agir desta forma". Isso é puramente mecânico — *neste* caso, você deve fazer *isto*. E, uma vez isso estabelecido, assim permanecerá. Com o adulto é a mesma coisa. Se alguém pisa em nosso calo, nós reagimos sempre da mesma maneira. Adultos são como crianças, e crianças são como adultos — todos reagem. A máquina funciona e irá se manter funcionando do mesmo modo nos próximos mil anos.

Com o tempo, uma grande quantidade de etiquetas se acumula nas prateleiras do escritório. Quanto mais a pessoa viver, mais etiquetas haverá no escritório. Em sua organização, todas as etiquetas semelhantes ficam em um mesmo arquivo. Assim, quando uma consulta chega, a secretária começa a procurar uma etiqueta apropriada. Para isso, ela deve tirar o arquivo, estudá-lo e folheá-lo até encontrar a etiqueta adequada. Muito irá depender da organização da secretária e de como ela mantém os arquivos. Algumas secretárias são metódicas, outras não. Algumas mantêm as etiquetas em ordem, outras não. Uma pode colocar uma consulta no arquivo errado, outras não. Uma encontra etiquetas com facilidade, outra as procura por um longo tempo e as mistura enquanto procura. O que chamamos de pensamentos nada mais são do que essas etiquetas saídas do arquivo. O que chamamos de pensamento não é o pensar. Nós não pensamos. Temos etiquetas diferentes: curtas, abreviadas, longas — mas são apenas etiquetas. Todo esse caos é o que chamamos de nossos pensamentos.

Ao mesmo tempo, à parte do aparato formativo, a pessoa tem pensamentos. Todo centro pensa. Esses pensamentos chegam ao aparato formativo como estímulos e são reconstruídos de modo mecânico. Isso é o que acontece nos melhores casos, pois, como regra geral, alguns centros mal conseguem comunicar com precisão seus pensamentos ao aparato formativo. Em virtude de conexões defeituosas, ou as mensagens não são transmitidas ou são distorcidas. Mas isso não prova a ausência de pensamento. Todos os centros funcionam continuamente. Há pensamentos e associações, mas estes não chegam ao aparato formativo e, por isso, não são manifestados. Tampouco são enviados em outra direção — isto é, do aparato formativo para os centros — e, pelo mesmo motivo, não podem chegar lá vindos do exterior.

Os centros são os mesmos em todas as pessoas. As diferenças entre as pessoas estão apenas na quantidade de material contido nos centros e nas conexões entre eles. Algumas pessoas têm mais, outras menos. Cada uma nasce como um armário ou um depósito vazio, mas aí o material começa a se acumular. A máquina funciona do mesmo modo em todos, e as propriedades dos centros são as mesmas, mas, em virtude de sua natureza e das condições da vida, os vínculos ou as conexões entre os centros diferem em graus de sensibilidade. A conexão mais rústica e mais acessível é aquela entre o centro do movimento e o aparato formativo. Essa conexão é a mais "audível", como um grande cano, e é a que se forma e a que se preenche mais rapidamente. A segunda é a conexão com o centro do sexo. A terceira é a conexão com o centro do sentimento, e a quarta é a conexão com o centro do pensamento.

A quantidade de material acumulado e o grau de sensibilidade dessas conexões fica nessa gradação. A primeira conexão com o centro do movimento existe e funciona em todos, recebendo e manifestando associações. A segunda conexão, aquela com o centro do sexo, existe na maioria das pessoas. Consequentemente, a maioria passa a vida apenas com esses dois centros — todas as nossas percepções e manifestações originam-se nesses centros e seguem por meio deles. Aqueles cujo centro do sentimento está conectado com o aparato formativo são minoria, e todas as suas percepções e manifestações seguem por meio deles. Mas há pouquíssimas pessoas nas quais a conexão com o centro do pensamento funciona.

COMEÇANDO PELAS PEQUENAS COISAS

A auto-observação e o autoestudo, realizados corretamente, podem nos fazer perceber que há algo de errado com nossa máquina e com nossas funções em seu estado normal. Percebemos que estamos adormecidos e que, por causa disso, vivemos e trabalhamos em uma pequena parte de nós mesmos. A grande maioria de nossas possibilidades não é concretizada, a grande maioria de nossos poderes não é desenvolvida. Sentimos que não obtemos da vida tudo o que ela tem a oferecer em função de defeitos funcionais específicos de nossa máquina, a qual, em seu estado de sono, não consegue receber impressões. A ideia de autoestudo assume novo sentido. Vemos cada função tal como é agora, e como poderia ou deveria ser, e nos perguntamos se vale a pena nos estudarmos assim como somos neste momento. A auto-observação nos leva a compreender que precisamos mudar.

E, ao nos observarmos, percebemos que a própria auto-observação produz certas mudanças em nossos processos interiores. Começamos a compreender que a auto-observação é um instrumento de automudança, um meio de despertar. Ao nos observarmos, lançamos, por assim dizer, um raio de luz sobre processos interiores que até então funcionaram na escuridão. Sob a influência dessa luz, os próprios processos começam a mudar. Há muitos processos psíquicos que só ocorrem no escuro. Até uma débil luz de consciência basta para transformar completamente o caráter de um processo e para tornar impossíveis muitos processos.

A auto-observação é possível apenas depois de nos tornarmos atentos. Precisamos admitir que não temos atenção e tentar obtê-la. Para isso, precisamos começar pelas pequenas coisas. Um aspirante a pianista, por exemplo, só consegue aprender aos poucos. Se quisermos tocar alguma música sem praticar antes, nunca chegaremos a tocar de verdade. Nossas interpretações serão cacofônicas e farão sofrer nossos ouvintes. Isso também acontece com a vivência de ideias psicológicas: a fim de compreender qualquer coisa, precisamos praticar muito. Antes, precisamos tentar realizar pequenas coisas. Se começarmos almejando grandes coisas, nunca conseguiremos nada, e nossas manifestações serão como melodias cacofônicas, fazendo com que as pessoas nos detestem.

A fim de fazer o que é difícil, antes precisamos aprender o que é fácil e admitir que existem dois tipos de ação — a ação automática e a ação segundo uma meta. Precisamos escolher algo simples que hoje não conseguimos fazer e tornar sua realização nossa meta, nosso Deus. Não podemos deixar que nada interfira — nossa única meta é essa. Então, se conseguirmos atingir essa meta, seremos capazes de assumir tarefas maiores. Hoje temos um apetite anormal por coisas que são grandiosas demais para nós. Nunca conseguimos realizar essas coisas. E esse apetite nos impede de fazer as pequenas coisas que poderíamos realizar. Temos de destruir esse apetite e esquecer as coisas grandiosas. Precisamos fazer da luta contra esses hábitos a nossa meta.

Em nossas relações com outras pessoas, precisamos admitir que tolerar as manifestações alheias é importante, a última coisa para nós. Apenas o homem perfeito ou a mulher perfeita conseguem fazer isso. Logo, começamos almejando a capacidade de suportar a manifestação de uma pessoa que hoje não conseguimos suportar sem reagir. Se eu "quiser" — ou seja, se "tiver vontade" — eu "posso". Sem "vontade", nunca "posso". A vontade é a coisa mais poderosa do mundo. A principal causa de nossa fraqueza é nossa incapacidade de aplicar a vontade simultaneamente a nossos três centros. Com a vontade consciente, tudo pode acontecer.

Não temos energias para cumprir metas voluntárias, porque todas as nossas forças, adquiridas à noite em nosso estado passivo, são usadas em manifestações negativas. Elas são manifestações automáticas, o oposto de manifestações voluntárias, positivas. Para os que conseguem se lembrar automaticamente da meta mas não têm forças para realizá-la, há um exercício que pode ajudar. Fique sentado sozinho por, pelo menos, uma hora. Relaxe todos os músculos. Permita que as associações surjam, mas não se deixe absorver por elas. Diga-lhes: "Se você me permitir fazer o que quero fazer agora, mais tarde irei satisfazer seus desejos". Olhe para as associações como se elas pertencessem a outra pessoa, a fim de não se identificar com elas. No final dessa hora, pegue uma folha de papel e escreva ali a sua meta. Faça desse papel o seu Deus — tudo o mais não significa nada. Leia sua meta de maneira constante, todos os dias. Desse modo, ela irá se tornar mesmo sua, uma parte de você: no começo, intelectualmente; mais tarde, de fato. Dedicar-se a uma meta voluntária e realizá-la confere magnetismo e a capacidade de "fazer".

IDENTIFICAÇÃO

Uma característica fundamental de nossa atitude para com nós mesmos e com nosso ambiente é nossa constante "identificação", nossa tendência a nos "fundirmos" com o que desejamos, com o que chama a nossa atenção ou o que desperta nossa imaginação em determinado momento. A "identificação" é tão presente que, para fins de observação, é difícil separá-la de qualquer outra coisa. Estamos sempre nos identificando com algo, a única coisa que muda é o objeto de nossa identificação. Identificamo-nos com um pequeno desafio à nossa frente e nos esquecemos por completo da meta original que queríamos cumprir. Identificamo-nos com um único pensamento e nos esquecemos de outros pensamentos, ou com uma única emoção ou humor e nos esquecemos do conjunto mais amplo de emoções e de humores. Isso acontece o tempo todo quando trabalhamos com nós mesmos. Identificamo-nos tanto com metas individuais que deixamos de ver a floresta e enxergamos apenas as árvores. Duas ou três delas que estejam mais próximas de nós representam a floresta toda.

A "identificação" é um de nossos inimigos mais insidiosos, pois ela está em toda parte e nos engana justamente quando pensamos estar lutando com ela. É particularmente difícil nos livrar dessa identificação, porque é natural nos identificarmos mais com as coisas que mais nos interessam, aquelas às quais dedicamos tempo, esforço e atenção. As únicas formas de nos libertarmos dessa identificação é nos manter constantemente em guarda e não termos pena de nós mesmos, ou seja, estarmos prontos para contemplar sem medo todas as formas sutis e ocultas que a identificação pode assumir.

É necessário nos dedicar ao estudo da identificação até chegarmos às suas raízes em nós mesmos. Parte do que torna sua presença tão difícil é que costumamos vê-la como uma característica positiva. Chamamo-la de "entusiasmo", "paixão", "inspiração" ou o que for e achamos que apenas nesse estado podemos produzir um bom trabalho. Sem dúvida, isso é ilusório. A identificação acaba nos impedindo de fazer qualquer coisa que tenha um pingo de sensatez. Devemos mudar de imediato essa visão positiva se quisermos mesmo compreender o significado desse estado: ele transforma a pessoa em uma coisa, um pedaço de carne; priva-a da menor semelhança com o ser humano que ela pode ter. No Oriente, quando as pessoas fumam haxixe e outras drogas, não raro o homem se identifica tanto com seu cachimbo que começa a pensar que ele *é* um cachimbo. Não é piada, é fato — para a pessoa, ela se transformou mesmo em um cachimbo. Isso é identificação. E, para isso, é totalmente desnecessário o haxixe ou o ópio. Veja a maneira como as pessoas se comportam em lojas, teatros e restaurantes, ou como se identificam com palavras quando discutem ou tentam provar alguma coisa, em especial quando não sabem do que estão falando. Tornam-se a cupidez ou o desejo, ou tornam-se *palavras*, até não restar mais nada delas mesmas.

A identificação é o principal obstáculo à autorrecordação, pois a pessoa que se identifica não consegue se lembrar de si mesma. A primeira etapa para a autorrecordação consiste em *não nos identificarmos*. Mas, para fazermos isso, primeiro precisamos *parar de nos identificarmos com nós mesmos*, parar de nos chamar de "eu" o tempo todo. Precisamos nos lembrar de que há dois elementos em nós. Há aquele *que somos* — ou seja, o "eu" em nós — e há *outra pessoa*, a qual precisamos enfrentar e dominar caso queiramos conseguir alguma coisa. Enquanto nos identificarmos ou formos suscetíveis de sermos identificados, seremos escravos de tudo que acontece conosco. "Liberdade" significa, antes de qualquer coisa, estarmos livres da identificação.

Depois dos modos gerais de identificação, temos de estudar um tipo específico: a identificação com as pessoas, que assume a forma da consideração; isso significa estimá-las, levá-las em conta. Há várias formas de "consideração". A mais comum é levar em conta o que os outros pensam a nosso respeito, como nos tratam, que tipo de atitude parecem ter conosco. Preocupamo-nos sempre com a hipótese de não sermos estimados, de os demais não serem suficientemente gentis e educados conosco. Tudo isso nos atormenta, nos faz pensar e ficar desconfiados. Desperdiçamos uma energia imensa nessas suposições ou elucubrações e desenvolvemos uma atitude desconfiada e hostil para com os outros. Preocupações triviais, por exemplo a forma como alguém nos olhou e o que pode ter pensado ou dito a nosso respeito, assumem uma importância imensa para nós. Toda essa consideração é uma mera forma de identificação, totalmente baseada em nossas demandas internas, em nossos "requisitos". No íntimo, "exigimos" que todos percebam como somos notáveis, e todos devem expressar de modo constante seu respeito, sua estima e admiração por nós, por nosso intelecto, nossa sagacidade, originalidade, aparência e nossas demais qualidades. Esses requisitos, por sua vez, baseiam-se em uma noção absolutamente fantasiosa a nosso respeito, tal como a que acomete com frequência pessoas de capacidade ou aparência modestas. Escritores, atores, músicos, artistas e políticos, por exemplo, são, quase sem exceção, pessoas doentes. Do que sofrem? Primeiro, de uma opinião exaltada a seu próprio respeito; depois, de requisitos e, por fim, de consideração, isto é, estão prontos e preparados de antemão para se ofenderem à menor falta de compreensão ou de admiração que perceberem em outras pessoas.

Até agora, falamos de "consideração interna", ou seja, a identificação com os outros. Seu oposto é a "consideração externa", que também pode servir para combatê-la. A consideração externa baseia-se em uma atitude completamente diferente em relação às pessoas e envolve a adaptação a seus requisitos e fraquezas. Com a consideração externa, fazemos o que facilita a vida para nós e para os outros. A consideração externa exige tanto o conhecimento das pessoas, de seus gostos, hábitos e preconceitos, como um elevado grau de autocontrole. Volta e meia, desejamos *sinceramente* dizer a alguém o que pensamos ou sentimos de fato a seu respeito. Se somos fracos, cedemos e justificamos as consequências desagradáveis dizendo que não queríamos mentir nem fingir, que queríamos ser honestos. Depois, convencemo-nos de que a situação foi culpa da outra pessoa, que na verdade queríamos levá-la em consideração, sem discutir, deixando-a fazer as coisas a seu modo. Mas a *outra pessoa* não quis nos levar em consideração, o que impossibilitou um acordo. É uma tendência humana comum começar com uma bênção e terminar com uma maldição. Começamos decidindo não considerar os demais e acabamos culpando-os por não nos levarem em consideração. Esse é um exemplo de como a consideração externa passa para a consideração interna. Se nos lembrarmos de nós mesmos, porém, também iremos nos lembrar de que as outras pessoas são máquinas, assim como nós. E iremos *entrar em sua posição*, colocarmo-nos em seu lugar, sermos mais capazes de compreender e de sentir o que pensam e sentem. Se pudermos fazer isso, nossos relacionamentos ficarão mais fáceis.

A consideração externa adequada é uma parte importante de nosso trabalho. Não raro, as pessoas compreendem muito bem a necessidade de consideração externa em suas vidas, ao mesmo tempo que a negligenciam no trabalho com os demais. Presumimos que, por estarmos nesse trabalho, temos o direito de não levar em conta a consideração externa. Porém, a verdade é justamente o oposto disso. Nesse trabalho, ou seja, em um trabalho pessoal bem-sucedido, precisamos de dez vezes mais consideração externa do que na vida cotidiana. Apenas *pela consideração externa* é que podemos mostrar a valoração e a compreensão desse trabalho, o que, por sua vez, determina os resultados obtidos.

MENTINDO PARA SI MESMO

Volta e meia, pensamos com ingenuidade que podemos *fazer* — e essa é a convicção mais difícil de nos livrarmos. Não compreendemos a complexidade de nossa estrutura e não percebemos que cada esforço, mesmo com os resultados aguardados, produz milhares de efeitos inesperados e, às vezes, indesejados. Esquecemo-nos principalmente de que não estamos começando do zero, com uma máquina nova, limpa. Atrás de nós, há muitos anos de uma vida desorientada, estúpida, na qual cedemos às nossas fraquezas, fechamos os olhos para nossos erros, esforçamo-nos para evitar todas as verdades desagradáveis e mentimos constantemente a nós mesmos, justificando-nos e culpando os outros. Não podemos impedir que isso afete nossa máquina. Ela passou a não funcionar bem e precisou ser modificada artificialmente a fim de se adaptar a seu modo errôneo de funcionamento. Essas modificações, que podem ser chamadas de "amortecedores", procuram frustrar todas as nossas boas intenções.

Os "amortecedores" são como as peças que interligavam os vagões de trem no intuito de reduzir o impacto quando se aproximavam uns dos outros. Sem amortecedores, o impacto de um vagão contra outro seria insuportável e até perigoso para os passageiros a bordo. Os amortecedores suavizavam os efeitos desse tipo de impacto, tornando-o imperceptível. Os mesmos aparatos são encontrados no homem, criados não pela natureza, mas por nós mesmos, embora de forma involuntária. Desenvolveram-se como resultado da massa de contradições que há em nós — opiniões, sentimentos, simpatias, palavras e ações contraditórias. Se tivéssemos de sentir todas as contradições que temos, não conseguiríamos viver e agir com a mesma calma e complacência com que vivemos. Haveria atrito e inquietação sem cessar. No entanto, com a ajuda dos "amortecedores", podemos deixar de sentir as contradições e evitar o impacto perturbador de visões, emoções e palavras contraditórias. Eles facilitam a vida. Mas os amortecedores impossibilitam o desenvolvimento interno, tendo em vista que reduzem os impactos e que só os impactos conseguem nos tirar do estado em que vivemos — ou seja, fazer-nos despertar. Os amortecedores embalam o sono, dando-nos uma sensação agradável de conforto, de que tudo está bem, de que não há contradições e que podemos dormir em paz.

Os amortecedores têm um papel importante na relação entre personalidade e essência. Um momento muito importante de nosso trabalho é aquele no qual começamos a distinguir nossa personalidade de nossa essência. Nosso "eu" verdadeiro, nossa individualidade, só pode surgir de nossa essência. Mas há obstáculos para esse crescimento em nossa personalidade, que está sempre exercendo pressão sobre a essência. A fim de que o crescimento interno tenha início, a personalidade precisa ficar passiva e a essência, ativa. Isso acontece apenas se os amortecedores forem abrandados ou removidos, pois os amortecedores é que permitem à personalidade subjugar a essência.

Graças aos amortecedores, *estamos sempre "certos"*. Logo, eles nos ajudam a não sentir a "consciência". Na vida cotidiana, esse conceito é entendido de forma simplista — como se tivéssemos uma consciência. Na verdade, "consciência", na esfera dos sentimentos, é o que o conceito "percepção" representa na esfera mental. E, assim como não temos percepção, não temos consciência. *Percepção* é o estado no qual a pessoa *sabe, ao mesmo tempo,* tudo o que sabe em geral e vê quão pouco sabe de fato e quantas contradições abriga em seu conhecimento. *Consciência* é o estado no qual a pessoa *sente, ao mesmo tempo*, tudo que sente ou pode sentir de modo geral. Temos incontáveis sentimentos contraditórios, que vão desde um senso profundamente arraigado de nossa própria insignificância e todos os tipos de medo até os mais ridículos sentimentos, como orgulho, arrogância e autossatisfação. Vivenciar tudo isso *ao mesmo tempo* não seria apenas doloroso: seria literalmente insuportável. Se, de repente, a pessoa sentisse todas essas contradições ao mesmo tempo, compreendesse que ama tudo o que detesta e detesta tudo o que ama, que mente ao dizer a verdade e diz a verdade quando mente, e se pudesse sentir a vergonha e o horror nisso tudo, isso seria vivenciar o estado de "consciência". Ninguém consegue viver nesse estado. Felizmente para nossa paz de espírito e nosso sono, esse estado é muito raro, e não corremos o risco de acordar subitamente para ele, graças aos amortecedores desenvolvidos desde a mais tenra infância.

Entretanto, a consciência é o fogo que pode, sozinho, forjar a unidade que almejamos. O despertar é possível apenas para os que o desejam e o buscam, para os que estão prontos a lutar longa e persistentemente a fim de obtê-lo. Para isso, é preciso sair e enfrentar todos os sofrimentos internos que surgem quando sentimos nossas contradições, logo que a consciência desperta. Como temos uma multidão de "eus" contraditórios, até um despertar momentâneo da consciência pode acarretar sofrimentos. Esses momentos podem se alongar caso a pessoa não resista ou não se afaste deles por medo, aceitando-os e tentando prolongá-los. Então, certa alegria sutil, um prenúncio de "consciência tranquila", participará cada vez mais da experiência. Quando não há contradições, a consciência não envolve sofrimento; ela traz um tipo totalmente novo de alegria, algo que não conseguimos compreender.

O conceito de "consciência" não tem nada em comum com o conceito de "moralidade", o qual presume que temos certo poder de decisão sobre nossas ações. A moral baseia-se nos amortecedores. Na vida cotidiana, a verdade não tem valor moral. Nunca conseguimos nos ater a uma única verdade. Nossa verdade muda. Se não muda durante certo tempo, isso se deve simplesmente ao fato de ela estar sendo mantida pelos amortecedores. Além disso, nunca conseguimos *falar a verdade*. Às vezes, "algo fala" a verdade; às vezes, "algo fala" uma mentira. Como consequência, nossa noção de certo e de errado é inútil, pois nossa verdade e nossa falsidade não dependem de nós, mas do acaso, de uma casualidade. Isso também se dá com nossas palavras, nossos pensamentos e sentimentos. No intuito de compreendermos o que é verdadeiro e o que é falso na vida, antes precisamos compreender o que é falso em nós mesmos, as constantes mentiras que nos dizemos o tempo todo.

VIII

UM TRABALHO PARA A CONSCIÊNCIA

UMA OBSERVAÇÃO DIFERENTE

Os pontos de partida da auto-observação são os seguintes:

1. Não somos um.
2. Não temos controle sobre nós mesmos. Não controlamos nosso próprio mecanismo.
3. Não nos lembramos de nós mesmos. Se uma pessoa diz "Estou lendo um livro" e não sabe que está lendo, é uma coisa. Mas quando ela está consciente de que "eu" está lendo, isso é autorrecordação.

Se nos observarmos de maneira correta, descobriremos muito sobre nosso ser e sobre nossa existência. Em primeiro lugar, aprenderemos, de forma incontroversa, que tudo que fazemos, pensamos, sentimos e dizemos é o resultado de influências externas e que nada vem de nós mesmos. Veremos e compreenderemos que, na verdade, nada mais somos do que autômatos, cujas ações são ditadas por estímulos externos. Em suma, perceberemos nossa total mecanicidade. Conosco, tudo é "feito"; nós não "fazemos" nada. Somos máquinas controladas por choques acidentais vindos do exterior. Cada choque traz um de nossos "eus" à superfície. Diante de um novo choque, esse "eu" desaparece e outro ocupa seu lugar. Mais um choque, esse "eu" desaparece e outro ocupa seu lugar. Para cada mudança há um novo "eu". Começaremos a compreender que não temos controle sobre nós mesmos, que não sabemos o que podemos dizer ou fazer no momento seguinte, que não podemos responder por nós mesmos nem por um breve lapso de tempo. Também iremos compreender que, se nenhuma mudança acontecer em nós e se não fizermos nada inesperado, isso só se deverá ao fato de nada haver mudado do lado de fora com poder de agir sobre nós. Compreenderemos que nossas ações são totalmente determinadas por influências externas e perceberemos que não há nada estável e imutável em nós, sobre o qual possamos exercer algum controle, nem uma única função ou um estado invariável.

A auto-observação nos leva a compreender que não nos lembramos de nós mesmos. Esse "esquecimento", isto é, nossa incapacidade de nos lembrarmos de nós mesmos, é a característica mais típica de nosso ser e a causa de tudo que há em nós. Isso se manifesta de várias maneiras. Não nos lembramos de nossas decisões, das promessas que nos fizemos, do que dissemos ou sentimos há uma semana, há um dia ou mesmo há uma hora. Começamos algum trabalho mas, após algum tempo, não nos lembramos *do que* nos levou a começá-lo. Isso se aplica de modo particular ao trabalho com nós mesmos. Somos capazes de nos lembrar de promessas feitas aos outros, mas só com a ajuda de associações artificiais *incutidas* em nós como parte de nossa formação, associações que, por sua vez, estão conectadas a outros conceitos artificiais como "honra", "honestidade", "dever", e assim por diante. De modo geral, porém, podemos dizer que para cada coisa de que nos lembramos, nos esquecemos de outras dez igualmente importantes. E nos esquecemos com particular facilidade de coisas a nosso próprio respeito, em especial dos registros mentais de impressões gravadas anteriormente. Não nos lembramos do que pensamos ou do que dissemos e não nos lembramos de *como* pensamos ou de *como* dissemos.

Alguém dizer que não se *lembra de si mesmo* é, acima de tudo, admitir que não *se* sente ou não *se* percebe, que não tem consciência de *si mesmo*. Conosco, a observação "acontece", assim como nossa fala, nosso pensamento ou nosso riso "acontecem". Não sentimos ou não percebemos o "eu" — como em *eu* observo, *eu* percebo, *eu* vejo. Tudo "é percebido", "é visto". A fim de podermos nos observar de fato, precisamos antes nos *lembrar de nós mesmos*. Observações sem autorrecordação são inúteis, pois não nos incluímos em nossas observações. Ao mesmo tempo, a autorrecordação é difícil e exige muitas coisas além de um esforço consciente. De fato, se trabalharmos conscientemente, não iremos nos lembrar mais de nós mesmos, e sim menos.

É necessário nos observarmos de maneira diferente daquela com que nos observamos na vida cotidiana. Precisamos adotar uma atitude diferente da anterior, uma postura interior diferente. Buscamos conhecimento — ou seja, "conhecer" —, mas o que tivemos até agora não é "conhecer". É apenas a coleta mecânica de informações nas quais nossa cognição não é a nossa, mas apenas a função do que acontece em nós. Por exemplo, durante uma palestra uma pessoa ouve com a mente, e outra ouve com o sentimento. Quando lhes pedem para repetir o que foi dito, cada uma irá recontar a história à sua própria maneira, de acordo com seu estado interior naquele momento. Se, uma hora depois, a primeira pessoa ouve algo desagradável e a segunda está envolvida na solução de um problema de matemática, a primeira irá repetir o que ouviu com matizes emocionais e a segunda o fará de forma lógica. Isso porque apenas um centro está funcionando — nesse caso, o do pensamento ou o do sentimento.

Precisamos aprender a ouvir de outra maneira. O conhecimento que acumulamos até agora é o conhecimento de um centro, um conhecimento sem compreensão. Quantas coisas conhecemos e compreendemos ao mesmo tempo? Dizemos, por exemplo, que sabemos o que é eletricidade, mas será que nós a compreendemos com a mesma clareza com que compreendemos que dois e dois são quatro? Compreendemos tão bem essa última afirmação que ninguém poderá nos provar o contrário. Com a eletricidade, porém, é diferente. Hoje, ela nos é explicada de uma maneira, e acreditamos nessa explicação. Amanhã, apresentam uma explicação diferente, na qual também iremos acreditar. A compreensão, contudo, é a percepção de, pelo menos, dois centros, e não de um só. Existe uma percepção mais completa, mas no momento já será suficiente se conseguirmos fazer com que um centro monitore o outro. Quando um centro percebe algo e o outro aprova ou rejeita essa percepção, isso é compreensão. Quando uma discussão entre os centros deixa de produzir um resultado definido, temos uma compreensão parcial. A compreensão parcial não resolve nada. É preciso que tudo o que escutamos o seja feito não com um, mas com pelo menos dois centros. Do contrário, será, como disse antes, um mero acúmulo de novas informações.

ENXERGAR O TODO

Ao percebermos que precisamos não apenas nos estudar, mas trabalhar com nós mesmos e, em última análise, nos transformarmos, o caráter de nossa auto-observação precisa mudar. Até este momento, estudamos os detalhes do trabalho dos centros, tentando apenas ser uma testemunha imparcial no registro de fenômenos específicos. Estudamos o trabalho da máquina, como o funcionamento de engrenagens e de alavancas. Agora, precisamos começar a nos ver, isto é, a ver não apenas detalhes individuais, mas o que é considerado como um todo — nossa totalidade, assim como os outros nos veem.

Para isso, precisamos aprender a tirar "fotos mentais" de nós mesmos em diversos momentos de nossa vida e em diversos estados emocionais. Essas fotos não devem ser de detalhes, mas do todo, tal como o vemos, e devem conter, ao mesmo tempo, tudo o que conseguimos perceber em nós mesmos em um dado momento — emoções, humores, pensamentos, sensações, posturas, movimentos, tons de voz, expressões faciais, e assim por diante. Se tivermos sucesso na captura de momentos interessantes, formaremos um álbum de retratos os quais, juntos, irão nos mostrar com clareza o que somos. Não é tão fácil tirar essas fotos nos momentos mais interessantes, captando posturas características, expressões faciais, emoções e pensamentos que revelam nossa essência. Mas se conseguirmos tirar um número expressivo de fotos como essas, veremos que a ideia que sempre tivemos a nosso próprio respeito está bem distante da realidade.

Em vez do homem ou da mulher que pensávamos ser, veremos uma pessoa bem diferente. Essa "outra" pessoa é o nosso eu e, ao mesmo tempo, não é o nosso eu. É a versão do nosso eu tal como as outras pessoas nos conhecem, como nos imaginamos e como aparecemos em nossas ações e palavras, mas não exatamente como somos de fato. Pois, como todos sabemos, há muita coisa irreal, inventada e artificial nessa outra pessoa que os outros conhecem. Precisamos aprender a separar o real do inventado, a dividir-nos em nossa auto-observação e em nosso autoestudo. Precisamos compreender que, de fato, consistimos em duas pessoas. Uma é a pessoa que chamamos de "eu" e que os outros chamam pelo nome. A outra é o verdadeiro "eu", que só aparece por momentos muito breves e só pode ficar firme e imutável após um longo período de trabalho de autoconhecimento.

Enquanto nos considerarmos *uma única pessoa*, nunca mudaremos o que somos. O trabalho conosco começa no instante em que começamos a sentir *duas pessoas* em nós mesmos. Uma é passiva, e tudo o que faz é observar e registrar o que está acontecendo com ela. A outra, chamada de "eu", é ativa e fala de si mesma na primeira pessoa. Mas só é, na verdade, aquela pessoa com um nome próprio. Essa é a primeira percepção que temos. Ao começarmos a sentir duas pessoas em nós mesmos, em pouco tempo veremos que exercemos o poder completo sobre essa "outra pessoa". Não importa o que planejamos, fazemos ou dizemos, nunca é o "eu" que faz ou diz, mas sempre essa outra pessoa. E, naturalmente, ela fará ou dirá não como o "eu" teria feito, mas à sua maneira, com sua própria nuance de significado, que volta e meia muda completamente o que o "eu" tinha em mente.

Segundo essa perspectiva, no momento em que começamos a auto-observação surge um perigo evidente. Embora haja um "eu" que começa a auto-observação, que assume o esforço e lhe dá continuidade imediatamente, é a "outra pessoa" que, desde a primeira etapa, o altera de um modo que pode parecer acidental mas que, de fato, o transforma por completo. Vamos supor, por exemplo, que estamos ouvindo a descrição desse método de auto-observação e nos dizem que precisamos nos dividir com o "eu" de um lado e a "outra pessoa", a qual tem um nome, do outro. Nós nos dividimos *literalmente ao ouvir isso*. "Isto é 'eu'", dizemos, "e aquilo é 'a outra pessoa'". Nunca usamos nosso próprio nome para designar a "outra pessoa", pois achamos isso desagradável. Além disso, damos o nome de "eu" aos aspectos de que gostamos em nós mesmos, ou que consideramos fortes, e associamos a "outra pessoa" ao que não gostamos ou consideramos pontos fracos. Com base nessa divisão, fazemos diversos juízos errôneos a nosso respeito, tendo nos enganado sobre o ponto mais fundamental — isto é, definir a "outra pessoa" como uma elaboração fictícia, e não como um aspecto de nós mesmos, assim como realmente somos.

Não podemos sequer imaginar quão desagradável é usar nosso próprio nome ao falarmos de nós mesmos na terceira pessoa. Tentamos evitar isso de todas as maneiras nos chamando por um nome imaginário que ninguém usou ou usará ou apenas por "ele" ou "ela". Quanto a isso, os que gostam de usar seu prenome, sobrenome ou apelido ao falar consigo mesmos não são exceção. Mas, no que diz respeito à auto-observação, preferimos nos chamar por algum nome inventado.

Quando compreendemos nossa total impotência em face de nossa "outra pessoa", nossa atitude para com nós mesmos deixa de ser indiferente. Nesse ponto, a auto-observação torna-se a observação dessa outra pessoa. Compreendemos que essa pessoa nada mais é do que uma máscara usada em um papel que representamos de modo inconsciente, o qual, por mais que tentemos, não conseguimos parar de representar, um papel que nos leva a fazer e a dizer milhares de coisas estúpidas que, de outro modo, nunca faríamos ou diríamos. Sentimos estarmos sob o poder dessa pessoa e que, ao mesmo tempo, não somos essa pessoa. Começamos a ter medo de que ela assuma e mude tudo o que desejamos fazer e a consideramos nossa "inimiga". Seus desejos, gostos, simpatias, pensamentos e opiniões ou são o contrário dos nossos ou não têm nada em comum com eles. Porém essa pessoa é nosso mestre. Somos os escravos, sem vontade própria, sem modo sequer de expressar nossos desejos, porque ela assume o controle de tudo que tentamos dizer ou fazer.

Nesse nível de auto-observação, precisamos compreender que a meta é nos libertar dessa "outra pessoa". Sem dúvida, não conseguimos isso porque *somos* essa pessoa. Portanto, precisamos encontrar uma forma de dominá-la e de levá-la a fazer não o que ela quer, mas o que nós queremos. Essa "outra pessoa" deixará de ser o mestre e se tornará o escravo. O primeiro estágio do trabalho com nós mesmos consiste em nos separarmos mentalmente dessa pessoa: na verdade, separarmo-nos e nos mantermos distantes. Mas precisamos levar em conta que toda a atenção deve ser concentrada nessa "outra pessoa", pois não somos capazes de explicar *o que somos de fato*. Mesmo assim, podemos explicar essa pessoa para nós mesmos e com isso devemos começar, lembrando, ao mesmo tempo, que não somos essa pessoa.

A auto-observação é muito difícil. Quanto mais tentarmos, mais isso ficará claro. Durante um bom tempo, imaginamos que nos vemos e nos conhecemos. Então, chega um momento em que praticamos não a fim de obter resultados, mas de compreender que não podemos nos observar. Falo da auto-observação objetiva. Objetivamente, não conseguimos nos ver um só minuto que seja, porque essa é uma função diferente, a função do mestre. Se parecer que podemos nos observar por cinco minutos, iremos nos enganar. Se durante vinte minutos ou um minuto — também nos enganaremos. Se percebermos que não podemos nos ver, teremos razão. Chegar a esse ponto é nossa meta.

SEPARARMO-NOS DE NÓS MESMOS

Quando nascemos, três máquinas distintas nascem e continuam a se desenvolver até morrermos: nosso corpo, nossa personalidade e nossa essência, os quais não têm nada em comum. Sua formação não depende de nós, de maneira alguma. Seu desenvolvimento futuro, o desenvolvimento de cada máquina em separado, depende das qualidades que temos em nós e das condições que nos rodeiam, como ambiente, circunstâncias, geografia, e assim por diante. Para o corpo, esses fatores são a hereditariedade, a geografia, os alimentos e o movimento. A personalidade se forma no decorrer da vida exclusivamente por meio do que ouvimos e lemos. A essência, que é puramente emocional, é o resultado, no início, do que recebemos de modo hereditário antes da formação da personalidade e, depois, da influência subsequente das sensações e dos sentimentos com que convivemos.

O desenvolvimento das três máquinas começa nos primeiros dias de vida; cada uma progride independentemente das demais. Assim, pode acontecer, por exemplo, de o corpo começar sua vida com condições favoráveis, sobre uma base sólida, e, como resultado, tornar-se corajoso. Mas isso não significa que a essência da pessoa terá caráter similar. Nas mesmas condições, a essência poderá ser fraca e covarde. Seu desenvolvimento não acompanha necessariamente o desenvolvimento do corpo. A pessoa pode ter um físico forte e saudável, mas ser tímida como um coelho.

O centro de gravidade do corpo, sua alma, é o centro do movimento. O centro de gravidade da personalidade é o centro do pensamento, e o centro de gravidade da essência é o centro do sentimento, que é sua alma. Assim como a pessoa pode ter um corpo saudável e uma essência covarde, a personalidade pode ser ousada e a essência, tímida. Veja, por exemplo, o caso de um homem educado e de bom senso. Ele sabe que pode ter alucinações e que elas não são nem podem ser reais. Logo, em sua personalidade, ele não as teme. Mas sua essência, sim. Se um fenômeno desses ocorre, sua essência não conseguirá não temer. Logo, o desenvolvimento de um centro não depende do desenvolvimento de outro, e um centro não pode transferir seus resultados a outro.

Em certos ensinamentos orientais, o corpo, as emoções e a mente são incorporados na analogia de um conjunto ou uma equipe com uma carruagem, um cavalo, um condutor e um mestre. A carruagem é ligada ao cavalo por meio de varais, o cavalo ao condutor pelas rédeas e o condutor com o mestre por meio da voz deste. Mas o condutor precisa saber ouvir e entender o que o mestre diz e precisa saber conduzir. O cavalo precisa ser treinado para obedecer às rédeas e estar adequadamente preso à carruagem. E a carruagem precisa estar em bom estado.

O trabalho consigo mesmo deve começar pelo condutor, que representa a mente. A fim de poder ouvir a voz do mestre, o condutor precisa, antes de qualquer coisa, não estar dormindo, ou seja, ele precisa estar desperto. Além disso, pode ser que o mestre fale uma língua que o condutor não compreende e, nesse caso, o condutor precisa aprender essa língua. Mas não é tudo. Enquanto aprende essa língua, também precisa aprender a conduzir a carruagem, o que, por sua vez, inclui aprender a arrear, alimentar e tratar o cavalo e manter a carruagem em ordem. Afinal, de que adiantará aprender a compreender o mestre se o condutor não souber fazer seu trabalho? O mestre poderá lhe dizer para irem a algum lugar, e ele não conseguirá se mover porque o cavalo não foi alimentado ou arreado e ele não consegue achar as rédeas. O cavalo representa nossas emoções, e a carruagem representa o corpo. A mente precisa aprender a controlar as emoções, as quais, de outro modo, sempre conduzirão o corpo como um cavalo desgovernado arrastando sua carruagem. Essa é a ordem na qual devemos trabalhar com nós mesmos.

A primeira etapa consiste em "nos separarmos de nós mesmos". Embora nossa mente — nosso pensamento — nada tenha em comum com nossa essência, ela tende a se identificar com a essência. A fim de nos separarmos de nós mesmos, a mente deve ficar de lado e se manter independente da essência. Nossa essência fraca pode mudar a qualquer momento, pois depende de muitas influências: da comida, do ambiente, do horário ou do clima e de mais uma série de fatores diferentes. É preciso muita força para orientar a essência e mantê-la nessa orientação. (Corpo e essência são o mesmo demônio!) Mas a mente depende de pouquíssimas influências e, com um esforço mínimo, pode ser mantida na direção desejada. Até uma pessoa fraca, sem forças sobre sua essência, pode dar a direção desejada à sua mente. Cada um de nós tem força suficiente e pode ter a capacidade e o poder de agir de maneira diferente. Em vez de se identificar com a essência, em vez de ser uma mera função da essência, nossa mente é capaz de funcionar de forma independente. Nosso pensamento pode ser independente. Qualquer adulto pode fazer isso — qualquer um que deseje com seriedade.

Demonstrarei o que digo com um exemplo. Agora, em um estado calmo, sem reagir a nada ou a ninguém, decido me dedicar à tarefa de estabelecer um bom relacionamento com o Sr. B., pois preciso dele em meus negócios e só poderei fazer o que quero com sua ajuda. Mas não gosto do Sr. B. Ele é uma pessoa muito desagradável, não entende nada, é um palerma, é vil, o que você puder imaginar. Devido à minha formação, essas características me afetam. Apenas de olhar para ele, fico irritado. Quando ele começa a falar bobagens, eu me descontrolo. Sou humano e, por isso, sou fraco e não consigo me convencer de que não devo me incomodar. Continuarei a me incomodar. E, se a mente tornar-se apenas uma função da essência, perderei minha paciência. Irei pensar, ou melhor, "aquilo" irá pensar do ponto de vista desse incômodo: "Que vá para o inferno!".

Mas eu posso me controlar. Isso depende do quanto sério é meu desejo de conseguir que o Sr. B. me ajude. Se eu me ativer a esse propósito, a esse desejo, serei capaz de consegui-lo. Por mais que esteja irritado, irei me lembrar desse desejo. Por mais furioso e descontrolado que me encontre, em um recôndito de minha mente irei me lembrar da tarefa a que me propus. Embora impotente para conter minha impaciência ou me fazer sentir desta ou daquela maneira com relação a ele, minha mente conseguirá se lembrar de minha meta. Digo a mim mesmo: "Você precisa dele. Não fique bravo. Não seja rude com ele". Pode até ser que eu venha a amaldiçoá-lo ou a bater nele, mas minha mente continuaria, mesmo assim, a me atormentar, lembrando-me de que eu não deveria reagir dessa forma.

É exatamente isso que qualquer um pode fazer ao desejar com seriedade não se identificar com sua essência. É isso que quer dizer "separar a mente da essência". Para um adulto sério — uma pessoa simples, comum, sem quaisquer poderes extraordinários, mas adulta —, a tarefa a que se decidir fazer, seja qual for, estará sempre em seus pensamentos. Mesmo que não consiga realizá-la na prática, sempre terá a tarefa em mente. Mesmo influenciado por outros fatores, sua mente não se esquecerá da meta traçada para si mesmo. Ele tem um dever a cumprir e, se for honesto, irá se esforçar para cumpri-lo, porque é um adulto.

Ninguém pode nos ajudar nessa recordação, nessa separação de si mesmo. O indivíduo precisa fazer isso por conta própria. Apenas então, a partir do momento em que tivermos essa separação, é que outra pessoa poderá nos ajudar. A única diferença entre a criança e o adulto está na mente. Tempo de vida não significa maturidade. A pessoa pode viver cem anos e manter-se criança. Pode crescer e ser criança ao mesmo tempo se, com a palavra "criança", entendemos alguém que não tem lógica independente em seu pensamento. A pessoa só pode ser chamada de "adulta" a partir do momento em que seu pensamento adquire essa qualidade.

Ao falarmos de mudança nos referimos à necessidade de mudança interior. O trabalho não requer nada externo, apenas interno. Externamente, o indivíduo deve ter um papel em tudo. Deve ser um ator. Do contrário, não atenderá às exigências da vida. Uma pessoa gosta de uma coisa; outra, de outra coisa. Se quisermos ser amigos de ambas e nos comportarmos apenas de um modo, uma delas não irá gostar — e vice-versa. Devemos nos comportar com cada uma do modo como elas gostam. Assim nossa vida será mais fácil. Por dentro, porém, deve ser diferente.

Do modo como as coisas estão, em especial nos nossos dias, cada um de nós "considera" de um modo totalmente mecânico. Reagimos a tudo que nos afeta a partir do interior. Obedecemos ordens. Ela é boazinha, eu sou bonzinho. Ela é rude, eu sou rude. Sou como ela quer que eu seja, apenas um títere. Mas ela também é um títere mecânico. Ela também obedece ordens mecanicamente e faz o que o outro deseja. Precisamos parar de reagir internamente. Se alguém é rude, não devemos reagir internamente. Quem controlar esse processo será mais livre. Isso é bem difícil.

TRABALHAR COM TRÊS CENTROS

Antes de nossa natureza ter sido arruinada, os quatro componentes de nossa analogia — cavalo, carruagem, condutor e mestre — eram um só. Tinham uma compreensão comum e trabalhavam, descansavam, comiam juntos, ao mesmo tempo. Mas a compreensão e a linguagem foram esquecidas. Agora cada componente tem vida separada, vive só, isolado do resto. Às vezes, seria preciso que trabalhassem juntos, mas isso é impossível. Uma parte quer uma coisa, outra quer outra coisa.

O propósito é restabelecer o que foi perdido, e não adquirir algo novo. Esse é o propósito do desenvolvimento. Para isso, precisamos aprender a distinguir essência de personalidade e a separá-las. Ao conseguirmos isso, saberemos o que e como mudar. Enquanto isso, temos apenas uma possibilidade — estudar. Somos fracos, somos dependentes — somos escravos. É difícil romper de uma só vez com todos os hábitos acumulados ao longo dos anos. Mais tarde será possível substituir certos hábitos por outros, embora estes também sejam mecânicos. O homem depende sempre de influências externas — mas algumas influências limitam, outras não.

Para começar, é necessário preparar as condições de trabalho. São muitas as condições. Atualmente podemos apenas observar e coletar materiais que serão úteis ao trabalho. Não podemos distinguir a origem de nossas manifestações — se a essência ou a personalidade. Mas, se olharmos com atenção, poderemos compreender isso mais tarde. Enquanto reunimos materiais, não podemos enxergar isso. É que normalmente temos apenas uma atenção, voltada ao que estamos fazendo. Nossa mente não vê nossos sentimentos, e vice-versa.

Cada animal trabalha segundo sua constituição. Um trabalha mais, outro menos, mas cada um trabalha tanto quanto lhe é natural. Nós, humanos, também trabalhamos, e entre nós há os mais capazes e os menos capazes. Quem trabalha como um boi é inútil, e quem não trabalha também é inútil. O valor do trabalho não está na quantidade, mas na qualidade.

Cada animal, como já foi dito, trabalha de acordo com o que ele é. Um animal — uma minhoca, digamos — trabalha de forma completamente mecânica. Nada se pode esperar dele, pois ele possui apenas um cérebro, um cérebro mecânico. Outro trabalha e se move apenas por sentimento — tal é a estrutura de seu cérebro. Um terceiro animal percebe somente o movimento, chamado de trabalho, por meio da mente. Nada mais se pode exigir dele porque ele não possui outro cérebro. Nada mais se pode esperar, pois a natureza o criou com esse tipo de cérebro. Assim, a qualidade do trabalho depende do cérebro ou dos cérebros existentes. Quando analisamos vários tipos de animais, descobrimos que há animais com um, com dois e com três cérebros.

O homem é um animal de três cérebros. Mas volta e meia o que tem três cérebros precisa trabalhar, digamos, cinco vezes mais do que o que tem dois cérebros. O homem foi criado de tal modo que dele se exige mais trabalho do que ele é capaz de produzir segundo sua constituição. Não é culpa do homem, mas da natureza. Seu trabalho só será de valor quando a dedicação a ele chegar nos limites extremos da possibilidade. Normalmente, o trabalho do homem requer a participação do sentimento e do pensamento. Trabalhar assim significa que sentimos o que estamos fazendo e pensamos na razão e no propósito, no modo como estamos fazendo, como esse trabalho tinha de ser feito ontem e hoje, como deveremos fazê-lo amanhã e como costuma ser melhor fazê-lo, se é que existe um modo melhor. Se trabalharmos corretamente, teremos sucesso na execução de um trabalho cada vez melhor. Mas, quando uma criatura de dois cérebros trabalha, não há diferença entre seu trabalho de ontem, de hoje e de amanhã.

É essencial trabalhar de modo diferente. Cada um precisa trabalhar por conta própria, os outros não podem fazer nada em nosso lugar. Se pudermos fazer, digamos, um cigarro da maneira correta, já saberemos como fazer um tapete. Todo o aparato necessário é dado ao homem para fazer tudo. Toda pessoa pode fazer o que quer que as outras possam fazer. Se uma pode, todas podem. Gênio, talento, isso é bobagem. O segredo é simples — fazer as coisas como um ser de três cérebros. Quem consegue pensar e fazer as coisas direito pode fazer qualquer coisa tão bem quanto outra que a esteve fazendo errado a vida toda. O que esta teve de aprender em dez anos, a recém-chegada aprende em dois ou três dias e depois faz melhor do que a que passou a vida fazendo essa coisa. Conheci pessoas que, antes de aprender, haviam trabalhado de maneira errada a vida toda, mas, depois que aprenderam, puderam realizar com facilidade trabalhos que nunca tinham visto antes, tanto os mais delicados quanto os mais rudes. O segredo é muito simples e fácil: precisamos aprender a trabalhar como um ser de três cérebros.

A essência do trabalho correto é que os centros do movimento, do sentimento e do pensamento devem trabalhar juntos para produzir ação. Há mil vezes mais valor até em encerar o chão do jeito como deve ser feito do que em escrever 25 livros. Mas, antes de começar a trabalhar com os três centros ao mesmo tempo, cada centro precisa ser preparado separadamente a fim de que possa haver concentração, lembrando que o processo consiste de três partes. O centro do movimento está mais ou menos adaptado, embora precise ser treinado para o trabalho com os demais. O segundo na ordem de dificuldade é o centro do pensamento, e o mais difícil de todos é o centro do sentimento. Mesmo que tenhamos sucesso em pequenas coisas com o centro do movimento, nem o centro do pensamento nem o do sentimento podem se concentrar. Orientar pensamentos em uma dada direção é uma concentração meramente mecânica, e não é essa a nossa meta. É importante saber como *não depender* das associações.

A principal causa de nossa maneira errônea de trabalhar é nosso desenvolvimento limitado, o fato de que não educamos nada além da mente. Sabemos como nos comportar com fulano ou com sicrano: "Bom dia. Como vai?". Mas apenas o condutor sabe disso. Sentado em seu banco, leu a respeito. No entanto o cavalo não tem educação alguma. Nunca foi à escola. Sequer aprendeu o alfabeto. Não conhece linguagem. O cavalo também era capaz de aprender, mas esquecemos de como fazê-lo. E ele, por isso, tornou-se um órfão abandonado. Apenas o condutor aprendeu. Conhece línguas, sabe onde fica a rua tal e tal. Mas não pode ir sozinho até lá. Se acharmos que o autoestudo irá ajudar e que seremos capazes de mudar, estaremos completamente enganados. Mesmo se lermos todos os livros, estudarmos por cem anos, dominarmos todo o conhecimento, todos os mistérios

— nada sairá disso. Pois todo esse conhecimento pertencerá apenas ao condutor. E ele, mesmo que conheça tudo isso, não poderá puxar a carruagem sem o cavalo — ela é muito pesada.

Quanto à carruagem, sua existência foi completamente esquecida. Mas ela também faz parte, e uma parte importante, da equipe. Tem vida própria, que é a base de nossa vida. Tem sua própria psicologia. Ela também pensa, tem fome, desejos, participa do trabalho comum. Ela também deveria ter sido educada, deveria ter frequentado a escola, mas nem seus pais, nem ninguém, preocuparam-se com isso. Originalmente, a carruagem foi concebida para uma cidade comum. Todas as partes mecânicas foram desenhadas para que ela se ajustasse à rua, inclusive suas pequenas engrenagens. A ideia era que as saliências da rua distribuíssem o óleo lubrificante por igual, lubrificando as partes. Mas isso foi calculado para determinada cidade, na qual as ruas não são muito lisas. Agora a cidade mudou, e o modelo da carruagem continua o mesmo. Ela foi feita para levar bagagem, mas hoje leva passageiros. E sempre percorre o mesmo tipo de rua, as avenidas largas. Algumas partes ficam enferrujadas por longa falta de uso. Se, às vezes, a carruagem precisa seguir uma rua diferente, quase sempre quebra e depois precisa passar por uma revisão mais ou menos séria. Depois pode voltar a correr em sua melhor forma pelas avenidas, mas após percorrer certas ruas precisa ser revisada. Toda carruagem tem seu próprio *ímpeto*, mas, de certo modo, podemos dizer que nossa carruagem o perdeu. E ela não pode trabalhar sem *ímpeto*.

Cada um de nós só deseja, e só pode desejar, com uma parte de nós mesmos. Mais uma vez, apenas com o condutor, pois ele leu algumas coisas, ouviu algumas coisas. Ele tem muita imaginação e chega a voar à lua em seus sonhos. Os que acham que podemos nos modificar estão muito enganados. Mudar alguma coisa por dentro é muito difícil. O que quer que saibamos, é o condutor que sabe. Todo nosso conhecimento é a mera manipulação da função pensamento. A mudança real é algo muito difícil, mais difícil do que achar um milhão de dólares na rua.

Temos um cavalo em nosso interior. Ele obedece a ordens vindas de fora. E nossa mente é fraca demais para fazer qualquer coisa por dentro. Mesmo que a mente dê a ordem de parar, nada irá parar interiormente. O que foi dito sobre mudança interior refere-se apenas à necessidade de mudança no cavalo. Se o cavalo mudar, poderemos mudar, mesmo externamente. Se o cavalo não mudar, tudo ficará como era, por mais que estudemos.

É fácil decidirmos mudar sentados em silêncio em nossa sala. Mas, assim que encontramos alguém, o cavalo escoiceia. O cavalo interior precisa mudar. Antes de qualquer coisa, precisamos compreender que não somos quem pensamos ser. Somos o cavalo. Se quisermos trabalhar, teremos de começar ensinando ao cavalo uma língua por meio da qual possamos conversar com ele, contando-lhe o que sabemos e mostrando-lhe a necessidade, digamos, de mudar sua disposição. Se conseguirmos isso, então, com nossa ajuda, o cavalo também começará a aprender. Mas a mudança só é possível por dentro.

AUTORRECORDAÇÃO

É impossível nos lembrarmos de nós mesmos. Isso porque queremos viver apenas pela mente. Mas o depósito de atenção da mente (como a carga elétrica de uma pilha) é muito pequeno. E nossas outras partes não têm vontade de se lembrar.

Na analogia do condutor, do cavalo e da carruagem, a mente é o condutor. Nossa mente deseja fazer algo, trabalhar de forma diferente daquela com que operava antes. Quer se lembrar de si mesma. Todos os interesses relacionados à mudança pessoal, à autotransformação, pertencem apenas ao condutor, ou seja, são puramente mentais. No que diz respeito ao sentimento e ao corpo, essas partes não estão nada interessadas em colocar a autorrecordação em prática. O mais importante, porém, é produzir mudança não na mente, mas nas partes que não estão interessadas. A mente pode mudar com muita facilidade. Mas a transformação não é obtida por meio da mente; se ocorrer por meio dela, será inútil.

Portanto, precisamos ensinar, e aprender, não por meio da mente, mas do sentimento e do corpo. Ao mesmo tempo, o sentimento e o corpo não possuem nem a linguagem nem a compreensão de que dispomos. Não compreendem nem o russo, nem o inglês. O cavalo não precisa compreender a língua do condutor, nem a carruagem a do cavalo. Se o condutor disser em inglês "Vire à direita", nada irá acontecer. O cavalo compreende a linguagem das rédeas e só irá virar à direita em obediência às rédeas. Ou, se for outro cavalo, talvez ele vire sem rédeas caso seja esfregado em um lugar de costume — assim como são treinados os jumentos na Pérsia. A mesma coisa acontece com a carruagem: ela tem sua própria estrutura. Se os eixos viram para a direita, as rodas traseiras vão para a esquerda. Mais um movimento, e as rodas vão para a direita. Isso acontece porque a carruagem compreende apenas esse tipo de movimento e reage a ele à sua maneira. Assim, o condutor precisa conhecer as características e os pontos fracos da carruagem. Somente assim poderá conduzi-la na direção desejada. Mas, se ficar simplesmente sentado em seu banco e disser na sua própria língua "vá para a direita" ou "vá para a esquerda", o conjunto não irá se mexer, mesmo que ele fique gritando durante um ano.

Somos uma réplica exata desse conjunto. Isolada, a mente não pode ser chamada de *homem*, assim como um condutor sentado à mesa de um bar não pode ser chamado de condutor no cumprimento de sua função. Nossa mente é como um motorista profissional que permanece sentado em um bar ou em casa e sonha que está levando passageiros a vários lugares. Assim como sua divagação não é uma viagem de verdade, apenas tentar trabalhar com a mente não irá levar a lugar algum. Só nos tornaremos criadores de teorias, como lunáticos.

O poder para mudarmos a nós mesmos não está na mente, mas no corpo e no sentimento. Infelizmente, porém, nosso corpo e nosso sentimento são constituídos de tal maneira que não ligam a mínima para nada, desde que estejam felizes. Vivem apenas para o momento presente e têm memória curta. Apenas a mente vive para o amanhã. Cada parte tem sua própria virtude ou mérito. O da mente é olhar para a frente. Mas apenas as outras duas podem "fazer".

Até agora, a maior parte de nossos desejos e anseios foi acidental, surgindo e existindo apenas na mente. Em nossa mente, surgiu acidentalmente o desejo de realizar alguma coisa, de mudar alguma coisa. Mas ele só existiu na mente, e nada mudou. Apenas uma ideia básica surge na cabeça, e cada um de nós permanece como era antes. Mesmo se trabalharmos dez anos com a mente, se estudarmos dia e noite, nos lembrarmos de nós mesmos na mente e nos esforçarmos, nada faremos de útil ou real. É que na mente não há nada para mudar. O que precisa mudar é a disposição do cavalo. O desejo precisa estar no cavalo, e a habilidade, a capacidade, na carruagem.

Ao dizer "nos lembrarmos de nós mesmos", estamos nos referindo a nós. Mas nós — nosso "eu" — significa nosso sentimento, nosso corpo e nossa sensação. Nós mesmos não somos nossa mente nem nosso pensamento. Nossa mente é apenas uma pequena parte de nós. É claro que essa parte está relacionada, está conectada a nós mesmos, mas essa é só uma pequena relação; muito pouco material é alocado a ela por nossa organização interna. Digamos que se nosso corpo e nosso sentimento recebem, para sua existência, a energia e os diversos elementos necessários na proporção de vinte partes, nossa mente recebe apenas uma parte. Nossa atenção é o produto desses elementos, desse material. Cada uma de nossas partes tem sua própria atenção; sua duração e seu poder são proporcionais ao material recebido. A parte que recebe mais material recebe mais atenção.

Como a mente é alimentada com menos material, sua atenção — isto é, sua capacidade de se recordar — é curta e funciona somente enquanto há material. De fato, se desejarmos e continuarmos a desejar nos lembrarmos de nós mesmos apenas com a mente, não seremos capazes de nos lembrar por um tempo superior ao permitido por esse material, por mais que tenhamos sonhado com isso ou desejado isso, independentemente das medidas que tenhamos tomado. Quando esse material acabar, nossa atenção desaparecerá. É exatamente como um acumulador voltado à iluminação. Ele mantém uma lâmpada acesa enquanto estiver carregado. Quando a energia acabar, porém, a lâmpada não irá mais se acender, mesmo que esteja funcionando e que a fiação esteja em bom estado. A luz da lâmpada é nossa capacidade de recordação. Isso explica por que não conseguimos nos lembrar mais de nós mesmos. E, de fato, não conseguimos, porque essa capacidade específica é curta e sempre o será. É para ser assim. É impossível instalar um acumulador maior ou dar-lhe mais energia do que ele consegue guardar.

Entretanto, é possível aumentar nossa autorrecordação ao trazer outras partes com seus próprios acumuladores e fazer com que participem do trabalho geral. Se conseguirmos isso, todas as nossas partes irão se ajudar mutuamente no intuito de manter a iluminação geral. Como temos confiança em nossa mente, e nossa mente tem concluído que é boa e necessária a nossas outras partes, devemos fazer o possível para despertar o interesse dessas outras partes, convencendo-as de que o resultado almejado é útil e necessário para elas também.

Precisamos admitir que essas outras partes — a maior parte de nosso "eu" total — não estão nem um pouco interessadas em autorrecordação. Mais do que isso, elas nem sequer suspeitam da existência desse desejo em sua irmã, a mente. Logo, temos de tentar fazer com que conheçam esse desejo. Caso se sintam impelidas a agir nessa direção, teremos feito metade do trabalho. Poderemos começar a ensiná-las e a ajudá-las. Infelizmente, não podemos falar com elas de forma inteligente logo de cara, pois, em função de sua má formação escolar, o cavalo e a carruagem não conhecem nenhuma língua adequada a uma pessoa educada. Sua vida e seu pensamento são instintivos, como nos animais, e por isso é impossível provar de modo lógico qual será seu lucro futuro ou fazê-las ver suas possibilidades. A lógica e o bom senso não lhe são estranhos, mas elas não receberam educação. Por isso essas capacidades se degeneraram, e suas próprias qualidades se entorpeceram e atrofiaram. Contudo, graças à sua natureza original, essa condição não é irreversível. É possível restaurar essas partes à sua condição original destruindo os resultados, já cristalizados, dos hábitos degenerados. Antes de começar um novo trabalho, é necessário corrigir os velhos pecados.

Queremos nos lembrar de nós mesmos pelo maior período possível. Mas nos esquecemos rapidamente da tarefa a que nos propusemos, pois nossa mente tem pouquíssimas associações com ela. Outras associações envolvem as conectadas com a autorrecordação. Nossas associações ocorrem no aparato formativo graças a choques que ele recebe dos centros. Cada choque tem associações com um caráter específico, cuja força depende do material que as produz. Se o centro de pensamento produz associações de autorrecordação, associações de outra natureza que chegam, provenientes de outras partes e que nada têm a ver com a autorrecordação, absorvem essas associações desejáveis. Nosso problema é levar nossas outras partes até um ponto no qual nosso centro do pensamento seja capaz de prolongar pelo maior tempo possível o estado de autorrecordação sem exaurir a energia de maneira imediata.

Deve ser dito que nossa autorrecordação, por mais plena e íntegra que talvez seja, pode ser de dois tipos: consciente ou mecânica — a recordação consciente de si mesma ou a recordação de si mesma por meio de associações. A autorrecordação mecânica — isto é, associativa — não produz lucro essencial, mas tem imenso valor no começo, quando procuramos artificialmente a participação de todos os três centros. No caso de nossos pensamentos, isso é feito mediante conversas, palestras, e assim por diante. Se, por exemplo, nada for dito, nada será evocado. Dizemos que é "artificial" porque não nascemos com esses pensamentos; eles não são naturais, não respondem a uma necessidade orgânica. E, se os pensamentos são artificiais, então podemos criar sensações — também artificiais — para esse propósito. A sensação mais simples e mais acessível pode ser obtida por meio de posturas desconfortáveis. Podemos, por exemplo, assumir uma posição com a qual não estamos acostumados, nos sentando como nunca sentamos antes. Por alguns instantes ficamos bem, mas depois de algum tempo começamos a sentir dor. Uma sensação estranha e pouco comum sobe pelas pernas. O tempo todo sentimos a necessidade de nos mexer, de movermos as pernas no intuito de mudar a posição desconfortável. Mas, no presente, propusemo-nos a tolerar a dor, a manter o corpo todo nessa posição, sem que nada se mova, exceto a cabeça. Nesse momento, queremos nos esquecer da autorrecordação e concentrar toda a nossa atenção, todo o nosso pensamento, em não nos permitir mudar de posição automática ou inconscientemente.

Bem, quando começamos a ter sensações desagradáveis no corpo, sobretudo em certos lugares, começamos a pensar com nossa mente: "Eu desejo. Desejo muito ser capaz de me lembrar de mim com frequência. Eu desejo! Você — sou eu, é o meu corpo". Dizemos a nosso corpo: "Você. Você — eu. Você também sou eu. Eu desejo!". As sensações que o corpo está tendo — e todas as sensações similares —, desejamos que elas nos lembrem. "Quero me lembrar. Quero me lembrar com frequência". Todas essas sensações irão nos lembrar.

Em um dado momento, voltamos ao desejo de nos lembrarmos de nós mesmos. E nos lembramos graças à mente. Perguntamo-nos: "Será que também me lembro por meio das sensações?". Com efeito, vemos que pelas sensações não nos lembramos de nós mesmos. Assim, assumimos uma postura específica e pronunciamos estas palavras: *"Eu quero me lembrar de mim mesmo"*.

Ao pronunciarmos a palavra *"Eu"*, temos uma sensação puramente subjetiva na cabeça, no peito ou nas costas, de acordo com o estado em que nos encontrarmos nesse momento. Não devemos dizer "eu" mecanicamente, como uma palavra, mas percebendo em nós mesmos sua ressonância. Isso significa que, ao dizer "eu", devemos "ouvir" com atenção a sensação interior e observar, no intuito de não dizer mais a palavra "eu" de modo automático, por mais que a digamos.

A segunda palavra é *"quero"*. Ao pronunciá-la, sentimos a vibração que nos ocorre com o corpo todo.

"Me lembrar." Cada pessoa, ao se lembrar de algo, tem um processo no meio do peito que mal é percebido.

"De mim mesmo." Ao dizer "de mim mesmo", estamos nos referindo a todo o nosso eu. Em geral, quando dizemos as palavras "de mim mesmo", costumamos

entendê-las como um pensamento, um sentimento ou o corpo. Agora precisamos entendê-las como um todo, a atmosfera, o corpo e tudo o que há nele.

Cada um dos quatro elementos, em si, tem sua própria natureza e seu próprio lugar de ressonância. Se os quatro ressoassem em um mesmo lugar, nunca seria possível a todos ressoarem com a mesma intensidade. Nossos centros são como acumuladores ou baterias dos quais a corrente flui durante certo tempo caso apertemos um botão. Depois ela para de fluir, e o botão precisa ser liberado para que a bateria se encha de eletricidade. Porém, em nossos centros, os quais produzem ressonância quando pronunciamos cada um dos quatro elementos, o gasto de energia é mais rápido do que o de uma bateria. Eles precisam de repouso em turnos a fim de poderem reagir — como campainhas, cada uma com sua própria bateria. Enquanto dizemos "eu", uma campainha responde; ao dizermos "quero", outra campainha; "me lembrar", uma terceira; "de mim mesmo", a campainha geral.

Cada centro tem seu próprio acumulador de energia. Uma característica comum a todos nós é que os acumuladores de nossos centros só são preenchidos com energia quando esta é gasta, a fim de que não reste neles energia além daquela sendo despendida. Ao mesmo tempo, nossa máquina tem um acumulador geral, independente dos acumuladores pertencentes aos centros. A energia nesse acumulador geral é produzida apenas quando todos os acumuladores trabalham um após o outro, em uma combinação definida. Com isso, o acumulador geral é carregado. Nesse caso, o acumulador geral torna-se um acumulador no sentido pleno da palavra, pois reúne e armazena energia de reserva nos momentos em que certa energia não está sendo gasta.

É possível prolongar a memória da autorrecordação ao fazer com que a energia que temos dure mais, puxando a energia diretamente do acumulador geral. Embora o centro do pensamento só consiga ter acesso a seu acumulador menor, podemos conseguir uma conexão com o acumulador geral por meio do centro do sentimento. O sentimento é muito mais perceptivo e sutil do que o pensamento, sobretudo pelo fato de seu aparato formativo ser a única parte que funciona. Isso explica por que tantas coisas são quase inacessíveis ao centro do pensamento. Se quisermos conhecer e compreender melhor, devemos lembrar que esse novo conhecimento e essa nova compreensão virão por meio do sentimento. Nossa meta deve ser o desenvolvimento da atividade do centro do sentimento.

IX

RUMO À LIBERTAÇÃO

DOIS RIOS

Será útil comparar a vida humana em geral com um grande rio que brota de diversas fontes e que, após a divisão das águas, flui em duas correntes distintas. E podemos comparar a vida de qualquer pessoa com uma das gotas de água que compõem esse rio da vida.

Por conta do número exagerado de pessoas, foi estabelecido pela Grande Natureza — objetivando a compreensão comum de tudo que existe — que, de modo geral, a vida humana na Terra deve fluir em duas correntes e que cada gota deve ter a possibilidade, no local onde as águas se dividem, de entrar em uma ou em outra corrente. Logo, na vida da humanidade há duas direções: ativa e passiva. As leis são as mesmas em toda parte. Segundo tais leis, essas duas correntes se encontram de modo contínuo, ora entrecruzando-se, ora correndo em paralelo. Mas nunca se misturam. Elas se apoiam mutuamente e são indispensáveis uma à outra. Sempre foi assim e sempre será.

A vida das pessoas comuns, consideradas em conjunto, pode ser imaginada como um desses rios, um rio no qual cada vida, seja de uma pessoa, seja de qualquer outro ser vivo, é representada por uma gota, e a corrente em si é um elo da corrente cósmica. De acordo com as leis cósmicas gerais, o rio flui em uma direção fixa. Todas as suas curvas, todas as suas dobras, todas essas mudanças têm um propósito definido. Nesse propósito, cada gota tem seu papel como parte do rio, mas a lei do rio como um todo não se estende a cada gota. As mudanças de posição, de movimento e de direção das gotas são completamente acidentais. Em dado momento uma gota está aqui; no seguinte, está ali. Agora está na superfície; agora foi para o fundo. Acidentalmente ela sobe, acidentalmente colide com outra gota e desce. Então se move depressa; agora, lentamente. Se sua vida é fácil ou difícil, isso dependerá de onde ela estiver. Não há uma lei individual para ela, não há um destino pessoal. Apenas o rio como um todo tem um destino, que é comum a todas as gotas. Em sua corrente, a tristeza e a alegria, a felicidade e o sofrimento pessoais são acidentais.

Mas a gota tem, em princípio, a possibilidade de escapar dessa corrente geral e de pular para o outro rio, seu vizinho. Isso também é uma lei da Natureza. Para isso, porém, a gota precisa saber como usar os choques acidentais e o ímpeto do rio como um todo, a fim de poder chegar à superfície e ficar mais próxima da margem, nesses lugares onde fica mais fácil pular. Ela precisa escolher não apenas o lugar certo como o momento certo, usar os ventos, correntes e tormentas. Além disso, a gota ainda tem a chance de se levantar com a espuma e pular para o outro rio.

Desde o instante em que chega ao outro rio, a gota se encontra em um mundo diferente, em uma vida diferente, e portanto segue leis diferentes. Nesse segundo rio, existe uma lei para as gotas — a lei da progressão alternada. A gota vai ao alto ou ao fundo e, dessa vez, não por acidente, mas por força de lei. Ao subir à superfície, a gota torna-se lentamente mais pesada e afunda. Lá embaixo, perde peso e sobe outra vez. Flutuar na superfície é bom para ela; ficar lá embaixo é ruim. Muito irá depender da habilidade e do esforço. Nesse segundo rio, há correntes diferentes, e é preciso entrar na corrente exigida. A gota precisa flutuar na superfície pelo tempo necessário para se preparar, para conquistar a possibilidade de passar a uma corrente diferente, e assim por diante.

Mas estamos no primeiro rio, a corrente passiva da humanidade comum. Enquanto estivermos nele, esse rio irá nos levar aonde quer que possa estar indo. Enquanto ficarmos passivos, seremos empurrados e estaremos à mercê de qualquer acidente. Seremos escravos desses acidentes. Ao mesmo tempo, a Natureza nos deu a possibilidade de escapar dessa escravidão. Portanto, quando falamos de libertação, estamos falando precisamente de ir a outro rio, a outra corrente. Claro que não é tão simples assim — não podemos fazê-lo apenas porque queremos. É preciso um desejo forte e uma longa preparação. Temos de passar pela experiência de nos identificarmos com todas as atrações do primeiro rio. Depois, precisamos morrer para esse rio. Todas as religiões falam dessa morte: "A menos que morramos, não poderemos tornar a nascer".

Isso não significa a morte física. Dessa morte, não é necessário nascer novamente, pois, se existe uma alma, e ela é imortal, ela pode prosseguir sem o corpo, cuja perda chamamos de morte. E a razão para tornarmos a nos erguer não é para aparecer diante do Senhor Deus no dia do juízo, como ensinam os fundadores da Igreja. Não. Cristo e os outros falam da morte que pode acontecer em vida, a morte do tirano de quem provém nossa escravidão, a morte que é uma condição necessária para a primeira e principal libertação do homem.

Se fôssemos privados de nossas ilusões e de tudo que nos impede de enxergar a realidade — se fôssemos privados de nossos interesses, preocupações, expectativas e esperanças —, todos os nossos esforços ruiriam por terra. Tudo se tornaria vazio e restaria apenas um ser vazio, um corpo vazio, vivo apenas em termos fisiológicos. Essa seria a morte do "eu", a morte de tudo aquilo de que ele consiste, a destruição de tudo que é falso e que foi reunido mediante a ignorância ou a inexperiência. Tudo isso restaria em nós apenas como material, mas sujeito à seleção. Então seríamos capazes de escolher por nossa conta, em vez de receber algo imposto pelos outros. Faríamos escolhas conscientes.

A questão dos dois rios refere-se à essência, assim como todas as coisas reais. A possibilidade de fazer a travessia até o outro rio depende do desejo, de uma vontade forte e especial — o desejo com a essência, não com a personalidade. Nossa essência é permanente. Nossa personalidade é nossa educação, nossas ideias, nossas crenças — coisas produzidas pelas condições de nossa formação. Em nossa essência não temos quase nada, pois, desde a época em que éramos bebês, não absorvemos quase nada. Logo, precisamos focar na possibilidade de desejar, de ter vontade, e isso só pode ser feito por uma pessoa que compreende sua insignificância. Precisamos reavaliar nossos valores, o que precisa ser feito com base em uma necessidade real. Não podemos fazer essa reavaliação sozinhos.

Cada um de nós precisa decidir: o Caminho é necessário para mim ou não? Se pudermos ser sinceros, esses valores poderão provocar mudanças. Até o preparo da mente produz resultados. Mas existe um risco. Apesar de a mente mudar a cada dia, nossa essência permanece a mesma. Ocasionalmente, podemos sentir, com nossa essência, algo muito ruim para nós ou para nossa paz de espírito. Já sentimos o gosto de algo que, mesmo esquecido, pode voltar. Se a impressão for muito forte, nossas associações ficarão nos lembrando, e, se for intensa, ficaremos metade em um lugar e metade em outro. E nunca nos sentiremos confortáveis. Isso é bom apenas se a pessoa tem a possibilidade real de mudar e a chance de mudar.

As pessoas podem se sentir muito infelizes — nem peixe, nem carne, nem arenque. É um risco sério. Antes de pensarmos em mudar de poltrona, será prudente pensar com cuidado e analisar bem os dois tipos de assento. Feliz é a pessoa que se senta em sua cadeira comum. Mil vezes mais feliz é a pessoa que se senta na cadeira dos anjos, mas miserável é o que não tem cadeira. Cada um precisa decidir — vale a pena? Agora nossa consciência é relativa, mas, quando mudarmos nossos valores, teremos de parar de mentir para nós mesmos. Depois de vermos uma coisa, fica bem mais fácil ver outra e mais difícil fechar os olhos. Ou paramos de olhar ou nos dispomos a correr riscos.

SOFRIMENTO VOLUNTÁRIO

A analogia da carruagem puxada a cavalo inclui três conexões entre os quatro componentes: a "compreensão do condutor", que o une ao mestre; as "rédeas", que o ligam ao cavalo; e os "varais" e os "arreios", os quais ligam o cavalo à carruagem. Se faltar algo nessas conexões, o conjunto não poderá agir como um todo unificado. Portanto, as conexões são tão importantes quanto os "corpos" representados pela carruagem, pelo cavalo, pelo condutor e pelo mestre. O trabalho com nós mesmos acarreta um trabalho simultâneo nos "corpos" e nas "conexões", embora sejam trabalhos de outro tipo. Os corpos e as conexões podem ser ilustrados da seguinte maneira:

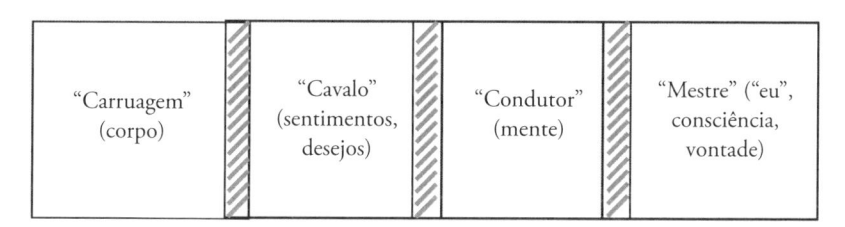

"Carruagem" (corpo)	"Cavalo" (sentimentos, desejos)	"Condutor" (mente)	"Mestre" ("eu", consciência, vontade)

Às vezes acontece de os corpos estarem desenvolvidos e funcionando, mas as conexões não. Nesse caso, de que adianta toda essa organização? Assim como a pessoa cujos corpos não se desenvolveram, a organização toda acabará sendo controlada *de baixo para cima*, isto é, não pela vontade do mestre, mas por acidente. Como vimos, porém, uma coisa é trabalhar com os corpos, o condutor, o cavalo e a carruagem; trabalhar com as "conexões" é algo completamente diferente.

Quando a pessoa tem apenas um corpo físico, ele é ativo, e tudo o mais é passivo. Em uma pessoa com dois corpos, o segundo funciona ativamente em relação ao corpo físico, o qual permite que a consciência do "corpo astral" controle o corpo físico. Em uma pessoa com três corpos, o terceiro corpo, o "mental", funciona de modo ativo em relação ao "corpo astral" e ao corpo físico, o que permite à consciência do "corpo mental" controlar tanto o "corpo astral" quanto o corpo físico. Em uma pessoa com quatro corpos, o corpo ativo é o quarto, e isso significa que a consciência do quarto corpo tem controle completo sobre os corpos "mental", "astral" e físico. Os relacionamentos, no caso de um só corpo e no de vários corpos, podem ser ilustrados por símbolos, com o "mais" (+) indicando ativo e o "menos" (-) indicando passivo nos diagramas acima.

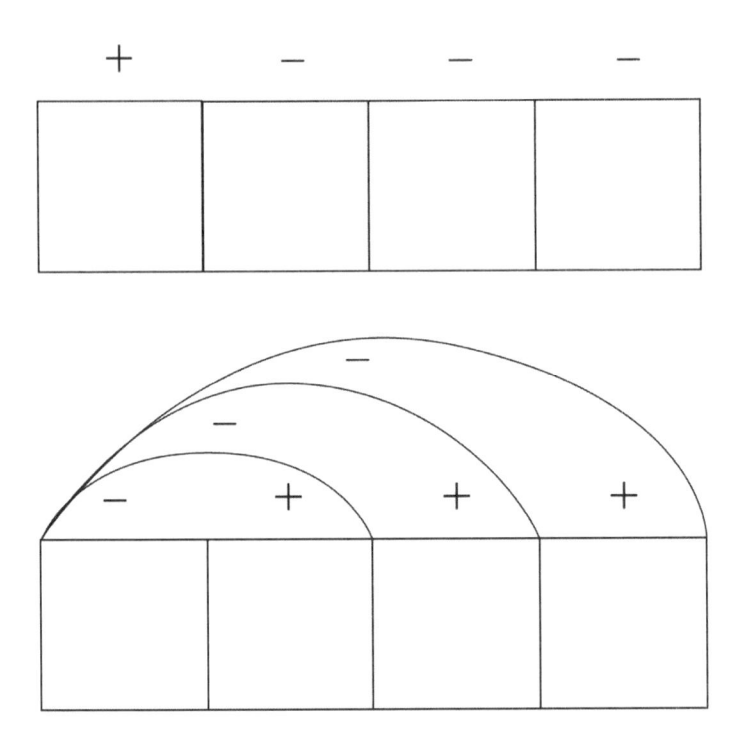

Como podemos ver, essas quatro estruturas são bem diferentes dependendo dos corpos envolvidos. Mas a mesma ordem de relacionamento entre as funções é possível em uma pessoa que tenha apenas o corpo físico. As funções físicas podem controlar sentimento, pensamento e consciência; o sentimento pode controlar as funções físicas; o pensamento pode controlar as funções físicas e o sentimento; ou a *consciência* pode controlar as funções físicas, o sentimento e o pensamento.

A possibilidade de mudança interior depende do cavalo. Logo, deveríamos começar a ensinar uma nova língua ao cavalo, preparando-o para o desejo de mudança. O cavalo e o condutor estão ligados pelas rédeas. Às vezes, o condutor não pode dar ordens ao cavalo porque nossas "rédeas", que não são feitas de couro, têm a capacidade de ficar ora mais grossas, ora mais finas. Quando ficam mais finas, o condutor não consegue controlar o cavalo. A mesma situação se dá entre o cavalo e a carruagem, isto é, a conexão dos "varais".

Temos em nós algo como o magnetismo, que consiste não só de uma, mas de várias substâncias formadas enquanto a máquina está em funcionamento. Quando a máquina funciona mecanicamente, uma primeira substância é formada. Quando trabalhamos com o subconsciente, produz-se outro tipo de substância. E quando trabalhamos conscientemente, produz-se um terceiro tipo de substância. Em relação às conexões entre nossos centros, a primeira substância corresponde aos "varais"; a segunda, às "rédeas"; e a terceira, à substância que permite ao condutor ouvir o passageiro, lembrando que o som não consegue se propagar no vácuo.

O mestre da carruagem é o "eu", desde que tenhamos um "eu". Se não tivermos, sempre haverá um passageiro eventual sentado na carruagem, dando ordens ao condutor. Entre o passageiro e o condutor, há uma substância que permite ao condutor escutá-lo. A presença ou a ausência dessas substâncias depende de muitos fatores acidentais. Se a substância necessária tiver sido acumulada, o passageiro poderá dar ordens ao condutor. Mas talvez o condutor não consiga fazer o cavalo obedecer, e assim por diante. Às vezes, podemos; outras não. Depende da quantidade de substância. Amanhã poderemos, hoje não podemos. Essa substância é o resultado de muitas coisas.

Uma dessas substâncias é formada quando sofremos. Novamente aqui, a Lei de Três atua. Entre os princípios positivo e negativo deve haver atrito, sofrimento. É o sofrimento que leva ao terceiro princípio. Quando somos passivos, o sofrimento e os resultados ocorrem fora, e não dentro de nós. Isso é cem vezes mais fácil, mas o resultado interior é obtido apenas quando tudo ocorre dentro de nós. Essa lei está em toda parte e em tudo, inclusive, por exemplo, em conversas. Quando as pessoas falam, uma afirma e a outra nega. Caso não discutam, nada virá dessas afirmações e negações. Se discutirem, um novo resultado é produzido, isto é, um novo conceito, diferente do conceito da pessoa que afirmou ou da que negou. Logo, não podemos dizer que nossas conversas anteriores nunca produziram resultados. Houve um resultado, mas não para nós, só para alguma coisa ou alguém fora de nós. Se quisermos ter resultados próprios, teremos de levar essa lei para nosso interior, para nós mesmos. Nesse sentido, teremos de mudar o campo de ação dessa lei. O que fizemos até agora ao afirmar, negar e discutir com terceiros precisamos fazer em nosso íntimo, a fim de que os resultados obtidos sejam subjetivos.

Somente o confronto pode produzir um resultado. Sempre que há um elemento ativo, há um elemento passivo. Se acreditamos em Deus, também acreditamos no diabo. Isso não tem valor nenhum. Sermos bons ou maus não vale nada. Apenas o confronto entre dois lados tem valor. A cada momento pode haver um conflito em nós, mas nunca nos vemos. Ao começarmos a olhar para dentro de nós, veremos. Se tentarmos fazer algo que não queremos, iremos sofrer. Se quisermos fazer alguma coisa e não a fizermos, também sofreremos. Há vários tipos de sofrimento. Queremos, por exemplo, dizer alguma coisa, mas achamos melhor não dizer nada. Um lado quer falar, e o outro quer ficar em silêncio. O conflito produz uma substância que se armazena em determinado lugar. Apenas quando uma grande quantidade estiver acumulada é que algo novo poderá se manifestar.

Mas o sofrimento inconsciente não produz resultados: veja-se o caso de quem não tem dinheiro para comprar pão e sofre com a fome. Se temos um pouco de pão e não o comemos, é melhor. Ao mesmo tempo, se sofrermos com um centro, seja o do pensamento, seja o do sentimento, iremos enlouquecer, teremos de ir para um manicômio. O sofrimento deve ser harmonioso, com uma correspondência entre o fino e o grosseiro.

Todos têm aversão ao sofrimento. Todos querem ficar quietos, escolher o que é mais fácil, menos perturbador, tentando não pensar muito. Às vezes somos ativos; às vezes, passivos. Uma hora somos ativos; em outra, passivos. Quando somos ativos, nos desgastamos. Quando somos passivos, descansamos. Mas, quando tudo está dentro de nós, não conseguimos descansar. A lei sempre atua. E sofremos sempre que não estamos mecanicamente quietos.

Nos dois rios, o sofrimento depende da posição de cada gota, que em um instante acha-se na superfície e, no outro, no fundo. No primeiro rio, o sofrimento é completamente inútil, pois é acidental e inconsciente. No segundo rio, porém, o sofrimento pode ser voluntário, e então vigora a lei da redenção. Hoje a gota sofre porque ontem não sofreu o suficiente. A gota também pode sofrer de antemão. Mais cedo ou mais tarde, tudo se acerta. Em vez de sofrer simplesmente porque se sente triste, a pessoa pode sofrer por ontem e preparar-se para amanhã. Apenas o sofrimento voluntário tem valor.

A PRIMEIRA LIBERTAÇÃO

Libertação leva à libertação. Essas são as primeiras palavras da verdade — não a verdade entre aspas, mas a verdade no sentido genuíno da palavra. Trata-se de uma verdade que não é meramente teórica, não é apenas uma palavra, mas uma verdade que pode ser constatada na prática. Precisamos compreender o significado por trás dessas palavras.

Por libertação entende-se a libertação que é a meta de todas as escolas, de todas as religiões, em todos os tempos. Essa libertação pode ser bem grande. Todos a desejam e a almejam. Mas ela não pode ser atingida sem a primeira libertação, uma libertação menor. A grande libertação é a libertação das influências externas a nós. A libertação menor é a libertação das influências em nosso íntimo.

Influências internas e escravidão interna provêm de muitas fontes variadas e de fatores independentes — independentes porque às vezes são uma coisa e outras vezes são outra, pois temos muitos inimigos. São tantos que a vida não seria longa o suficiente para enfrentarmos cada um deles diretamente, livrando-nos de um por um separadamente. Por isso precisamos encontrar um método, uma linha de trabalho, que nos permita, ao mesmo tempo, destruir o maior número possível de inimigos em nós, dos quais provêm essas influências. Precisamos lidar com eles indiretamente a fim de podermos nos livrar de vários ao mesmo tempo.

Os principais inimigos, e também os mais ativos, são a vaidade e o amor-próprio. Um ensinamento chega a chamá-los de representantes e mensageiros do próprio demônio. Por algum motivo, eles também são chamados de Sra. Vaidade e Sr. Amor-Próprio. Esses representantes do demônio montam guarda incessantemente no limiar que nos separa do exterior e impedem a entrada não apenas das boas influências, como também das más. Portanto, têm um lado bom e um ruim.

Para a pessoa que deseja selecionar as influências que recebe, é uma vantagem ter esses vigias. Mas se ela quiser que todas as influências entrem, não importa quais — pois é impossível selecionar apenas as boas —, então ela precisa se libertar o máximo que puder e acabar por se livrar desses vigias, os quais são considerados indesejáveis por alguns.

Há muitos métodos e um grande número de meios para nos libertarmos. Pessoalmente, eu aconselharia tentar a libertação sem teorias desnecessárias, por meio de um simples raciocínio íntimo. Isso é possível com um raciocínio ativo. No entanto, se a pessoa não conseguir, se esse método falhar, não haverá outra maneira de prosseguir.

Tome como exemplo o amor-próprio, que ocupa quase metade de nosso tempo e de nossa vida. Se alguém, ou alguma coisa, fere nosso amor-próprio a partir do exterior, então não apenas naquele momento, mas por um bom tempo, esse sentimento fecha todas as portas e, por isso, isola nossa vida. Se vivo apenas em meu íntimo, isso não é vida. Mas todos vivem assim.

Imaginemos, por exemplo, que estou em uma reunião com duas pessoas, as quais chamarei de M. e K. Moramos juntos. M. diz que sou tolo — fico ofendido. K. me olha com desdém — fico ofendido. Analiso. Fico magoado, não me acalmo nem me recomponho por um bom tempo.

Todo mundo é afetado dessa forma. Passamos o tempo todo por experiências similares. Uma experiência se esvai, mas, assim que isso acontece, não tarda para que outra da mesma natureza comece. Nossa máquina é disposta de tal forma que não há lugares separados onde coisas diferentes podem ser vivenciadas simultaneamente. Temos apenas um lugar para nossas experiências psíquicas. Por isso, se esse lugar está ocupado por experiências como essas, não pode haver dúvidas de que teremos as experiências que desejamos. E se imaginamos que certas metas ou libertações nos proporcionarão certas experiências, não o farão caso as coisas permaneçam como estão.

Entretanto, vivo quando estou conectado com o mundo exterior. E, quando me examino, conecto-me com o exterior. Assim, dedico-me a um raciocínio diferente, mais ativo. M. me chamou de tolo. Por que devo me sentir ofendido? Esse tipo de coisa não me fere, por isso não devo me ofender. Isso não acontece graças a uma falta de amor-próprio. Talvez eu tenha mais amor-próprio do que qualquer pessoa. Talvez não me sinta ofendido por causa desse amor-próprio.

Penso, raciocino, de modo exatamente contrário ao habitual. Ele me chamou de tolo. Será que ele é mesmo sábio? Talvez seja tolo ou lunático. Não podemos exigir sabedoria de uma criança. Não posso esperar sabedoria dele. Seu raciocínio foi tolo. Alguém lhe disse algo a meu respeito ou ele formou sua própria e tola opinião de que eu sou tolo. Pior para ele. Sei que não sou tolo e, por isso, não me ofendo. Se um tolo me chama de tolo, não me sinto ofendido em meu íntimo. Mas se, em uma dada ocasião, fui tolo e me chamaram de tolo, não me magoo, porque minha tarefa não é ser tolo. Presumo que seja assim para todos. Portanto, ele me lembra, ajuda-me a perceber que sou um tolo e que agi de modo tolo. Devo pensar nisso e talvez não aja como um tolo da próxima vez. Logo, de qualquer maneira, não me magoo.

K. me olhou com desdém. Isso não me ofende. Diferentemente, sinto pena dele por causa do olhar maldoso que me lançou. Pois um olhar maldoso deve ter uma razão. Será que ele tem uma razão? Eu me conheço. Pelo que me conheço, posso emitir juízos. É provável que alguém lhe tenha dito algo que o fez formar uma opinião ruim a meu respeito. Fico com pena dele, porque ele é um escravo que me vê por olhos alheios. Isso prova que ele não representa uma preocupação para mim. É um escravo e, por isso, não pode me ferir.

Tudo isso serve como exemplo de raciocínio. Na verdade, o segredo e a causa de todas essas coisas estão no fato de que não sabemos o que somos e, por isso, não temos um amor-próprio autêntico. Com efeito, o amor-próprio é uma coisa muito boa. Embora o amor-próprio, entendido de forma geral como egoísmo, seja repreensível, o verdadeiro amor-próprio é desejável e necessário. O verdadeiro amor-próprio — o qual, infelizmente, não possuímos — é um sinal de que nos valorizamos bastante. Se uma pessoa tem esse amor-próprio, ele prova o que ela é.

Como dito antes, o amor-próprio é um representante do demônio. É nosso principal inimigo, o maior freio a nossas aspirações e nossas realizações. É a principal arma do representante do inferno. Ao mesmo tempo, o amor-próprio é um atributo da alma. Por meio do amor-próprio podemos discernir o espírito. O amor-próprio indica e prova que determinada pessoa é uma partícula do céu. O amor-próprio é o eu — eu sou Deus. Portanto, é desejável ter amor-próprio. O amor-próprio é o inferno e o amor-próprio é o céu. Esses dois, tendo o mesmo nome, são semelhantes externamente, mas diferentes e opostos um ao outro em essência. Se analisarmos de maneira superficial, porém, poderemos olhar a vida toda sem jamais distinguir um do outro. É muito difícil distinguir os dois ao olharmos para outras pessoas e, mais difícil ainda, ao olharmos para nós mesmos.

Há um ditado: "Aquele que tem amor-próprio está a meio caminho da liberdade". Mas, entre nós, todos estão transbordando de amor-próprio. E, apesar de estarmos cheios de amor-próprio até a boca, ainda não conquistamos nem um pedacinho de liberdade. Nossa meta deve ser ter amor-próprio. Se tivermos amor-próprio, por esse simples fato iremos nos livrar de muitos de nossos inimigos internos. Talvez nos livremos até dos principais — o Sr. Amor-Próprio e a Sra. Vaidade.

O raciocínio ativo se aprende na prática. Deve ser muito praticado e de várias maneiras diferentes.

LIBERTAR-SE DE INFLUÊNCIAS

No homem comum, tudo é governado pelo corpo físico, o qual, por sua vez, é governado por influências externas. O homem está sujeito a muitas influências, que podem ser divididas em duas categorias. Primeiro, as resultantes de causas químicas e físicas; segundo, aquelas de origem associativa e que resultam de nosso condicionamento.

Influências "químico-físicas" têm origem material e resultam da mistura de duas substâncias que produzem alguma coisa nova. Surgem independentemente de nós e agem de fora para dentro. Por exemplo: as emanações de alguém podem se combinar com as nossas — a mistura produzirá algo novo. E isso não se aplica apenas a emanações externas. A mesma coisa acontece dentro de uma pessoa. Logo, sentimo-nos à vontade ou desconfortáveis quando há alguém sentado perto de nós. Se não há harmonia, sentimo-nos pouco à vontade. Cada pessoa tem vários tipos de emanação, com suas próprias leis, o que permite diversas combinações. Dentro de nós, as emanações de um centro formam diversas combinações com as emanações de outro centro. Esse tipo de combinação é química. As emanações variam dependendo até de termos bebido chá ou café.

A fim de analisar as influências químico-físicas sobre nossos vários centros, voltamos à analogia da carruagem, do cavalo e do condutor, bem como dos varais, das rédeas e da substância, ou "éter", que liga o passageiro ao condutor. Tudo tem suas emanações e sua atmosfera. A natureza de cada atmosfera é diferente porque cada uma tem origem diferente, propriedades diferentes e conteúdo diferente. As atmosferas são similares umas às outras, mas diferem em suas vibrações materiais. A carruagem — nosso corpo — tem uma atmosfera com propriedades especiais. Nossos sentimentos também produzem uma atmosfera, cujas emanações podem estender-se muito. Quando nossos pensamentos resultam de associações, produzem emanações de um terceiro tipo. Quando há um passageiro na carruagem, em vez de um assento vazio, as emanações também são diferentes, distintas das emanações do condutor. O passageiro não é um provinciano qualquer; ele pensa em filosofia, e não em uísque.

As influências "associativas" são bem diferentes. Se vemos uma forma particular ou se alguém age de certa maneira, a ação resultante exercida sobre nós é mecânica. Ela ativa alguma lembrança ou associação que dá origem a outras associações, e assim por diante. Graças a esse choque, nossos sentimentos e pensamentos se alteram. Esse processo não é químico, mas mecânico. Analisemos primeiro as influências associativas da "forma". A forma nos influencia. Se estamos acostumados a ver uma forma específica, ficamos receosos quando ela está ausente. A forma causa o choque inicial em nossas associações. A beleza, por exemplo, também é forma. Na verdade, não podemos ver a forma como ela é. Vemos apenas uma imagem. Uma segunda categoria de influência associativa é a de nossos sentimentos — nossas simpatias ou antipatias. Os sentimentos de outra pessoa nos afetam, e nossos sentimentos reagem de acordo. Às vezes isso acontece no sentido inverso. Depende das combinações. Ou a outra pessoa nos influencia ou nós a influenciamos. Essa influência pode ser chamada de "relacionamento". Um terceiro tipo de influência associativa pode ser chamado de "persuasão" ou "sugestão". Uma pessoa, por exemplo, persuade outra com palavras. Alguém nos persuade, nós persuadimos outros. Todos persuadem, todos sugerem.

Essas influências químico-físicas e associativas provêm de coisas próximas a nós. Mas há ainda outras influências que provêm de coisas maiores, da Terra, dos planetas e do sol, onde operam leis de outra ordem. A Terra e os outros planetas estão em movimento constante, cada um com velocidade diferente. Às vezes se aproximam, às vezes se afastam uns dos outros. Assim, sua interação mútua aumenta ou enfraquece, chegando até a cessar. Agora um planeta age, agora outro, agora um terceiro, e assim por diante. Esquematicamente, podemos imaginar essas influências da maneira a seguir. Imagine uma roda grande, pendurada verticalmente sobre a Terra, com sete ou nove holofotes coloridos imensos presos à sua volta. A roda gira, e a luz, ora de um projetor, ora de outro, dirige-se para a Terra. Assim a Terra está sempre colorida pela luz do projetor que a ilumina em um dado momento. Todos os seres nascidos na Terra são coloridos pela luz que estiver ativa no momento de seu nascimento e mantêm essa cor ao longo da vida. Não há efeito sem causa, e não pode haver causa sem efeito. De fato, os planetas exercem uma influência muito grande, tanto na vida da humanidade em geral quanto na vida de cada pessoa. Engana-se a ciência moderna ao não reconhecer essa influência, apesar de ela não ser tão grande quanto os "astrólogos" modernos querem nos fazer crer.

Quase tudo nos influencia, embora muitas das influências da Terra, dos planetas e do sol não consigam nos atingir caso estejamos totalmente sob a influência de coisas pequenas. Cada pensamento, sentimento e movimento resulta de uma ou de outra influência. Tudo que fazemos, todas as nossas manifestações, é o que é porque alguma coisa nos influencia a partir do exterior. Às vezes essa escravidão nos humilha, às vezes não. Depende do que gostamos. Por um lado, temos escolha, isto é, podemos manter algumas influências e nos livrar de outras. Mas não podemos nos livrar de uma influência sem nos submetermos a outra. É por isso que o trabalho com nós mesmos resume-se, em última análise, a escolher a qual influência estaremos sujeitos, recebendo seus efeitos. Para isso, naturalmente, é necessário saber de antemão qual influência nos será mais proveitosa.

No intuito de nos libertarmos de influências químico-físicas, temos de ser passivos. Essas influências se devem às emanações da atmosfera do corpo, dos sentimentos, do pensamento e, em algumas pessoas, também do "éter". A fim de podermos resistir a essas influências, precisamos ser passivos. Assim ficaremos um pouco mais livres delas. É aqui que atua a lei da atração. Os iguais se atraem, isto é, tudo vai para o lugar onde há mais da mesma espécie. "A quem tem, mais será dado. A quem não tem, até isso lhe será tirado." Se formos calmos, nossas emanações serão pesadas e, assim, outras emanações virão e poderão ser absorvidas, na medida em que tivermos espaço para elas. Elas ocupam lugares vazios, onde há vácuo, e ficam onde há calma, onde não há atrito. Mas, se formos agitados, não teremos emanações suficientes, pois elas irão para os outros. E, se não houver espaço, se tudo estiver cheio, as emanações podem até nos atingir, mas ricochetearão ou passarão ao largo.

Livrar-nos de influências do segundo tipo, isto é, associativas, exige um esforço artificial. É aqui que age a lei da repulsão. Onde há muito, pouco pode ser acrescentado, e onde há pouco, mais será adicionado — o inverso da primeira lei. Com influências desse tipo, tudo procede de acordo com a lei da repulsão.

Assim, a fim de nos libertarmos, temos dois princípios separados para dois tipos diferentes de influência. Se queremos ser livres, precisamos saber que princípio aplicar a cada caso em particular. Se aplicarmos a repulsão quando necessitarmos de atração, estaremos perdidos. Muita gente faz o contrário do que é necessário. Mas ficará fácil distinguir esses dois tipos de influência se nos dermos ao trabalho de olhar. No começo, talvez não percebamos a diferença entre emanações e impulsos associativos. Mas é fácil distinguir as emanações observando-as de perto; com isso, passamos a gostar da diferenciação. É impossível obter um resultado imediato, livrando-nos de uma vez dessas influências, mas o estudo e a diferenciação tornam isso possível a qualquer um.

É mais fácil estudar a influência do tipo associativo na prática. Veja, por exemplo, a influência por meio da forma. As pessoas sempre se influenciam mutuamente por meio da forma externa, isto é, dos movimentos, das roupas, do asseio e coisas do gênero — o que chamamos de maneira genérica de "máscara". Essa influência pode ser mudada com facilidade. No que diz respeito à segunda influência associativa, a qual chamamos de sentimento e relacionamento, devemos saber que a atitude dos outros para conosco depende de nós e que, em geral, reflete nossa própria atitude. A fim de viver de modo inteligente, é importante compreender que a responsabilidade por quase todos os bons ou maus sentimentos está em nós mesmos, em nossa atitude externa e interna. A atitude dos outros costuma refletir nossa própria atitude. Tudo é mecânico. Podemos mudar nossos relacionamentos externos se tomarmos as medidas necessárias.

A terceira forma de influência, a sugestão, é muito poderosa. Toda pessoa se encontra sob influência de sugestões, e uma pessoa sugestiona a outra. Muitas sugestões ocorrem com facilidade, em especial se não sabemos que estamos sendo expostos a sugestões. Mesmo que saibamos, as sugestões penetram. É importante compreender que, como regra geral, em todo momento da vida, apenas um centro funciona em nós — seja o do pensamento, seja o do sentimento — e que, em si, o centro não tem consciência, não tem faculdade crítica. Mas é possível assegurar a percepção crítica de novos materiais se, durante a percepção, cuidarmos para que outro centro fique por perto e observe o material de soslaio. Esse novo método consiste no seguinte: quando um pensamento já está presente, tentamos sentir e, ao sentirmos alguma coisa, tentamos dirigir nosso pensamento a esse sentimento. Até então pensamento e sentimento estavam separados. Começamos a vigiar nossa mente, a sentir o que pensamos. Preparamo-nos para o amanhã e nos resguardamos contra engodos.

Toda pessoa, segundo sua individualidade, tem um repertório limitado de posturas, indissoluvelmente conectadas com formas distintas de pensamento e de sentimento. Essas formas, as quais podem ser chamadas de posturas mentais e emocionais, acham-se tão unidas que não podemos substituí-las sem antes ter trocado nosso repertório de posturas de movimento. Ao mesmo tempo, cada um de nossos movimentos, voluntários ou involuntários, é uma transição inconsciente de uma postura automática fixa para outra, também automática. É ilusão pensar que nossos movimentos são voluntários; na verdade, são automáticos. Nossos pensamentos e sentimentos são igualmente automáticos. E o automatismo de nossos pensamentos e sentimentos está definitivamente relacionado com o automatismo de nossos movimentos. Um não pode ser mudado sem o outro.

Só devemos adotar uma grande ideia com uma grande compreensão. Para nós, as pequenas ideias são tudo que somos capazes de compreender — se tanto. Em geral, é melhor ter alguma coisa pequena por dentro do que algo grande do lado de fora. Precisamos pensar de um modo diferente daquele com que pensávamos antes.

OBTER UMA ALMA

Na base de cada religião, encontramos uma afirmação da existência de Deus, o Verbo. Um ensinamento diz que, quando o mundo não era nada, havia emanações, havia Deus, o Verbo. Deus, o Verbo, é o mundo. Deus disse: "Que haja isto", e enviou o Pai e o Filho. Ele está sempre enviando o Pai e o Filho. E uma vez Ele enviou o Espírito Santo.

Tudo que há no mundo obedece à Lei de Três. Tudo que existe veio a existir de acordo com essa lei. Combinações entre princípios positivos e negativos só podem produzir novos resultados, diferentes do primeiro e do segundo, se uma terceira força entrar em cena. Se uma pessoa afirma, outra nega, mas nada é criado enquanto outra coisa não for acrescentada. Então algo novo surge.

O Absoluto cria com base na mesma lei. Só que, nesse caso, todas as três forças necessárias para produzir uma nova manifestação estão no próprio Absoluto. Ele as envia de Si mesmo, emana-as. Depois as três podem até trocar de lugar. As três forças, ou princípios, emanadas do Absoluto criaram toda a multidão de sóis, um dos quais é o nosso sol. Cada um dos sóis também emana, e as emanações dos sóis, por meio de combinações de matéria positiva e negativa, dão origem a novas formações. O resultado de uma dessas combinações é nossa Terra, e a combinação mais nova é nossa lua. Tudo tem emanações, e sua interação produz novas combinações. Elas incluem o homem e o micróbio.

Após o ato da criação, a existência e as emanações continuam. As emanações penetram tudo segundo suas possibilidades e, assim, também atingem o homem. O resultado de sua interação? Novos atritos. As emanações do sol chegam à Terra e passam por ela sem se alterar, pois são finíssimas. As emanações dos planetas atingem a Terra, mas não o sol. As emanações da Terra são mais curtas ainda.

Desse modo, nos confins da atmosfera da Terra, há três tipos de emanação — do sol, da Terra e dos planetas.

A atividade criadora do Absoluto difere dos atos subsequentes de criação porque o Absoluto cria a partir de Si mesmo. Apenas o Absoluto tem Vontade, e só Ele envia as três forças a partir de Si mesmo. Os atos criadores subsequentes dão-se de maneira mecânica, por meio da interação baseada na mesma Lei de Três. Nenhuma entidade isolada pode criar por si só — somente a criação coletiva é possível.

A atividade criadora do Absoluto procede rumo ao homem na direção dada pelo impulso original. Segundo a Lei das Oitavas, esse desenvolvimento pode ir apenas até certo ponto. No raio cósmico da criação, a linha que parte do Absoluto e termina em nossa lua pode ser visualizada como uma escada, cuja base é a lua. Os principais pontos dessa linha de criação são: Absoluto, sol, Terra e o último ponto, a lua. Entre esses quatro pontos há três oitavas: Absoluto-sol, sol-Terra e Terra-lua. Cada um desses pontos é um *dó*. Entre eles, em três pontos, há, por assim dizer, três máquinas cuja função é fazer o *fá* passar para *mi*.

Em toda a oitava cósmica, o choque sobre o *fá* deve vir de fora, e o choque sobre o *si* vem de dentro do *dó*. Com eles, a involução procede de cima para baixo, e a evolução de baixo para cima. A vida do homem desempenha o mesmo papel que os planetas em relação à Terra, a Terra em relação à lua e todos os sóis em relação ao nosso sol. Tudo é governado por uma lei, uma lei muito simples aplicada de fora. Precisamos descobrir como essa lei atua sobre nós. De acordo com ela, podemos seguir a lei da evolução ou a lei da involução, desde que deixemos no interior a lei exterior.

Em nosso sistema, somos criados à imagem de Deus — de uma trindade. Se absorvermos conscientemente três substâncias e as enviarmos para fora, poderemos construir o que quisermos fora de nós mesmos. Isso é criação. Mas, quando isso ocorre por nosso intermédio, trata-se de criação do Criador. Nesse caso, as três forças se manifestam separadamente em nós e se combinam fora de nós. Toda criação pode ser subjetiva ou objetiva.

Ter uma alma é a meta de todas as religiões, de todas as escolas. Trata-se apenas de uma meta, uma possibilidade — e não de um fato. A criança nunca nasce com alma, e o homem comum não tem nem alma, nem vontade. Não há um mestre no homem comum e, se não há um mestre, não há alma. A alma só pode ser obtida no decorrer da vida e, ainda assim, esse é um grande luxo, reservado a poucos. A maioria das pessoas vive a vida sem alma, sem mestre, e para a vida cotidiana a alma é até desnecessária.

Mas a alma não pode nascer do nada. Tudo é material, bem como a alma, só que ela consiste em matéria muito fina. Consequentemente, a fim de se obter uma alma, antes de tudo é necessário ter a matéria correspondente. Como não temos materiais suficientes nem para nossas funções diárias, precisamos começar a economizar no intuito de pouparmos um pouco. A reserva de substâncias a ser acumulada deve ser grande. Do contrário, o que existir irá se dissipar em pouco tempo. Se, por exemplo, tivermos alguns cristais de sal e os colocarmos em um copo com água, eles irão se dissolver com rapidez. Podemos acrescentar mais e mais, e ainda irão se dissolver. Chega um momento, porém, em que a solução fica saturada. Então o sal não se dissolve mais, e os cristais permanecem inteiros no fundo. A mesma coisa acontece com o organismo humano. Ainda que materiais necessários à formação da alma sejam produzidos constantemente no organismo, esses materiais irão se dispersar e se dissolver nele. É preciso haver uma sobra desses materiais no organismo. Apenas assim a cristalização será possível.

O material cristalizado após essa sobra assume a forma de outro corpo, uma cópia do corpo físico da pessoa, que pode ser separado dele. Cada corpo tem uma vida diferente, e cada um está sujeito a leis de ordens distintas. O novo corpo — o segundo — é chamado de corpo "astral". Em relação ao corpo físico, é o que se chama de alma. Formar esse corpo dentro do homem é a meta de todas as religiões e de todas as escolas. Cada religião tem seu próprio modo, mas a meta é sempre a mesma. Se o segundo corpo se cristaliza, pode continuar vivo após a morte do corpo físico. A matéria desse corpo astral, em suas vibrações, corresponde à matéria das emanações solares e, teoricamente, é indestrutível nos confins da Terra e de sua atmosfera.

X

CONHECIMENTO DO SER

ARTE OBJETIVA

As pessoas que vivem na Terra pertencem a níveis bastante díspares, apesar de terem uma aparência exatamente igual. Assim como há vários níveis diferentes de pessoa, há níveis diferentes de arte. Mas as diferenças entre esses níveis são bem maiores do que pensamos. Consideramos diferentes coisas como sendo de níveis bem próximos uns dos outros, e supomos que os vários níveis diferentes nos são acessíveis.

O que chamamos de arte é apenas uma reprodução mecânica que imita a natureza ou outras pessoas, ou uma mera fantasia, ou ainda um esforço em ser original. A verdadeira arte é algo completamente diferente. As verdadeiras obras de arte, em especial a arte antiga, contêm elementos inexplicáveis, um certo "quê" que não sentimos na arte contemporânea. Todos sentem a diferença, mas, como não a compreendemos, a esquecemos com rapidez e presumimos que toda arte é igual. Entretanto, há uma enorme diferença entre nossa arte e essa outra arte. Na nossa arte, tudo é subjetivo — a percepção que o artista teve desta ou daquela sensação, as formas pelas quais ele a expressou e a percepção dessas formas por outras pessoas. Sobre um mesmo assunto, um artista pode sentir uma coisa, e outro artista sentir outra bem diferente. O mesmo pôr do sol, por exemplo, pode evocar alegria em um artista e tristeza em outro. Dois artistas podem tentar expressar percepções idênticas por meio de formas e técnicas completamente diferentes, ou percepções completamente diferentes da mesma forma — cada um segundo seu treinamento, o qual o artista segue ou desconsidera. E os ouvintes, espectadores ou leitores não perceberão o que o artista sentiu ou desejou transmitir, mas o que as formas empregadas farão com que sintam por associação.

Cada aspecto do processo artístico é subjetivo, e tudo é acidental. O artista não "cria"; ele se ocupa com uma obra que "é criada". Ele está mergulhado em pensamentos e humores os quais não consegue compreender e não pode controlar; eles governam o artista e se expressam de diversas maneiras. Como a forma da obra é totalmente acidental, ela atua por acidente sobre as pessoas de diversas maneiras, dependendo de seu humor, de seus gostos e hábitos, da hipnose sob a qual se encontram, e assim por diante.

Na arte objetiva, real, não há nada de acidental. Nela, o artista de fato "cria", ou seja, faz o que deseja, coloca em sua obra as ideias e os sentimentos que deseja colocar. Essa obra atua sobre as pessoas de maneira definida, específica. Elas recebem precisamente o que o artista quis transmitir, embora a mesma obra produza impressões diferentes sobre pessoas com níveis distintos de compreensão. Trata-se da arte real, objetiva. Imagine um trabalho científico — um livro sobre astronomia ou química, por exemplo. É impossível acontecer de duas pessoas qualificadas o compreenderem de maneira diferente. Qualquer pessoa alfabetizada, com o preparo adequado, irá entender exatamente o que o autor quis expressar. Uma obra de arte objetiva é como um livro desses, só que afeta tanto nosso lado emocional quanto o intelectual.

Ainda hoje há obras de arte objetiva. A grande Esfinge do Egito é uma delas, e há muitas outras, inclusive certas obras de arquitetura admiradas ao longo da história, certas estátuas de deuses. Há figuras divinas e mitológicas que podem ser lidas como livros, não apenas com a mente, mas com as emoções, desde que sejam suficientemente desenvolvidas. No decorrer de nossas viagens pela Ásia Central, descobrimos no deserto, aos pés do Hindu Kush, uma estranha figura, a qual presumimos ser algum tipo de deus ou demônio antigo. No começo a consideramos mera curiosidade, mas após algum tempo começamos a *sentir* que essa figura continha muitas coisas — na verdade, um sistema cosmológico completo e complexo. Lentamente, passo a passo, começamos a decifrar esse sistema. Nós o encontramos manifestado no corpo da figura, em suas pernas, seus braços, sua cabeça, seus olhos e ouvidos — estava em toda parte. Absolutamente nada nessa estátua era acidental, nada era insignificante. De maneira gradual, compreendemos o objetivo das pessoas que fizeram a estátua e começamos a sentir seus pensamentos, suas emoções. Algumas pessoas do grupo chegaram a pensar terem visto seus rostos e ouvido suas vozes. De qualquer modo, o fato é que compreendemos o significado do que quiseram transmitir após milhares de anos, não apenas o sentido, mas também todos os sentimentos e as emoções ligados à sua mensagem. *Isso* é que era obra de arte!

UM RIO DE MITOS E SÍMBOLOS

Uma das ideias centrais do conhecimento objetivo é a da unidade de todas as coisas, da unidade na diversidade. Desde tempos remotos, as pessoas que compreenderam o conteúdo e a importância dessa ideia, e a viram na base do conhecimento objetivo, conseguiram encontrar uma maneira compreensível de transmiti-la a outros. Os portadores do conhecimento objetivo sempre consideraram essa transmissão como seu dever. Nessa transmissão, a ideia da unidade de todas as coisas precisava primeiro ser passada, e da forma mais completa e precisa possível. Para tanto, a ideia tinha de ser apresentada de maneira que os outros a recebessem sem que ela tivesse sido distorcida ou corrompida. As pessoas que iriam receber a ideia tinham de ser preparadas de modo adequado. A ideia era colocada em uma forma lógica, como nos sistemas filosóficos que buscam definir o "princípio fundamental" do qual derivam todos os fenômenos ou em credos religiosos que tentam inspirar a fé a fim de evocar uma onda de crenças emotivas, levando-a ao nível da "consciência objetiva". Essas duas formas de transmissão da ideia de unidade percorreram, com sucesso maior ou menor, a história humana desde a mais remota antiguidade até nossos tempos. Restaram doutrinas filosóficas e religiosas como monumentos no caminho trilhado por aqueles que tentaram unir o pensamento esotérico e o pensamento da humanidade.

Mas o conhecimento objetivo, o qual inclui a ideia de unidade, pertence à consciência objetiva. As formas que o expressam são inevitavelmente distorcidas quando percebidas pela consciência subjetiva e não resultam na aquisição da verdade, mas apenas em ilusões ainda maiores. A consciência objetiva permite-nos ver e sentir a unidade de todas as coisas, mas a consciência subjetiva divide o mundo em milhões de fenômenos separados e desconexos. Tentativas de conectar esses fenômenos sob uma base científica ou filosófica levam a nada, pois não podemos reconstruir a ideia do todo a partir de seus restos espalhados e não podemos determinar como ele é dividido sem compreender as leis nas quais essa divisão se baseia.

Todavia, a ideia da unidade de todas as coisas pode ser encontrada no pensamento intelectual, embora sua relação com a diversidade não possa ser representada com precisão em palavras ou formas lógicas. A linguagem sempre interfere. Nossa linguagem foi idealizada para expressar impressões de pluralidade e diversidade recebidas em estados subjetivos de consciência e é incapaz de transmitir plena e compreensivelmente a ideia de unidade, a qual só é inteligível e óbvia no estado subjetivo de consciência.

Ao perceber as imperfeições e limitações da linguagem comum, pessoas que possuíram conhecimento objetivo tentaram expressar a ideia de unidade em "mitos", "símbolos" e certas "fórmulas verbais" que, transmitidos sem alteração, passaram a ideia de uma escola para outra e, volta e meia, de uma era para outra. "Mitos" e "símbolos" visavam atingir os centros superiores do homem, os quais funcionam em estados superiores de consciência. A meta era transmitir ideias inacessíveis ao intelecto, transmitindo-as de maneira a não poderem ser interpretadas de forma errada. Os "mitos" visavam o centro superior do sentimento; os "símbolos", o centro superior do pensamento. É por isso que toda tentativa de compreender ou de explicar "mitos" e "símbolos" com a mente comum, ou as fórmulas e expressões que resumem seu conteúdo, está fadada ao fracasso desde o começo. Só podemos compreender alguma coisa com o centro apropriado. Mas a preparação para receber ideias pertencentes ao conhecimento objetivo deve ser feita com base intelectual, pois apenas uma mente preparada de maneira adequada pode transmiti-las aos centros superiores sem introduzir elementos estranhos.

Os símbolos usados na transmissão de ideias pertencentes ao conhecimento objetivo incluíam diagramas das leis fundamentais do universo, os quais não só transmitiam o conhecimento em si como mostravam o caminho até elas. O estudo dos símbolos, além de sua construção e seu significado, era parte importante da preparação para se receber o conhecimento objetivo e servia como teste para o potencial do aluno. Se ele compreendesse um símbolo apenas em sua maneira literal ou formal, isso, em si e de *per se*, o impossibilitava de receber qualquer conhecimento adicional. Os símbolos eram divididos em duas categorias. Os símbolos fundamentais incluíam os princípios dos domínios distintos do conhecimento, e os símbolos subordinados expressavam a natureza essencial dos fenômenos em sua relação com a unidade.

Uma das fórmulas que resumiam o conteúdo de vários símbolos era particularmente importante: "Assim em cima como embaixo", da *Tábua de Esmeralda* de Hermes Trimegisto. Essa fórmula diz que todas as leis do universo estão refletidas em todos os fenômenos, desde um átomo isolado a qualquer objeto existente. Esse mesmo significado está contido na analogia entre o *microcosmo* e o *macrocosmo* — entre o homem e o universo. As leis fundamentais das tríades e das oitavas penetram todas as coisas e deveriam ser estudadas simultaneamente, tanto no mundo quanto no homem. Mas, com relação a si mesmo, o homem é um objeto de estudo e de conhecimento muito mais acessível do que o mundo dos fenômenos exteriores. Portanto, se almejamos conhecer o universo, devemos começar estudando a nós mesmos, compreendendo as leis fundamentais que agem em nós. Sob esse ponto de vista, há outro ditado: *"Conhece-te a ti mesmo"*, profundamente importante por ser uma das fórmulas que leva ao conhecimento da verdade. O estudo do mundo e o estudo do homem ajudam-se mutuamente. Estudando o mundo e suas leis, também estudamos a nós mesmos e, estudando-nos, estudamos o mundo. Logo, cada símbolo nos ensina alguma coisa a nosso respeito.

Podemos compreender os símbolos da seguinte maneira. Ao estudarmos o mundo dos fenômenos, antes de qualquer coisa vemos dois princípios opostos manifestados em tudo. Suas diversas combinações, tanto por conjunção quanto por oposição, produzem resultados que incluem um terceiro princípio e refletem a natureza essencial dos princípios que os criaram. Podemos ver essas grandes leis da *dualidade* e da *trindade* manifestadas ao mesmo tempo no cosmo e em nós mesmos. Com relação ao cosmo, somos meros espectadores e vemos apenas a superfície de fenômenos os quais parecem se mover em uma direção mas que, na verdade, estão se movendo em diversas direções. Quanto a nós mesmos, por outro lado, a compreensão das leis da dualidade e da trindade pode expressar-se de maneira prática. O indivíduo que compreendeu essas leis em si mesmo pode, por assim dizer, dirigir sua manifestação para a linha permanente dos conflitos consigo mesmo no caminho do autoconhecimento. Desse modo, irá introduzir primeiro a *linha da vontade* no círculo do tempo e depois no círculo da eternidade, o que criará nele o grande símbolo conhecido como *Selo de Salomão*.

É impossível transmitir o significado dos símbolos a alguém que não os compreendeu em si mesmo. Isso parece paradoxal, mas o sentido de um símbolo e a revelação de sua essência só podem ser dados a uma pessoa (e compreendidos por ela) se, por assim dizer, ela já conhece o conteúdo desse símbolo. Com isso, o símbolo torna-se para ela uma síntese de seu conhecimento, bem como um meio para sua expressão e transmissão, da mesma maneira que o foi para a pessoa que o elaborou.

SIMBOLOGIA E AUTOCONHECIMENTO

Os símbolos mais simples:

$$= \quad \triangle \quad \square \quad ☆ \quad ✡$$

ou os números 2, 3, 4, 5 e 6, que os expressam, possuem um significado específico relacionado ao desenvolvimento interior do homem. Eles representam os diversos estágios no caminho da autoperfeição e do crescimento do ser.

Em nosso estado comum, natural, cada um de nós existe como uma *dualidade*. Consistimos totalmente de dualidades, ou "pares de opostos". Todas as nossas sensações e impressões, os nossos sentimentos e pensamentos podem ser divididos em positivos e negativos, úteis e nocivos, necessários e desnecessários, bons e maus, agradáveis e desagradáveis. Os centros também funcionam de acordo com esse tipo de oposição. Os pensamentos, por exemplo, opõem-se aos sentimentos, e impulsos motores opõem-se à procura instintiva pela quietude. Todas as nossas percepções, todas as nossas reações, nossas vidas inteiras são vividas segundo essa dualidade. Mas essa dualidade é instável, e os lados opostos tendem a se alternar. O vitorioso de hoje é o derrotado de amanhã; o dominador de hoje é o subordinado de amanhã. E todas essas alternâncias são igualmente mecânicas, igualmente independentes de nossa vontade e igualmente incapazes de nos levar a atingir qualquer meta. A compreensão da dualidade em nós mesmos começa pela percepção de nossa mecanicidade e pelo reconhecimento da diferença entre o que é mecânico e o que é consciente.

Antes de podermos compreender nossa mecanicidade, temos de destruir a falsa suposição de que até nossas ações mais mecânicas são voluntárias e conscientes e que cada um de nós é unitário e íntegro. Quando essa ilusão autoimposta é destruída e começamos a distinguir o que é mecânico do que é consciente em nós mesmos, começamos também o esforço para perceber a consciência em nossa vida, subordinando o mecânico ao consciente. Para isso, começamos com o esforço, proveniente de motivos conscientes, de tomar uma *decisão* clara contra processos mecânicos que se desenvolvem sob a lei da dualidade. Essa criação de um terceiro princípio permanente é, para o homem, a *transformação da dualidade na trindade*.

Ao fortalecer essa decisão e aplicá-la constantemente a todos os eventos de nossa vida nos quais "choques" neutralizantes acidentais provocaram resultados acidentais, poderemos, com o tempo, desenvolver uma linha permanente de resultados, os quais representam a *transformação da trindade em uma quaternidade*. O estágio seguinte, no qual a quaternidade se transforma em uma quintinidade, isto é, a *construção do pentagrama*, pode ter muitos níveis de significado diferentes para nós, inclusive o crucial e indubitável que pertence ao trabalho dos centros.

O desenvolvimento da máquina humana e o enriquecimento do ser começa com um novo funcionamento dessa máquina, uma nova relação entre os centros do pensamento, do sentimento, do movimento, do instinto e do sexo. O superdesenvolvimento de um centro à custa dos outros produz uma pessoa extremamente unilateral e impede a possibilidade de mais desenvolvimento. Mas se uma pessoa faz com que o trabalho dos cinco centros entre em harmonia, ela "prende o pentagrama em seu interior" e torna-se um exemplo rematado do ser humano fisicamente perfeito. O funcionamento harmonioso dos cinco centros permite uma união com os centros superiores, que introduz o princípio faltante e traz a conexão direta e permanente com a consciência objetiva e o conhecimento objetivo. Então a pessoa se torna a *estrela de seis pontas*, isto é, ao prender-se a um círculo de vida independente e completo em si mesmo, ela se isola das influências externas ou dos choques acidentais e incorpora nela própria o *Selo de Salomão*.

Essa série de símbolos — representados pelos números 2, 3, 4, 5 e 6 — pode ser considerada aplicável a um único processo. Mas até essa interpretação está incompleta. Um símbolo nunca pode ser interpretado plenamente. Ele só pode ser vivenciado, assim como a ideia de *autoconhecimento*, a qual também deve ser vivenciada.

Esse processo de desenvolvimento individual harmonioso pode ser examinado do ponto de vista da Lei das Oitavas, que dá origem a outro sistema de símbolos. No que diz respeito a essa lei, cada processo concluído é uma transição da nota *dó* por meio de uma série de tons sucessivos até o *dó* da oitava seguinte. As sete notas básicas da oitava expressam a Lei de Sete, e a adição do *dó* da oitava seguinte, isto é, o coroamento do processo, é a oitava etapa. As sete notas básicas, com os dois "intervalos" e os "choques adicionais", dão nove etapas, que totalizam dez com o *dó* da oitava seguinte. A décima e última etapa representa o final de um ciclo e o começo de outro. Assim, o processo de desenvolvimento representado pela Lei das Oitavas inclui os números de um a dez. Nesse ponto, chegamos ao que pode ser chamado de *simbolismo dos números*, o qual não pode ser compreendido sem a Lei das Oitavas ou sem a concepção clara da forma como as oitavas se expressam no sistema *decimal*, e vice-versa.

Nos sistemas ocultistas ocidentais, há um método conhecido como "adição teosófica", o qual define números que consistem de dois ou mais algarismos mediante a soma desses algarismos. Para os que não compreendem o simbolismo dos números, esse método de síntese numérica parece completamente arbitrário e sem sentido. Mas, para quem o conhece e tem a chave para a unidade de todas as coisas, a adição teosófica é profundamente significativa na dissolução de todas as diversidades das leis fundamentais que a governam e que se expressam nos números de um a dez.

Como foi dito, na simbologia os números estão associados a figuras geométricas específicas e são mutuamente complementares. Na Cabala há um sistema de símbolos baseados em letras e outro baseado em palavras. Ao combinar o simbolismo numérico com figuras geométricas, letras e palavras, o resultado será uma metodologia complexa, porém mais perfeita. Além disso, há sistemas de símbolos de magia, alquimia e astrologia, bem como a simbologia do Tarô, a qual os une em um único todo.

Todos esses sistemas podem servir de meio de transmissão da ideia de unidade. Nas mãos dos ignorantes, porém, malgrado a boa intenção, o mesmo símbolo se torna um "instrumento de engodo". A razão para isso se deve ao fato de supor que um símbolo tenha um significado final e específico. Ao expressar as leis da unidade da infindável diversidade, o símbolo possui, em si, um número infindável de aspectos pelos quais pode ser examinado, exigindo que o espectador consiga vê-lo ao mesmo tempo sob várias perspectivas. Depois de transpostos para as palavras da linguagem cotidiana, os símbolos ficam engessados. Perdem seu brilho e tornam-se, com facilidade, "seus próprios opostos", e o significado fica confinado a uma moldura dogmática estreita, a qual não permite sequer a relativa liberdade de um exame lógico do assunto. A causa está na compreensão literal, que atribui apenas um significado ao símbolo. A verdade fica ainda mais obscura sob uma capa de ilusão e só pode ser redescoberta por meio de um enorme esforço de negação. Sabe-se muito bem que a ilusão surgiu dos símbolos da religião, da alquimia e, em particular, da magia, quando as pessoas os entendiam literalmente, com apenas um significado.

Apesar disso, a compreensão correta dos símbolos nunca pode levar a discussões. Ela aprofunda nosso conhecimento e não pode ser teórica, pois nos motiva a almejar resultados reais, por meio da união entre o conhecimento e a existência, ou seja, do *fazer*. O conhecimento puro não pode ser transmitido, mas os símbolos que o expressam são como um véu que se torna transparente àqueles que desejam ver e sabem como fazê-lo.

Isso nos leva ao simbolismo da fala, embora nem todos consigam compreendê-lo. Captar o sentido interior do que é dito depende do nível de desenvolvimento do ouvinte, de seu estado e da capacidade de fazer esforços correspondentes à compreensão. De modo geral, quando ouvimos coisas novas para nós, em vez de nos esforçarmos para compreendê-las, começamos a colocá-las em dúvida ou a refutá-las, mantendo opiniões contrárias que parecem corretas mas que, na verdade, nada têm a ver com o sentido real. Desse modo, perdemos toda e qualquer oportunidade de aprender algo novo. Antes de podermos compreender o discurso quando ele se torna simbólico, terá sido preciso aprender e já saber como ouvir. Qualquer tentativa de compreensão literal de discursos que lidem com o conhecimento objetivo, com a união entre diversidade e unidade, estará fadada ao fracasso desde o início e levará, na maioria dos casos, a mais ilusões.

Precisamos nos deter um pouco neste ponto porque o intelectualismo da educação contemporânea ensina as pessoas a procurarem definições acadêmicas e argumentos lógicos sobre tudo o que ouvem. Sem perceber, prendemo-nos de maneira inconsciente ao desejo de precisão em áreas nas quais as definições exatas implicam significados inexatos. Graças a essa tendência em nosso pensamento, geralmente o conhecimento exato referente a detalhes de alguma coisa, transmitido a uma pessoa antes que ela tenha adquirido a compreensão de sua natureza essencial, torna essa natureza ainda mais difícil de ser compreendida. Isso não significa que não haja definições exatas no caminho do verdadeiro conhecimento. De fato, é apenas lá que elas existem. Essas definições, porém, são muito diferentes das que costumamos imaginar. E se alguém supõe que pode seguir o caminho do autoconhecimento guiado pelo conhecimento exato de todos os detalhes, ou se suspeita que esse conhecimento pode ser adquirido sem o trabalho de assimilação do que foi recebido, então deve, antes de qualquer coisa, compreender que aquilo que busca pode ser obtido somente caso se esforce sozinho. Ninguém pode nos dar o que já temos e ninguém pode fazer nosso trabalho por nós. Tudo que alguém pode fazer por nós é nos dar o ímpeto para trabalhar. Sob essa perspectiva, o simbolismo pode proporcionar esse tipo de ímpeto caso seja percebido adequadamente.

O ENEAGRAMA

De acordo com a Lei das Oitavas, todos os processos, em todos os planos, são totalmente determinados pela lei da estrutura da escala de sete tons. Nesse sentido, toda nota da escala, considerada em outro plano, representa outra vez uma oitava completa. Os "intervalos" entre *mi* e *fá* e entre *si* e *dó*, os quais exigem um "choque" externo para a continuidade do processo, conectam, por esse fato, um processo a outros processos. Decorre disso que a Lei das Oitavas conecta todos os processos do universo aos demais. Para os que conhecem as escalas da passagem e as leis que controlam a estrutura da oitava, ela possibilita o conhecimento exato de tudo, de todo fenômeno, tanto em sua natureza essencial quanto em relação a outros fenômenos.

Para uma síntese de todo conhecimento relacionado à lei da estrutura da oitava, há um certo símbolo que assume a forma de um círculo dividido em nove partes, com linhas que unem os nove pontos de sua circunferência em uma ordem específica. Antes de passar ao estudo do símbolo em si, é importante compreender certos aspectos do ensinamento que emprega esse símbolo, bem como o modo como esse ensinamento se relaciona com outros sistemas que empregam o simbolismo no intuito de transmitir conhecimentos.

A fim de compreender a relação entre esses diversos ensinamentos, precisamos nos lembrar sempre de que os caminhos que levam ao conhecimento da unidade abordam-na como os raios de um círculo que apontam para o centro — quanto mais próximos do centro, mais próximos uns dos outros. Por isso, as declarações teóricas que formam a base de uma linha podem, às vezes, ser explicadas de acordo com a perspectiva das declarações de outra linha, e vice-versa. Portanto, às vezes é possível formar linhas intermediárias entre duas linhas adjacentes. Todavia, sem a compreensão e o conhecimento completo das linhas fundamentais, esses caminhos intermediários podem levar facilmente a linhas que se misturam, isto é, à confusão e ao erro.

Dentre as linhas principais, mais ou menos conhecidas, podemos nomear quatro:

1. A hebraica
2. A egípcia
3. A persa
4. A hindu

Da última linha conhecemos apenas a filosofia, e das três primeiras, certas partes de sua teoria. Além delas, há duas linhas conhecidas na Europa, a *teosofia* e o chamado *ocultismo ocidental*, que provêm de uma mescla das linhas fundamentais. Há um fundo de verdade nessas duas linhas, mas, como nenhuma incorpora o conhecimento completo, qualquer tentativa de lhes conferir tom prático produzirá apenas resultados negativos.

O ensinamento do Quarto Caminho é autossuficiente e independente das outras linhas e era completamente desconhecido até o dia de hoje. Como outras linhas, emprega o método simbólico, e um de seus principais símbolos é a figura mencionada antes, na seguinte forma:

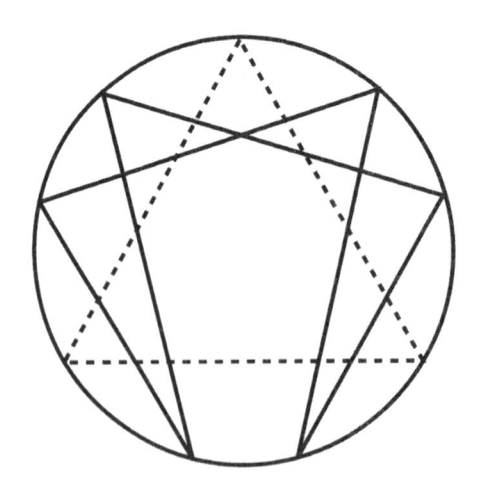

Esse círculo é dividido em nove partes iguais. Ele tem seis pontos conectados por uma figura simétrica em relação a um diâmetro que passa pelo ponto mais alto das divisões da circunferência. Esse ponto é o ápice de um triângulo equilátero que liga os três pontos das divisões que não entram na construção da figura complexa original. Esse símbolo não pode ser encontrado em nenhum ponto do estudo do "ocultismo", seja em livros, seja na tradição oral. As pessoas que o conheciam o consideravam tão importante que achavam necessário mantê-lo em segredo.

Esse símbolo expressa a Lei de Sete em sua união com a Lei de Três. Há sete notas em uma oitava, na qual essa oitava é uma repetição da primeira. Com os dois "choques adicionais" que ocupam os "intervalos" *mi-fá* e *si-dó*, são nove elementos. Uma versão completa desse símbolo, ligando-o a uma representação completa da Lei das Oitavas, seria mais complexa do que essa. Mas essa versão já mostra as leis internas de uma *única oitava* e nos proporciona um método para conhecermos a natureza essencial de qualquer coisa examinada de maneira isolada.

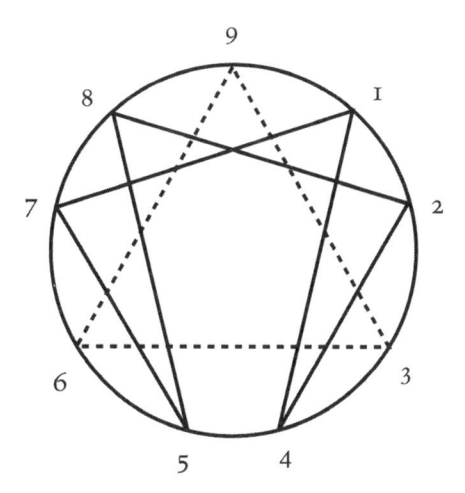

Qualquer coisa ou fenômeno, examinados isoladamente, podem ser representados como um círculo fechado, ou seja, um processo ininterrupto que se repete para sempre. O círculo simboliza esse processo, e os pontos separados na divisão da circunferência simbolizam as etapas do processo. O símbolo como um todo representa o *dó*, ou seja, algo com uma existência organizada e completa. É um círculo — um ciclo completo. É o *zero* de nosso sistema decimal, escrito como um ciclo fechado. O símbolo contém em si tudo que é necessário à sua própria existência. Ele está isolado de seu ambiente. A sucessão de estágios do processo precisa estar relacionada com os números restantes de 1 a 9. A nona etapa preenche o "intervalo" *si-dó* e completa o ciclo, isto é, fecha o círculo, o qual se reinicia nesse ponto. O ápice do triângulo fecha a dualidade de sua base e possibilita sua manifestação nos mais diversos triângulos, assim como se multiplica infinitamente na linha de sua base. Cada início e cada término do ciclo situa-se, portanto, no ápice do triângulo, no ponto em que o início e o término se fundem, em que o círculo se fecha e que soa como os dois *dós* da oitava no ciclo que flui incessantemente. Mas é a nona etapa que conclui um ciclo e inicia outro. É por isso que o número 9 ocupa o ponto mais elevado do triângulo, correspondente ao *dó*, com os outros números de 1 a 8 ocupando os pontos restantes.

Ao passar para a figura complexa de dentro do círculo, precisamos compreender os princípios de sua construção. As leis da unidade estão refletidas em todos os fenômenos e proporcionam a base para o sistema numérico decimal. Se considerarmos uma unidade como uma nota isolada contendo uma oitava inteira em si mesma, então deveremos dividir essa unidade em sete partes desiguais a fim de chegar às sete notas dessa oitava. Mas a representação gráfica não leva em consideração a desigualdade das partes, e a construção do diagrama toma primeiro um sétimo do todo, depois dois sétimos, três, quatro, cinco, seis e sete sétimos. Essas divisões podem ser representadas como frações decimais:

1/7—0,142857...
2/7—0,285714...
3/7—0,428571...
4/7—0,571428...
5/7—0,714285...
6/7—0,857142...
7/7—0,999999...

Ao examinar essa lista de frações decimais periódicas, vemos de imediato que em todas, exceto na última, a série após a vírgula é composta exatamente pelos mesmos seis algarismos em uma sequência definida. Portanto, se conhecemos o primeiro algarismo de determinada série, podemos reconstruir o período em sua íntegra.

Agora, se posicionarmos todos os números de 1 a 9 na circunferência e ligarmos aqueles da parte periódica por linhas retas de acordo com sua ordem nela, então, independentemente do número pelo qual começarmos, iremos obter a figura encontrada dentro do círculo. Os números 3, 6 e 9 não estão incluídos na periódica e formam um triângulo separado — a trindade livre do símbolo.

Ao fazermos uso da "adição teosófica" e tomarmos a soma dos números da parte periódica, obteremos *nove*, isto é, a oitava inteira. Mais uma vez, cada nota individual inclui outra oitava inteira, sujeita às mesmas leis que a primeira. A disposição das notas irá corresponder aos números da periódica, e o desenho de uma oitava será o seguinte:

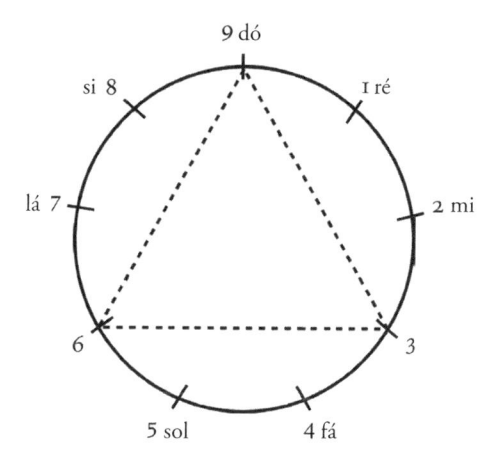

```
          9 dó
    si 8        1 ré

  lá 7            2 mi

     6           3

       5 sol  4 fá
```

O triângulo 9-3-6, que une os três pontos da circunferência que não estão incluídos na parte periódica, conecta a Lei de Sete à Lei de Três. Dois dos números que não estão na parte periódica, o 3 e o 6, correspondem aos dois "intervalos" da oitava, enquanto o terceiro é, por assim dizer, supérfluo, embora substitua a nota fundamental que não está na parte periódica. Ademais, qualquer fenômeno capaz de agir reciprocamente com um fenômeno da mesma espécie soa como a nota *dó* em uma oitava correspondente. Logo, o *dó* pode emergir de seu próprio círculo e entrar em correlação com outro círculo, ocupando em outro ciclo o papel representado pelos "choques" que preenchem os "intervalos" em sua própria oitava. Graças a esse potencial é que o *dó* está conectado, por meio do triângulo 3-6-9, com os lugares da oitava onde os choques externos ocorrem, onde a oitava pode ser penetrada e conectada com o que existe fora dela. A Lei de Três destaca-se de modo evidente, por assim dizer, da Lei de Sete; o triângulo penetra, brilha por meio do período. Combinadas, essas duas figuras representam a estrutura interna da oitava e suas notas.

Nesse ponto, seria bastante razoável perguntar por que o "intervalo" designado pelo número 3 está onde deveria estar, entre as notas *mi* e *fá*, enquanto o designado pelo número 6 localiza-se entre *sol* e *lá* quando deveria estar entre *si* e *dó*. O posicionamento do intervalo, aparentemente *em um lugar errado*, já mostra, aos que sabem ler o símbolo, o tipo de "choque" necessário para passar do *si* para o *dó*. A fim de compreender isso, precisamos nos lembrar do que foi dito sobre o papel dos "choques" nos processos que ocorrem no homem e no universo.

Quando discutimos a Lei das Oitavas aplicada ao cosmos, vimos que na oitava cósmica "Absoluto — lua" a passagem de *dó* para *si*, o preenchimento do intervalo, dá-se pela vontade do Absoluto. A passagem de *fá* para *mi* ocorre mecanicamente com a ajuda de uma máquina especial, a qual possibilita que o *fá*, que entra nela, adquira, graças a uma série de processos internos, as características do *sol* localizado acima dele sem mudar sua nota. Logo, ela acumula, por assim dizer, a energia interna para passar independentemente para *mi*, a nota seguinte.

O mesmo relacionamento pode ser encontrado em todo processo concluído. Os mesmos "intervalos" e "choques", por exemplo, podem ser encontrados nos processos pelos quais o organismo humano assimila e transforma substâncias nutritivas. Como mencionado no Capítulo 2, o homem ingere três tipos de alimento. Cada um deles é o início de uma nova oitava. A segunda, isto é, a oitava do ar, une-se à primeira, ou seja, a oitava da comida e da bebida, no ponto em que a primeira oitava se detém na nota *mi*. E a terceira oitava se une à segunda no ponto em que a segunda oitava se detém na nota *mi*. Isso permite que o desenvolvimento continue. No entanto, assim como ocorre em muitos processos químicos, apenas *quantidades* definidas de substâncias, determinadas de forma precisa pela natureza, produzem compostos da qualidade necessária, a fim de que os três tipos de alimento possam se misturar no organismo humano em proporções específicas.

A substância final no processo da oitava alimentar é representada quando se chega ao nível *si*, que precisa de um "choque adicional" para passar a um novo *dó*. Mas como três oitavas participaram da produção dessa substância, sua influência determina a qualidade do resultado final. Logo, é possível controlar a qualidade e a quantidade regulando os três tipos de alimento recebidos pelo organismo. O resultado exigido só pode ser obtido quando os três tipos de alimento entrarem em um estado de conformidade harmoniosa, fortalecendo ou abrandando as diferentes partes do processo.

Mas é essencial lembrar que nenhuma tentativa de regular o alimento ou a respiração pode levar ao resultado desejado a menos que saibamos exatamente o que estamos fazendo, por que estamos fazendo e que resultado isso trará. Além disso, mesmo que tivéssemos sucesso na regulação de dois componentes do processo, ou seja, alimento e respiração, isso não seria suficiente, pois o mais importante é regular o alimento das "impressões", as quais entram na parte superior de nossa máquina, conforme se expõe a seguir. Portanto, antes mesmo de pensar em influenciar praticamente os processos interiores, precisamos compreender com precisão o relacionamento específico entre as substâncias que entram no organismo, a natureza dos "choques" eventuais e as leis que governam a transição das notas. Essas leis são as mesmas em toda parte. Quando estudamos o homem, estudamos o cosmo; quando estudamos o cosmo, estudamos o homem.

A oitava cósmica "Absoluto — lua" pode, segundo a Lei de Três, ser dividida em três oitavas subordinadas. É nessas três oitavas que o cosmo é como o homem — os mesmos três "andares", os mesmos três choques, em que aparece o intervalo *fá-mi*. Esses pontos estão marcados no diagrama e representam os "aparatos" encontrados lá, assim como no corpo humano.

O processo da transição *fá-mi* pode ser representado de maneira esquemática como no diagrama a seguir. O *fá* cósmico entra na máquina como a comida do andar inferior e inicia seu ciclo de mudanças. Portanto, no começo seu som na máquina é *dó*. A substância *sol* da oitava cósmica entra no andar intermediário como o ar na respiração, o qual, por sua vez, ajuda a nota *fá* dentro da máquina a passar para a nota *mi*. Esse *sol*, ao entrar na máquina, também soa como *dó*. A

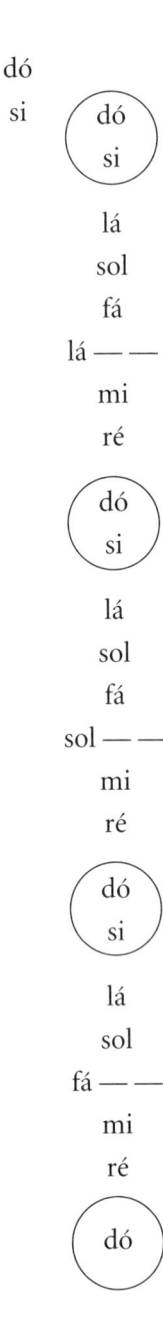

```
                    dó
                    si      ⎛ dó ⎞
                            ⎝ si ⎠
                         lá
                         sol
                         fá
                    lá — —
                         mi
                         ré
                            ⎛ dó ⎞
                            ⎝ si ⎠
                         lá
                         sol
                         fá
                    sol — —
                         mi
                         ré
                            ⎛ dó ⎞
                            ⎝ si ⎠
                         lá
                         sol
                    fá — —
                         mi
                         ré
                            ⎛ dó ⎞
```

matéria obtida agora recebe a substância do *lá* cósmico, que entra no andar superior, assim como o *dó*.

Como podemos observar, as notas *lá*, *sol* e *fá* servem de alimento para a máquina. De acordo com a Lei de Três, as notas, em sua ordem de sucessão, terão *lá* como elemento ativo, *sol* como neutralizante e *fá* como passivo. Quando o ativo se relaciona com o passivo com a ajuda do princípio neutralizante, produz um resultado específico que pode ser representado simbolicamente como no diagrama do triângulo. Esse símbolo indica que a substância *fá*, ao misturar-se com a substância *lá*, produz como resultado a substância *sol*. Como esse processo se dá na oitava, desenvolvendo-se, por assim dizer, dentro da nota *fá*, é possível dizer que o *fá* adquire as propriedades do *sol* sem alterar seu tom.

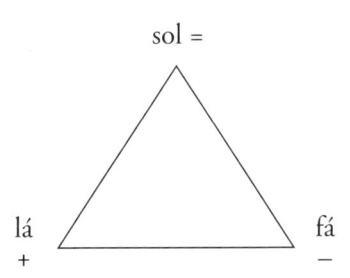

```
              sol =
               /\
              /  \
             /    \
            /      \
           /_____\
         lá          fá
         +           −
```

Tudo que foi dito sobre as oitavas de radiação e as oitavas alimentares no organismo humano está relacionado diretamente ao símbolo de um círculo dividido em nove partes. Como expressão de uma síntese perfeita, esse símbolo contém em si todos os elementos das leis que representa, e tudo relacionado a essas oitavas, e a muitas outras coisas, pode ser extraído dele e transmitido com sua ajuda.

Toda unidade completa — todo cosmos, todo organismo, *toda planta* — é um eneagrama, mas nem todos têm um triângulo interior. O triângulo interior representa a presença de elementos superiores, conforme a escala da materialidade em um dado organismo. Esse triângulo interior está presente em plantas como cânhamo, papoula, lúpulo, chá, café e tabaco, as quais têm um papel específico na vida humana. O estudo dessas plantas pode nos ensinar muitas coisas sobre o eneagrama.

Devemos entender que, de modo geral, o eneagrama é um *símbolo universal*. Todo conhecimento pode ser incluído nele e interpretado com sua ajuda. É por isso que só podemos afirmar que *conhecemos*, ou seja, que compreendemos, o que somos capazes de colocar no eneagrama. O que não conseguimos colocar no eneagrama é o que não compreendemos plenamente. A pessoa que é capaz de usar o eneagrama não tem necessidade nenhuma de livros ou de bibliotecas. *Tudo pode ser incluído e lido no eneagrama.* Ela pode estar sozinha no deserto, mas, se traçar o eneagrama na areia, irá ler nele as leis eternas do universo. Todas as vezes poderá aprender alguma coisa nova, algo que não sabia antes.

Se duas pessoas de escolas diferentes se encontrarem, poderão traçar o eneagrama e, com a ajuda dele, determinar instantaneamente quem sabe mais e quem está em qual etapa, ou seja, quem é o professor e quem é o aluno. O eneagrama é o hieróglifo fundamental de uma linguagem universal que tem tantos significados diferentes quanto há níveis no homem.

O eneagrama é o *perpetuum mobile*, o moto-perpétuo que as pessoas têm procurado em vão desde remota antiguidade. A razão pela qual não conseguiram encontrá-lo é óbvia: procuraram fora de si mesmas o que estava dentro delas. Tentaram construir o moto-contínuo assim como se constrói uma máquina, enquanto o verdadeiro moto-perpétuo faz parte de outro moto-perpétuo e não pode ser criado separadamente. Logo, o eneagrama é um diagrama do moto-perpétuo, isto é, de uma máquina de movimento eterno. Contudo, ele só pode ser lido por aqueles que sabem lê-lo. A compreensão desse símbolo e a capacidade de utilizá-lo podem dar tremendo poder a uma pessoa. Ele é, ao mesmo tempo, o moto-perpétuo e a pedra filosofal dos alquimistas. O conhecimento do eneagrama tem sido preservado em segredo há muito, muito tempo. Agora está disponível a todos, mas apenas em uma forma incompleta, teórica, que ninguém consegue usar sem a instrução de uma pessoa que o conhece.

A fim de compreender o eneagrama, ele precisa ser imaginado como algo que se move, que está em movimento. Um eneagrama imóvel é um símbolo morto. O símbolo vivo está em movimento, como tudo na vida. Um movimento não segue uma linha reta, mas tem, ao mesmo tempo, uma direção dupla, girando ao redor de si mesmo e caindo no sentido do centro de gravidade mais próximo. Essa lei da queda, que costuma ser chamada de lei do movimento, é uma das leis universais conhecidas desde a antiguidade.

Como dito na introdução, não devemos tomar nada ao pé da letra. Uma grande ideia só deve ser avaliada com uma grande compreensão.

NOTAS BIOGRÁFICAS

GEORGE IVANOVITCH GURDJIEFF (1866-1949)

Apesar dos relatos pessoais e biográficos, Gurdjieff, o homem, continua a ser o enigma que ele apresentou a seus seguidores mais próximos. Jeanne de Salzmann, que trabalhou a seu lado por trinta anos, concluiu ser realmente impossível conhecê-lo: "A impressão que ele dava a respeito de si mesmo nunca era a mesma... Você podia achar que conhecia Gurdjieff muito bem, mas então ele agia de maneira muito diferente, e você percebia que não o conhecia de fato". P. D. Ouspensky sentiu a mesma coisa. "No grupo, eu costumava dizer que nunca o tínhamos visto e que nunca o veríamos." Gurdjieff nunca compartilhava detalhes de sua vida pessoal, e seu livro autobiográfico, *Meetings with Remarkable Men*,* é menos parecido com um relato histórico do que com um conto episódico de aventuras espirituais.

    Gurdjieff nasceu e cresceu na região montanhosa do Cáucaso, no sul da Rússia, filho de pai grego e de mãe armênia. Escreveu ter passado o início da vida adulta em busca do conhecimento esotérico, em expedições que foram da Grécia ao Egito, passaram pelo Oriente Médio e chegaram às montanhas do Hindu Kush e do Tibete. Ele não revelou as fontes utilizadas em seus estudos e disse vagamente que esteve em mosteiros cristãos e tibetanos, bem como em escolas sufistas do leste da Pérsia. Com efeito, revelou poucos fatos sobre suas viagens e experiências. Mesmo assim, demonstrou tanto uma extraordinária engenhosidade para sobreviver quanto a habilidade de representar papéis e de se disfarçar, e

---

* *Encontros com Homens Notáveis*, publicado pela Editora Pensamento, São Paulo, 1980. (fora de catálogo)

sabe-se que teria viajado muito pela Ásia Central, com diversas viagens ao Tibete, um país fechado a visitantes estrangeiros. Essas atividades chegaram a convencer a Inteligência britânica de que ele era um agente secreto do governo czarista.

Gurdjieff admitiu não ter realizado suas buscas sozinho, mas não identificou os companheiros de viagem. Disse apenas que sua missão teve origem no começo da década de 1890, aos pés das pirâmides do Egito, quando conheceu dois russos mais velhos com obsessão parecida pelo mistério da vida humana. Em *Encontros com Homens Notáveis* chamou essas pessoas de príncipe Yuri Lubovedsky, um explorador espiritual erudito e muito viajado que teria sido seu "amigo mais próximo", e de professor Skridlov, um arqueólogo. Na busca pela sabedoria antiga, eles se chamaram de "Buscadores da Verdade" e tinham como alvo o conhecimento supremo da realidade.

Um ardente buscador russo que visitou as pirâmides em 1890 foi o príncipe Esper Esperovitch Ukhtomsky (1861—1921). Diplomata e estudioso que aconselhava o governo sobre religiões não cristãs dentro do império russo, Ukhtomsky viajou muito pela Rússia e pelo exterior, inclusive por países da Ásia Central e do Extremo Oriente, bem como pela Europa. Ele combinava um entendimento místico do cristianismo com uma profunda dedicação ao budismo e à prática budista. E admirava, em particular, a senhora H. P. Blavatsky,* a qual afirmava que o cristianismo e outras religiões tradicionais baseavam-se em uma doutrina esotérica comum originada milhares de anos antes na Índia, que teria se espalhado ao longo dos séculos pela Assíria, Egito e Grécia.

Em 1890-1891, o príncipe Ukhtomsky visitou as pirâmides com o futuro czar Nicolau II e depois foi à Índia, detendo-se em Madras, na sede do movimento teosófico de Blavatsky. Em seu registro publicado da viagem, Ukhtomsky exaltou o vasto conhecimento de Blavatsky sobre as tradições religiosas e endossou sua ideia de criar uma sociedade de teosofistas. Expressou, ainda, sua visão pessoal da necessidade de se financiar uma sociedade "de buscadores da Verdade no sentido mais amplo da palavra a fim de (...) penetrar fundo nas doutrinas mais secretas das religiões orientais". Na década seguinte, Ukhtomsky foi conselheiro dos ministérios de relações exteriores e de inteligência do czar sobre questões que

---

* Cofundadora da Sociedade Teosófica, que publicou *Ísis sem Véu*, em 1877, e *A Doutrina Secreta*, em 1888. Publicados, respectivamente, em 1991 e 1980 pela Editora Pensamento, São Paulo.

envolviam a diplomacia asiática, inclusive nas relações com o Dalai Lama, do Tibete.

A visita do príncipe Ukhtomsky ao Egito em 1890 e seu conceito idealista de "buscador da Verdade" — além de seu título, suas longas viagens e seu profundo interesse nas religiões esotéricas — sugerem que, na vida real, ele tenha sido o príncipe Lubovedsky, antigo membro dos Buscadores da Verdade. Se isso procede, então Gurdjieff, ao realizar missões no Tibete e em outros países sob a autoridade de Ukhtomsky, teria, na verdade — como a Inteligência britânica suspeitava —, atuado como agente do governo do czar. Além disso, Ukhtomsky e Gurdjieff, juntos, teriam decidido a forma dos ensinamentos e seu plano de introdução no Ocidente, primeiro recrutando Ouspensky para promover o Quarto Caminho e, mais tarde, criando uma organização para sua prática.

Em 1912, Gurdjieff começou a reunir seguidores em Moscou e, em 1915, depois de recrutar Ouspensky, formou um grupo de estudos em São Petersburgo. Eis como Ouspensky descreveu a impressão que teve de Gurdjieff:

Chamavam a atenção sua grande simplicidade interior e sua naturalidade, que faziam com que nos esquecêssemos completamente de que ele era, para nós, o representante do mundo do milagroso e do desconhecido. Além disso, sentia-se intensamente nele a ausência de qualquer tipo de afetação ou de desejo de produzir alguma impressão. E ainda se sentia a ausência de interesse pessoal em qualquer coisa que estivesse fazendo, a completa indiferença à tranquilidade e ao conforto e a capacidade de não se poupar no trabalho, fosse este qual fosse (...) Era um homem extraordinariamente versátil; conhecia tudo e podia fazer de tudo.

Ao longo de dezoito meses, conforme assimilava os ensinamentos, Ouspensky se espantava com a velocidade com que Gurdjieff transmitia suas ideias e com sua "espantosa capacidade de destacar os pontos principais e essenciais, sem entrar em detalhes desnecessários enquanto os principais pontos não estivessem bem compreendidos". Ouspensky não sabia se Gurdjieff havia preparado sua apresentação com seus colegas Buscadores da Verdade ou com seu grupo de Moscou.

Em 1917, a fim de escapar da violência da Revolução Russa, Gurdjieff mudou-se para o Cáucaso e passou o verão em Essentuki, com Ouspensky e uma dúzia de membros dos grupos russos. Nessa vida comunitária, introduziu métodos de autoestudo prático e revelou o que Ouspensky chamou de "plano do trabalho completo", o qual incluía a organização das "escolas". Em *Encontros com Homens Notáveis*, Gurdjieff escreveu que, enquanto esteve em Essentuki, ele e o professor Skridlov escalaram juntos pela última vez uma montanha cujo pico dava para o Monte Elbrus e para um cenário de beleza extraordinária e que, ao se despedirem do príncipe Lubovedsky, os dois homens sabiam que aquela seria a última reunião dos Buscadores da Verdade. Dali em diante, com a Rússia mergulhando inexoravelmente no caos, Gurdjieff ficaria isolado na tarefa de levar o Quarto Caminho ao Ocidente.

No final do verão de 1917, Gurdjieff, subitamente e sem qualquer explicação, anunciou que ia parar com todas as atividades e dispersou o grupo. Enquanto Ouspensky ficou para trás, em Essentuki, Gurdjieff prosseguiu com o punhado restante de seguidores. Eles evitaram exércitos beligerantes e chegaram, por fim, em Tbilisi no início de 1919. Lá, Gurdjieff conheceu Alexandre de Salzmann, famoso pintor e cenógrafo russo, e sua esposa, Jeanne, professora de música e de dança. Ela descreve sua experiência desta maneira:

> A primeira impressão sobre Gurdjieff foi muito forte, inesquecível. Ele tinha uma expressão que eu nunca tinha visto antes e uma inteligência e uma força diferentes, não essas inteligências comuns das mentes pensantes, mas uma visão que podia ver tudo. Era, ao mesmo tempo, muito bondoso e muito, muito exigente. Sentia-se que ele podia ver você e lhe mostrar o que você era de um modo que jamais esqueceria.

Em Tbilisi, Gurdjieff estabeleceu o Instituto para o Desenvolvimento Harmonioso do Homem, o qual incluía seus exercícios de dança, chamados de Movimentos, baseados em rituais tibetanos e dervixes que ele havia testemunhado. Mas, novamente, a instabilidade política forçou a ele e a seus seguidores, agora com os de Salzmann, a emigrarem em 1920 para Constantinopla. Lá reabriu o Instituto, fechando-o no ano seguinte e mudando-se outra vez, agora para a

Europa Ocidental. Acabou por se estabelecer na França em 1922, onde reabriu o Instituto pela última vez, no Château du Prieuré, perto de Fontainebleau, nos arredores de Paris.

Foi no Prieuré que Gurdjieff obteve reconhecimento geral, sobretudo pelas demonstrações públicas dos Movimentos. Havia lá de sessenta a setenta residentes, dos quais metade era de emigrantes russos; nos fins de semana, chegavam os visitantes. As atividades centravam-se em trabalhos manuais, em geral manutenção e construção, bem como em exercícios de dança. Gurdjieff dava responsabilidades a todos e supervisionava os detalhes. No final de 1923, ele fez uma demonstração dos Movimentos no prestigioso Théâtre des Champs-Elysées, de Paris, e, na primavera de 1924, visitou os Estados Unidos no intuito de dar demonstrações no Carnegie Hall, de Nova York, e em outras cidades importantes. Sua meta declarada era criar uma filial do Instituto em Nova York.

Ao voltar à França, Gurdjieff sofreu um acidente automobilístico quase fatal e fechou o Instituto. Nos dez anos seguintes, dedicou todas as suas energias à redação de sua trilogia sobre a vida do homem, intitulada *All and Everything*. Parou de escrever em 1935 e depois se dedicou a um trabalho intensivo, em Paris, com alunos selecionados, até sua morte em 1949.

Em seus últimos anos, Gurdjieff considerou o estudo do sistema original de ideias um mero estágio preliminar do trabalho rumo à consciência. Deixou de lado questões ligadas às ideias como coisas teóricas e procurou tornar seu ensino a percepção direta da realidade. No final de sua vida, voltou à prática dos Movimentos e introduziu todo um conjunto de exercícios de dança.

Como líder espiritual, Gurdjieff apresentava a seus seguidores um desafio constante e fazia exigências ultrajantes, as quais os chocavam, bem como aos observadores externos. De acordo com Ouspensky: "Ninguém podia ter certeza de nada com relação a ele. Ele podia dizer uma coisa hoje e outra completamente diferente amanhã". Para a senhora Salzmann, ele era um "mestre" espiritual no sentido tradicional — não como professor de doutrina, mas alguém que, por sua simples presença, despertava e ajudava os outros em sua busca pela consciência. Contudo, ela disse, Gurdjieff era muito mal interpretado por seu comportamento e seus métodos. Por um lado, com sua orientação e presença, ele ajudava os seguidores a se abrirem para um momento da verdade, da realidade neles mesmos, aproximando-os dele, de outro nível da existência. Ao mesmo tempo, representava um papel que os fazia enxergar seu estado real, com infatigável pressão e choques, levando-os a limites extremos e forçando-os a reagir contra ele. E ele o fazia sem piedade, obrigando os seguidores a tomarem uma decisão, a encararem o que realmente queriam para si mesmos. Como ela escreveu:

> Esta era a grandeza de Gurdjieff. O primeiro caminho, o trabalho com nossa essência, era a vida exterior, totalmente concentrada na ação interior. O segundo, o trabalho com nossas funções, era na vida em si e ao longo dela. Com uma mão, acenava para nós; com a outra, batia em nós, mostrando-nos a submissão às nossas funções. Muito poucas pessoas tinham a oportunidade de vivenciar os dois lados. Mas é impossível compreender os métodos ou o comportamento de Gurdjieff sem ter recebido material desses dois aspectos de seu trabalho.

Embora fosse magneticamente carismático, Gurdjieff não permitia a dependência ou a adulação que os líderes espirituais volta e meia inspiram e constantemente, forçava seus seguidores a tomarem suas próprias iniciativas. Na verdade, ele os incentivava a seguir suas próprias vidas quando considerava isso necessário a eles ou a suas metas maiores. Ao desmontar o grupo de Essentuki e fechar o Instituto no Prieuré, provocou um êxodo maciço. Por provocação, por desconsideração ou apenas por não criar um lugar para eles, levou os seguidores a tomarem sua própria decisão de se retirar.

Quando introduziu o Quarto Caminho, Gurdjieff foi categórico ao dizer que as pessoas não podem despertar sozinhas, que precisam encontrar um líder e outras pessoas que queiram seguir a mesma direção. Para isso, uma "escola" e um grupo são imperativos, pelo menos no começo. Ao mesmo tempo, Gurdjieff disse que no Quarto Caminho não há formas permanentes, e ele mesmo não tentou estabelecer uma instituição permanente. Ao formar o Prieuré, observou: "Isto é apenas temporário. Em muito pouco tempo, tudo será diferente. Todos estarão em outros lugares". E na primavera de 1924, depois de demonstrar em público os Movimentos em Nova York, ele confidenciou à senhora Salzmann que levaria décadas para preparar seguidores que executassem as danças como deveria ser feito: "um longo tempo de trabalho — um tempo bem longo". Ao fechar o Instituto meses depois, abandonou, na verdade, seu propósito inicial de liderar uma organização com um grande número de alunos.

Uma das características mais marcantes dos ensinamentos de Gurdjieff é a sensação de escala cósmica e de história, com referências a civilizações antigas, de milhares de anos atrás. Com essa perspectiva, na qual se inclui o começo do cristianismo, ele sabia que o aparecimento do Quarto Caminho seria um processo que se estenderia por gerações. Os Buscadores da Verdade haviam redescoberto a antiga ciência da relação entre o homem e o universo, e Gurdjieff havia transmitido o sistema em palestras e em seus próprios livros. Ao organizar o Instituto, indicou que o Quarto Caminho envolvia mais do que o estudo das ideias, que um ensinamento esotérico exigia o trabalho prático do autoconhecimento e do contato com os outros. No entanto, a fim de aparecer em grande escala, o ensinamento precisava ser disseminado por um público muito maior, e as formas de trabalho prático precisavam ser demonstradas por meio do estabelecimento de uma "escola" de verdade. Atender essas condições dependia dos dois seguidores mais chegados a Gurdjieff, como se verá nas notas biográficas a seguir.

All and Everything foi publicado em três partes como *Relatos de Belzebu a seu Neto* (o original é de 1950), *Encontros com Homens Notáveis* (idem, 1963) e *Life Is Real Only Then, When "I Am"* [A vida só é real quando "eu sou", de 1975]. O sistema de ideias produzido entre 1915 e 1924 foi publicado no livro de Ouspensky, *Fragmentos de um Ensinamento Desconhecido* (1949), e em *Views from the Real World*, de 1973. Os ensinamentos posteriores de Gurdjieff, sobre a percepção direta da realidade, foram reconstruídos no livro da senhora Salzmann, *The Reality of Being: The Fourth Way of Gurdjieff* [A realidade da existência: o Quarto Caminho de Gurdjieff, 2010].

Peter Demianovitch Ouspensky (1878-1947)

Os Buscadores da Verdade reconstruíram o ensinamento antigo a fim de perceber a realidade; Gurdjieff propôs-se a transmiti-lo. Ele era, porém, um aventureiro desconhecido de uma parte remota da Rússia, o qual, falando russo errado com um sotaque caucasiano, não conseguiria a atenção de plateias da Rússia ou da Europa ocidental. Portanto, Ouspensky teve papel principal na promoção do Quarto Caminho e, mais do que qualquer outra pessoa, atraiu seguidores para o ensinamento. Boris Mouravieff, emigrado russo contemporâneo que conhecia ambos, comentou: "Pode-se dizer, sem exagero, que sem Ouspensky a carreira de Gurdjieff no Ocidente provavelmente não teria passado de intermináveis conversas em cafés".

Ouspensky nasceu em Moscou em uma família da *intelligentsia* russa. Criança precoce, começou a ler com 5 anos de idade e, aos 15, já não frequentava a escola. Três anos depois, começou a escrever e desistiu de obter um título universitário. Embora tivesse um intelecto fino, era essencialmente um romântico em sua visão do universo e da espiritualidade humana. Desconfiava da ciência acadêmica em todas as suas formas e achava que os professores estavam matando a ciência, assim como os sacerdotes matavam a religião.

Entre 1896 e 1905, Ouspensky frequentou diversas universidades russas e europeias e se tornou jornalista. Como muitos intelectuais russos da época, desiludia-se profundamente com a rotina sem rumo da vida. Ele começou sua própria busca pelo miraculoso na literatura ocultista, em particular a Teosofia. Essa busca incluía experimentos com estados alterados de consciência, os quais o convenceram de uma realidade além da miragem do mundo visível.

Em 1912, Ouspensky publicou *Tertium Organum*,* em russo, o qual afirmava que padrões aceitos de pensamento, criados pela ciência contemporânea, haviam limitado a consciência humana ao mundo dos fenômenos positivistas e isolado o homem do mundo numênico e da experiência da realidade. No ano seguinte, viajou ao Oriente em busca de uma "escola" de conhecimento esotérico. Como fizera o príncipe Ukhtomsky quase vinte anos antes, visitou o centro teosófico da senhora Blavatsky, na Índia. Passou mais de um ano naquele país antes de abandonar sua busca no início da Primeira Guerra Mundial e voltar à Rússia.

Em 1915, Ouspensky foi apresentado a Gurdjieff e o ajudou a formar um grupo de estudos em São Petersburgo. Após cerca de dezoito meses, Gurdjieff revelou ao grupo a estrutura de uma ciência desconhecida, a qual o grupo chamou de "Sistema". Em 1917, Ouspensky e outros membros do grupo foram com Gurdjieff a Essentuki, onde Gurdjieff revelou um plano de trabalho para a prática

---

* Publicado pela Editora Pensamento, São Paulo, 1988. (fora de catálogo)

do Sistema. Depois que o grupo se dispersou, Ouspensky seguiu seu próprio caminho e foi a Constantinopla no início de 1920, onde, sozinho, deu palestras sobre o Quarto Caminho. Quando Gurdjieff chegou, seis meses depois, Ouspensky abriu mão de seu público no intuito de ajudar Gurdjieff a organizar seu Instituto. No ano seguinte, Ouspensky apresentou-o outra vez aos participantes e, depois, os seguidores de Ouspensky proporcionaram a Gurdjieff os recursos para a compra do Château du Prieuré nos arredores de Paris. Quando Gurdjieff reabriu o Instituto, vários deles lhe mandaram dinheiro e foram trabalhar com ele. O próprio Ouspensky visitou o Prieuré com frequência em 1923.

No início de 1924, Ouspensky decidiu se afastar de Gurdjieff e trabalhar de maneira independente. Mais tarde escreveu que não compreendia a direção que o trabalho de Gurdjieff estava seguindo e que não via um lugar para si mesmo nele. Aparentemente, Gurdjieff não estava mais interessado no autoestudo baseado em ideias, e Ouspensky sentiu que ele havia começado a aceitar alunos sem preparo intelectual. Ao mesmo tempo, embora muitos observadores tenham presumido o contrário, não havia hostilidade entre os dois. Ouspensky não fingia estar no mesmo nível de compreensão e falava de seu antigo professor com grande respeito e afeto. Mais importante ainda, ele não tinha conflitos com seus ensinamentos, não discordava da interpretação das ideias. Logo, sua opção por trabalhar de modo independente visou o fim do relacionamento líder-seguidor, e não o abandono da meta maior e comum a ambos, a promoção do Quarto Caminho. Mesmo assim, em função de sua decisão, foi acusado, na época e depois, de trair o professor.

No restante da década de 1920, as atividades de Ouspensky envolveram grupos fechados e, na década de 1930, tornaram-se palestras públicas que chegaram a atrair centenas de pessoas. Seu livro *Um Novo Modelo do Universo*, lançado em 1931, popularizou a ideia de dimensões superiores e o trabalho de autoestudo. Suas palestras sobre o Sistema, com o título *Psicologia da Evolução Possível ao Homem*, forneceram a base para reuniões de grupos, nas quais ele respondia a perguntas e apresentava materiais novos. Estes eram complementados por autoestudos práticos aos fins de semana nas casas de campo de sua esposa, Sophie Grigorievna Ouspensky. Com o início da Segunda Guerra Mundial, os Ouspensky emigraram para os Estados Unidos, onde, em uma escala bem menor, ele continuou a dar palestras em Nova York, e ela, mesmo de cama, mantinha uma casa de campo para trabalhos aos fins de semana.

No início de 1947, Ouspensky voltou a Londres, atendendo ao chamado de seus seguidores para retomar as palestras interrompidas pela guerra. Entretanto sua saúde piorava, e ele sabia que não tinha muito tempo de vida. Em seis reuniões, em um período de seis meses, rebateu sistematicamente as perguntas e anunciou, por fim, que não tinha mais ajuda a oferecer. Ele negou o Sistema como meio de se chegar à consciência superior, o que, na prática, impediu seus possíveis sucessores de dar continuidade a seu trabalho. Ouspensky morreu em outubro de 1947.

Um ano depois da morte de Ouspensky, John Bennett, um de seus principais seguidores, visitou Paris no intuito de se reunir com Gurdjieff e determinar como o trabalho deveria prosseguir na Inglaterra. Surpreendeu-se ao ver Gurdjieff apresentar ensinamentos completamente diferentes, afastando-se de questões teóricas e tratando apenas de uma percepção direta da realidade. Sobre essa visita, Bennett escreveu: "Ninguém mais usa a linguagem do Sistema. É como se fosse algo do jardim da infância que não devesse ser usado na 'escola para crianças maiores'".

Sob uma perspectiva histórica, o encontro e o trabalho de Ouspensky com Gurdjieff foi crucial para o surgimento do Quarto Caminho. Como escritor e conferencista, Ouspensky foi o recruta ideal para receber e promover o ensinamento. Ele teve um papel vital na formação do grupo de São Petersburgo, o qual proporcionou um fórum para a exposição de Gurdjieff. Depois, entre 1921 e 1922, após a tradução de *Tertium Organum* para o inglês atrair leitores em Nova York e Londres, as palestras de Ouspensky produziram os seguidores e o apoio financeiro que permitiram a Gurdjieff estabelecer seu Instituto perto de Paris.

Quando o Instituto foi fechado em 1924, Ouspensky era, além de Gurdjieff, a única pessoa capaz de ensinar o Quarto Caminho de forma independente. Apenas ele compreendia a extensão das ideias e os princípios do autoestudo. Assumir essa responsabilidade foi decisivo para manter o interesse gerado pelo Instituto. Depois que Gurdjieff se afastou e se recusou a ter alunos, o Quarto Caminho era transmitido ao público pela voz de Ouspensky. O interesse ampliado do ensinamento na década de 1930 deveu-se às suas palestras e reuniões. O relato publicado do trabalho com Gurdjieff em *In Search of the Miraculous* atraiu leitores do mundo todo durante décadas após sua publicação em 1949.

A decisão de Ouspensky de se afastar de Gurdjieff foi motivada por seu compromisso com o Quarto Caminho. Desde o início, ele compreendeu que a missão de Gurdjieff era apresentar esse ensinamento à humanidade e que ele fora recrutado para registrar e transmitir as ideias aos outros. Com o tempo, percebeu que teria de promover o ensinamento de forma independente caso quisesse cumprir esse papel. Por volta de 1921, ao deixar Constantinopla e ir a Londres, estava claro que os dois homens deveriam se afastar, indo a países diferentes; ele pensou em se instalar em Paris ou nos Estados Unidos caso Gurdjieff abrisse seu Instituto em Londres. Três anos depois, após seus seguidores terem sido atraídos para o Prieuré, Ouspensky concluiu que o trabalho independente seria insustentável a menos que a separação fosse definitiva. Então anunciou que seu trabalho prosseguiria "de forma bastante independente, no caminho iniciado em Londres em 1921" e proibiu seus seguidores de se referirem a Gurdjieff ou de manterem contato com outros que trabalhassem com ele.

Conforme apresentado na primeira seção destas notas, Gurdjieff sempre pressionava seus seguidores a tomarem suas próprias iniciativas na vida. Portanto, é bem possível, até mesmo provável, que tenha aprovado a separação de Ouspensky ou mesmo sugerido que ele o fizesse. De qualquer maneira, embora, como se sabe muito bem, os dois parecessem incompatíveis exteriormente, o afastamento entre eles não foi a ruptura apresentada a seus respectivos seguidores. Até 1931, eles se encontraram reservadamente em Paris e em Fontainebleau e, depois, Gurdjieff enviou a senhora Ouspensky à Inglaterra para apoiar o marido e manter contato com ele por meio de Jeanne de Salzmann, a seguidora mais próxima de Gurdjieff. Em 1947, logo após o retorno de Ouspensky à Inglaterra, a senhora Salzmann saiu de Paris a fim de discutir seus planos e organizar uma reunião final nesses últimos anos de Gurdjieff. Embora estivesse doente demais para ir a Paris, Ouspensky entregou-lhe um presente para ser dado a seu antigo professor — o manuscrito de *Fragmentos de um Ensinamento Desconhecido*, o qual havia mantido em segredo por mais de vinte anos. Ela voltou à França e o entregou a Gurdjieff. Mais tarde ela disse que, depois de passar a noite lendo o relato, Gurdjieff apareceu na manhã seguinte profundamente comovido pela honestidade e pela dedicação de seu antigo aluno. Depois Gurdjieff, único a compreender a dimensão da realização de Ouspensky e como este expressou sua dedicação ao ensinamento, fez uma declaração extraordinária, dizendo que amava Ouspensky.

Gurdjieff condenou os seguidores que ensinavam suas ideias de maneira independente como "Judas Iscariotes". Nessa época, isso soava como a acusação suprema da traição. Quase ninguém sabia que, na verdade, Gurdjieff considerava Judas o mais próximo e fiel seguidor de Cristo, o discípulo que assumiu de forma altruística o papel de traidor no intuito de possibilitar ao mestre o cumprimento de sua missão. O rótulo de "Judas" estaria indubitavelmente destinado a Ouspensky, o qual, mais do que qualquer outro seguidor, compreendeu o ensinamento de Gurdjieff e a missão de apresentá-lo. Ouspensky subordinou seu sucesso pessoal, primeiro oferecendo seguidores e fundos em 1922 para o estabelecimento do Instituto de Gurdjieff, depois retardando suas palestras públicas até 1930, quando não viu mais nenhuma possibilidade de o Instituto reabrir e, finalmente em 1947, dispersando sua organização independente ao saber que Gurdjieff queria voltar a reunir seus principais seguidores. Ouspensky também arcou com a condenação dos que acreditavam que ele teria traído seu professor.

Em seu trabalho independente, Ouspensky não fingiu ter a compreensão de Gurdjieff. Não assumiu o crédito como fonte dos ensinamentos, reconhecendo que o Sistema teve origem em um grupo da Rússia. Em suas palestras e respostas, as quais replicavam o formato do grupo de São Petersburgo, foi escrupulosamente fiel ao que fora recebido. O material foi enriquecido com suas próprias percepções, mas sempre sem distorção. Ele enfatizou que o trabalho consigo mesmo deve começar pela mente e apresentou o Sistema como base para o autoestudo. Contudo, tendo sido apresentado ao trabalho prático em Essentuki em 1917, advertiu várias vezes seus admiradores que sem ele a pessoa "estaria apenas aprendendo palavras", que ideias esotéricas não colocadas em prática tornam-se "mera filosofia — apenas ginásticas intelectuais que não levam a parte alguma".

Ouspensky reconheceu que uma mudança de existência exigia um trabalho organizado em "escolas", uma palavra que, como admitiu, não deveria ser aplicada a seus estudos coletivos. O Sistema era apenas uma introdução ao Quarto Caminho. Como introdução, porém, seu trabalho em Londres e em Nova York, e sobretudo em *In Search of the Miraculous*, satisfazia seu propósito fundamental e estabelecia o ensinamento como uma linha aceita da psicologia. Muitos de seus seguidores procuraram Gurdjieff e, após sua morte, foram à organização da senhora Salzmann em busca do trabalho prático do Quarto Caminho.

Os principais textos de Ouspensky incluem *Tertium Organum* (1912), *Um Novo Modelo do Universo* (1931), *Psicologia da Evolução Possível ao Homem* (1947) e *In Search of the Miraculous* (1949). O registro de suas palestras e respostas entre 1921 e 1946 foi publicado como *The Fourth Way* (1957).*

Jeanne de Salzmann (1889-1990)

Gurdjieff não era um profeta, e o Quarto Caminho não é uma doutrina revelada, que deve ser aceita à base de fé. Trata-se de um caminho a ser seguido, um caminho prático que leva à consciência da realidade em nós mesmos. Seguir esse caminho exige dedicação pessoal ao autoestudo e uma prática coletiva baseada nos princípios do Quarto Caminho. Foi a Jeanne de Salzmann, que trabalhou com ele durante trinta anos, que Gurdjieff transmitiu os ensinamentos práticos e seus princípios, inclusive aqueles para a prática dos exercícios de dança chamados de Movimentos. Antes de morrer, incumbiu-a de viver outros quarenta anos e de fazer "tudo que fosse possível — até o impossível — para que o que produzi entre em ação".

Jeanne de Salzmann nasceu em Reims, França, a mais velha dos cinco filhos de Jules Allemand e de Marie-Louise Matignon, ambos descendentes de antigas famílias francesas. Foi criada em Genebra, na Suíça, em um lar bastante influenciado pela interação da fé protestante de seu pai e do catolicismo devoto de sua mãe, o que criou a necessidade compulsiva de compreender a verdade por trás de sua crença cristã. Sua educação concentrou-se na música, para a qual demonstrou talento excepcional como criança prodígio. Nesse período, o Conservatório de Genebra contava com músicos famosos de outros países, notadamente Emile Jacques-Dalcroze, um inovador bastante aclamado por seu trabalho de composição, improvisação e dança. Aos 17 anos, Jeanne foi escolhida, com um punhado de estudantes também talentosos, para acompanhá-lo ao recém-inaugurado Instituto Dalcroze, em Hellerau, perto de Dresden, na Alemanha, dando demonstra-

---

* *O Quarto Caminho*, publicado pela Editora Pensamento, São Paulo, 1987. (fora de catálogo)

ções de seu trabalho em capitais da Europa. Foi nesse período com Dalcroze que Jeanne conheceu Alexandre de Salzmann, conhecido pintor russo que ajudava Dalcroze com a cenografia e a iluminação de suas demonstrações. Ela se casou com Salzmann em Genebra, em 1911, e foi com ele para Tbilisi, no Cáucaso, onde fundou sua própria escola de música baseada no método Dalcroze.

Em 1919, Gurdjieff chegou a Tbilisi com um pequeno grupo de seguidores, entre os quais o compositor Thomas de Hartmann. Por meio dele os Salzmann conheceram Gurdjieff, um encontro que mudaria o curso de suas vidas. Em Gurdjieff e seu ensinamento, Jeanne de Salzmann encontrou o caminho para a verdade pelo qual ansiara desde a infância. Quando Gurdjieff saiu de Tbilisi, os Salzmann uniram-se a seus seguidores, primeiro em Constantinopla e, por fim, estabelecendo-se em Fontainebleau, perto de Paris, em 1922. Jeanne de Salzmann manteve-se próxima de Gurdjieff e trabalhou a seu lado até a morte dele. Fazia parte do punhado de alunos incluídos no que ele chamou de "trabalho especial" — a percepção direta da realidade por meio da sensação consciente.

Antes de morrer, Gurdjieff deixou à senhora Salzmann todos os direitos sobre seus textos e os Movimentos. Na época, os seguidores de Gurdjieff estavam espalhados pela Europa e pelos Estados Unidos. A primeira tarefa de Salzmann foi chamá-los para trabalharem juntos. A segunda foi dar ao ensinamento uma forma prática para a busca da consciência. Nos quarenta anos seguintes, ela providenciou a publicação de seus livros e a preservação dos Movimentos. Fundou centros Gurdjieff em Paris, Nova York e Londres, bem como em Caracas, na Venezuela.

Gurdjieff foi categórico ao dizer que as pessoas não podem despertar sozinhas, que precisam trabalhar com outras no que chamava de "escola". Jeanne de Salzmann considerava essa condição absolutamente necessária para escapar do círculo estreito de pensamentos e sentimentos habituais. A fim de se tornar consciente de si mesma, a pessoa precisa trabalhar com outras com experiência comparável, capazes de alterar a falsa escala de valores estabelecida pela personalidade. Entretanto, é importante perceber que a expressão "escola" refere-se a uma prática coletiva, e não a uma instituição na qual conhecimentos conceituais são adquiridos. Os centros organizados pela senhora Salzmann não são exclusivos e não há requisitos formais para admissão nem notas indicativas de desempenho. Na verdade, não há professores. Durante algum tempo, os participantes trabalham com um guia que responde a perguntas. Mais tarde, trocam ideias entre eles. O Quarto Caminho é um caminho de entendimento, não de fé ou de obediência a um líder carismático.

Perto do fim da vida, Gurdjieff reconheceu abertamente Jeanne de Salzmann como sua discípula mais próxima e disse a seus seguidores: "Confiei a continuidade de meu trabalho a ela". Mas apenas ela sabia da intenção de Gurdjieff. Ele não havia reaberto o Instituto, fechado em 1924, e apenas aludira à possível organização de filiais em cidades europeias e americanas. Mesmo assim, em seus últimos dois anos de vida, incentivou seguidores norte-americanos e ingleses a visitá-lo em Paris e, o que talvez seja mais importante, apresentou mais de cem exercícios de dança em aulas improvisadas em Paris e Nova York. A magnitude do empreendimento sugere uma meta definida para o futuro, que ele deve ter discutido com Salzmann. Na verdade, a velocidade com que ela organizou centros Gurdjieff no prazo de dois anos após sua morte sugere um plano predeterminado.

Ao dar prosseguimento ao trabalho de Gurdjieff, Salzmann seguiu seu exemplo e se recusou a responder a questões teóricas ou a estimular a discussão intelectual de suas ideias. O que mais exigia era um esforço consciente com o objetivo de estar presente, embora essa ênfase tenha mudado com o tempo. A partir de um estudo prático do funcionamento habitual, a pesquisa se aprofundou, a fim de descobrir como a pessoa pode se abrir para a realidade em si mesma. Isso incluía trabalhar na relação entre mente e corpo e a experiência de uma sensação de presença mais consciente. A senhora Salzmann valorizava a obtenção dessa realidade na meditação cotidiana, como Gurdjieff recomendava no começo de *Relatos de Belzebu*. De seguidores avançados, ela exigia a abertura para um estado de unidade, a fim de se experimentar a sensação de presença como um segundo corpo, com vida própria.

A prática central estabelecida por Salzmann é o intercâmbio em grupo. Esse intercâmbio pode se desenvolver em torno de uma linha de trabalho, de um tema ou de um texto específico, mas sempre envolve uma troca de experiências e de perguntas sobre o trabalho interior — e não uma discussão de ideias. Ao falar e ouvir, o esforço constante é o de estar presente a fim de se abrir para o desconhecido, um esforço por uma possibilidade de consciência.

O trabalho em grupo é complementado pela prática dos Movimentos, exercícios de dança que exigem atenção total da mente, do corpo e dos sentimentos — a experiência da presença em movimento. Realizá-los com a atenção cotidiana não tem sentido e chega mesmo a reforçar o automatismo. É por isso que, nos centros que seguem o Quarto Caminho, a prática dos Movimentos limita-se estritamente a participantes engajados no trabalho grupal de despertar da consciência.

A terceira prática coletiva instituída por Salzmann é a meditação sentada, uma extensão do "trabalho especial" de Gurdjieff para percepção direta da realidade. Embora tenha sido introduzida como um trabalho orientado para a sensação consciente, após a morte dela essas meditações passaram a incluir reuniões para compartilhar a quietude de um estado mais silencioso. Quando participantes mais avançados se sentam para meditar, ficam totalmente em silêncio, e as práticas para seguidores mais novos incluem indicações de como devem se conduzir a fim de se manterem presentes.

É importante comentar que os centros criados pela senhora Salzmann nunca se arrogaram como locais principais ou exclusivos de difusão do Quarto Caminho. Ela disse que cada centro é uma "casa de trabalho" a fim de que o intercâmbio se dê, como uma escola baseada nos princípios do Quarto Caminho. Dependendo de seus participantes, a casa pode servir para atingir o nível do homem número quatro com um novo centro de gravidade, bem como o do homem número cinco com um "eu" indivisível. O papel de uma casa no Trabalho maior depende do nível de seus membros, embora isso não seja perceptível a todos pois, como Gurdjieff observou, ninguém consegue enxergar acima de seu próprio nível.

Quando a encarregou de dar prosseguimento a seu trabalho, Gurdjieff instruiu Salzmann a publicar o que havia registrado em seus cadernos, mantidos como diários ao longo de um período de quarenta anos. Esse material foi publicado postumamente em seu livro *The Reality of Being: The Fourth Way of Gurdjieff* (2010).

A senhora Salzmann morreu com 101 anos em Paris, em 1990. Os centros que criou mantiveram o trabalho coletivo dentro das linhas indicadas por ela, e o ensino do Quarto Caminho de Gurdjieff continua a se disseminar por grupos espalhados pelo mundo todo.

Centros do Quarto Caminho

Os centros do Quarto Caminho organizados pela senhora Salzmann são:

The Gurdjieff Foundation, Nova York
The Gurdjieff Society, Londres
L'Institut Gurdjieff, Paris
Fundación G. I. Gurdjieff, Caracas, Venezuela

Para mais informações, visite www.InSearchofBeing.org.

ÍNDICE

Absoluto, o, 74, 79-82, 90-91, 125, 229, 230
aceitação, 146, 154
acidentalidade, lei da, 149, 151
acumulador(es), 205, 208
afirmação (e negação), 49, 97
ajuda, 21, 94, 197
alimento, 66, 93-94, 100, 252-54
alma, 222, 230-31
    um luxo, 231
alquimia, 65, 92, 245, 256. *Ver também* "Alquimia interior", 65-69
amor, 50, 137
amor-próprio, 220-23
"amortecedores", 181-83
análise, 165-66
aparato formativo, 50, 206, 208. *Ver também* "Pensamento formativo", 170-73
apego, 141
aprender/aprendizado, 21, 159, 203
ar (como alimento), 66, 93-94, 100, 253
arte, 111, 235. *Ver também* "Arte objetiva", 235-37
ascendente (ou descendente), 84
Assíria, 19
associações, 28, 38, 170, 188
atenção, 28, 174-75, 198, 205
atitude, 188-89, 227
ativo / passivo, 58, 77, 182, 191, 211, 218, 219
atmosfera, 224-26, 230, 231
átomo(s), 91, 92, 93, 106-07
atração / repulsão, 226-27
atrito, 63, 217, 229

autoconhecimento, 20-1, 41, 43, 159-60, 241, 246
autoestudo, 43-4, 73, 158, 198, 200, 240
automatismo, 29, 35-6, 125, 187, 228
automudança / autotransformação, 203
auto-observação, 44, 174
    a função do mestre, 193
    Ver também "Iniciando a auto-observação", 165-69; "Uma observação diferente, 187-89; "Enxergar o todo", 189-93
autorrecordação, 53, 65, 135-36, 178, 188
    identificação como principal obstáculo, 178
    Ver também "Autorrecordação", 203-08

Brahma, 74, 79

Cabala, 105, 244
cadeiras (analogia), 214
carruagem, com cavalo e condutor (analogia), 60-1, 131-32, 195, 200-02, 204, 215-17
casa, com quatro cômodos (analogia), 112, 116, 131-32
cavalo, com carruagem e condutor (analogia). *Ver* carruagem
Central, Ásia, 236
centro do movimento, 48-51, 67-8, 93, 156-57, 166-67, 200, 208
centro do pensamento, 48-51, 67-8, 93, 156-57, 166-67, 200, 208
centro do sentimento, 48-51, 67-8, 93, 156-57, 166-67, 200, 208

centro do sexo. *Ver* centros
centro emocional. *Ver* centro do sentimento
centro intelectual. *Ver* centro do pensamento
centro(s), 48-9, 66-9, 93-4, 156-57, 166-67
    conexões, 170-73, 215-16, 243
    movimento (*ver* centro do movimento)
    pensamento (*ver* centro do pensamento)
    sentimento (*ver* centro do sentimento)
    sexo, 51, 173
    superior, 51, 68, 69, 93-4, 239, 243
    Ver também "Funções e centros", 47-51; "Trabalhar com três centros", 198-202
"choque" (na oitava), 124, 243, 247
ciência, *versus* religião, 97-8
    verdadeira ciência, 107
civilização, linhas de,20
"Como está em cima, está embaixo", 105, 240
cômodos, quatro (analogia). *Ver* casa
compreensão literal, 21-2, 239-40, 245-46, 256
compreensão, 102-04, 116, 128, 228
    percepção por vários centros, 104, 189
    principal exigência do Quarto Caminho, 116
    resultante do conhecimento e da existência,103
concentração, 200-01
condições, 94, 115-16, 147, 154, 157, 198
    em grupos, 159-61
condutor, com cavalo e carruagem (analogia). *Ver* carruagem
confronto, 218
"conhece-te a ti mesmo", 27, 43, 240
conhecimento, 29, 102-04, 110-11, 113
    começa com os cosmos, 105
    e compreensão, 103-04, 189, 208
    e existência, 20-1, 101-03, 245
    objetivo, 111, 238-40
    Ver também autoconhecimento
consciência, 182-83, 214
consciente, 34, 47, 125, 151, 213
    esforço, 41, 42
    núcleo, 124, 126
    vontade, 175
consciente, núcleo. *Ver* consciente
"consideração", 178-80, 197

constatar, 22, 161
controle, 88-9, 117, 131, 187, 216-17
Corão, 111
corpo astral, 61, 69, 93-4, 216, 231
    um luxo, 61
corpo mental. *Ver* corpos, superiores
corpo, 195-96
    astral / segundo (*ver* corpo astral)
    como indústria química (analogia), 65-6
corpos, superiores, 60-4, 66, 215-16
cosmos, 105-07, 253
criação, 230-31
crianças (e adultos), 172, 197
cristalização, 66, 110, 231
Cristo, 56, 131, 213
cultos greco-romanos, 133

descontinuidade, 83-4
despertar, 55, 102, 141-44, 153-54
    impossível sozinho, 55-6
Deus, 90, 114, 115, 136, 222-23, 229, 230-31
dimensão, quarta, 77
disciplina, 155, 157
discos, gravação (analogia), 37
dois rios (analogia), 218204. *Ver também* "Dois rios", 211-14
dualidade, 240-41, 242-43, 250

economizar, 69, 231
educação, 57
Egito,19, 134, 236
emanações, 87-8, 224-27, 229-30
emoções, 50, 167, 169, 195
eneagrama, o, 255. *Ver também* "O eneagrama", 247-56
energia, 90-1, 208
"escada" (entre a vida e o caminho), 151-52
escola(s), 84, 110, 115, 128, 134, 154-57
Esfinge, a, 236
esforço(s), 109-10, 116, 246
    resultados dependem de compreensão, 154
esforço, 63-4, 157, 168-69, 183, 217-18, 227, 243
esotérico/esoterismo,20, 126-29, 152, 238
Espírito Santo,229

espiritual, caminho, 112-17, 128, 149-52, 213-14. *Ver também* Quarto Caminho
essência, 141, 194-96, 213
    e personalidade, 125-26, 182
    Ver também "Essência e personalidade", 57-9
"éter" (analogia), 224, 226. *Ver também* substâncias
"eu", mutável, 38-9, 187
    real provém da essência, 58
    único, invariável, 62, 141, 191
Evangelhos, 56, 141
evolução, 59, 92, 93-94, 98-100, 108-09, 122-24
    e involução, 125, 131, 230
existência, 27, 98, 135
    vários níveis, 101-02
    impossível enxergar acima de seu próprio nível, 126, 152
exotérico. *Ver* esotérico/esoterismo

"fazer", 34-6, 40, 131
    agir conscientemente e segundo a vontade, 34
    união entre conhecimento e existência, 245
fé, 22, 47, 50, 113, 116, 161, 238
"Filadélfia" (analogia), 132
filosofia, real, 107
força neutralizante, 93. *Ver também* terceira força
força, 90-3. *Ver também* terceira força
forma(s), 225, 227, 235-36, 238
funções, 44, 47, 93, 132, 166-68. *Ver também* centros; " Funções e centros", 47-51
fusão, 63

"gravação" (de impressões), 166
gravidade, centro de, 109-10, 131
Grécia, 19
grupo(s), 4224. *Ver também* "Trabalho em grupo",158-61
guia, 151-52

hábito(s), 157, 168-68, 198

hastes (analogia), 215, 217
Hermes Trismegisto. *Ver Tábua de Esmeralda* de Hermes Trismegisto, a
Hindu Kush, 236
hindu/hinduísmo 74, 79
hipnose/hipnotismo, 37, 143-44
homem, 33-8, 109-10
    ausência de unidade interior, 102
    "insignificância" 123, 141-42, 155, 182, 213
    máquina, 37, 40-2, 43, 47, 137
    microcosmo, 92
    no sentido pleno, 64, 92
"homem astuto". *Ver* "homem ousado"
"homem ousado", caminho do, 117
humanidade, 99, 109, 122-23,125-26

identificar / identificação, 51, 141, 196-97, 212. *Ver também* "Identificação", 177-80
ignorância (de nós mesmos), 41
igreja cristã / cristianismo, 60-1, 79, 130-31, 132, 133-38
ilusão, 88, 147, 155, 178, 213, 228
imortalidade, 64, 112, 115
impressões, 66-7, 94, 100, 253
Índia / indiano, 19, 128
individualidade, 62, 127, 141, 182
influências, 75, 196, 220-21. *Ver também* "Libertar-se de influências", 224-28
    conscientes, 28, 149-50
    externas, 187, 188, 198, 224
    planetárias, 74, 87, 121, 126, 226
Inquisição, a, 130
"insignificância". *Ver* homem
interior, liberdade, 28-9, 41, 82, 97, 135, 147, 178
"intervalo(s)" (em oitavas), 84, 86-8, 100, 123, 247, 249, 251-52
involução. *Ver* evolução

judaísmo. *Ver* religião hebraica

Lei das Oitavas, A (A Lei de Sete), 83-9, 100, 106, 123, 232, 244, 247-52
    na evolução do alimento, 93-4

Ver também "A Lei das Oitavas", 83-9
Lei de Três, A76-7, 92-3, 217, 229-30, 249-51, 253-55. Ver também "A Lei das Três Forças", 76-8
leis, 73, 76, 80, 106, 107, 131
libertação, 82, 212, 220-21. Ver também interior, liberdade
"Libertar-se de influências", 224-28
linguagem, 25, 31, 33, 108, 195, 239
    universal, 256
lua, 80-2, 90, 99, 106, 121-22, 229

magia / mago, 131, 245
magnetismo, 176, 217
mago e ovelhas soltas (parábola), 143
manifestação(ões), 82, 173, 175, 198, 226
Maomé, 110
matéria / materialidade, 90-4, 100
material, 68-9
mecânica (mecanicidade), 104, 124, 141, 187, 243. Ver também homem, máquina
mentais, fotografias, 190
mente, 47-8, 95-7. Ver também centros
mentir, 159, 183, 214
mestre, 61, 112, 131, 135, 195, 231
meta, 175-76, 213
    das escolas, 230-31
    das religiões, 131, 231
microcosmo, 73, 92, 105, 240
milagre, 82, 107
mistura mecânica, estado de, 63
mitos, 239. Ver também "Um rio de mitos e símbolos", 238-41
"moralidade", 183
morte (para renascer), 35, 141-43, 213
mosteiros tibetanos, 128
mudança, 102-03, 174, 201-02, 204, 214, 216-17
mundo real, 90-1
    terceira força, 78
    velado pela imaginação, 55
mundo(s), definição de, 32-33
    múltiplos, 73-4, 81-2, 90-2
    Ver também mundo real

nascer (novamente), 141, 213
negação. Ver afirmação

obediência, 114, 154
oculto / ocultismo, 115, 244, 248, 249
oitavas. Ver A Lei das Oitavas
ouvir, 25, 189, 207, 245-46

pagamento, 218-19
papel, representando um, 197
passivo. Ver ativo / passivo
penitente, lobo (fábula), 147-48
pensamento, independentemente da essência, 172, 195-96, 228
percepção, 34, 51, 61, 106-07, 182, 216-17, 238-39
    não pode evoluir inconscientemente, 100
    um tipo de "percepção", 53
    Ver também "Estados de consciência", 52-6
percepção, por vários centros, 227-28
    modos de, 167
percepção, processo de, 142
personalidade, 27, 57-8, 158, 170, 182, 194-95. Ver também essência
persuasão, 225, 228. Ver também sugestão / persuasão
planetas, 74, 80-1, 90, 106, 121, 225-26, 230
positivismo / positivista, 35-6
posturas, 228
prática, 174-75, 223
prece, 134-36
prisão, fuga da, 42
"progresso", 40

Quarto Caminho, 115, 128-29, 145-47, 152, 155, 161, 248
    exige compreensão, 154
    o caminho do homem ousado, 117
    o mais velho é o líder, 152, 158
quatro cômodos (analogia). Ver casa

raciocínio, ativo, 207-9
"raio da criação", 79-82, 90-1, 106, 121-22, 230 Ver também "O Raio da Criação", 79-82

reagir / reações, 196-97
reavaliar valores, 213-14
rédeas (analogia), 195, 215, 217
redenção, 218
regras, 157, 160-61
relacionamento, 225, 227
relatividade, 33, 90, 107, 108, 110
religião hebraica, 133
religião, 97-8, 128, 130-32, 133, 136-37, 229
    categorias,130-31
    depende da existência, 130
    precisa ser vivida, 137
    Ver também "A meta da religião", 119-36
renascimento. *Ver* morte
retorta, com pós (analogia), 63

saber
    com três funções, 44
    é preciso descobrir como, 30
    é «ser», 20
    não é reunir informações, 189
sacrifício, 147-48
Salomão, Selo de, 241, 243
segundo corpo. *Ver* corpo astral
sensação, recordação pela, 207
sentimento(s), 225, 228
separação (de si mesmo), 191. *Ver também* "Separarmo-nos de nós mesmos", 194-97
Sete, A Lei de. *Ver* A Lei das Oitavas
"sim" e "não", 49, 63
símbolos, 239, 243-45. *Ver também* "Um rio de mitos e símbolos", 238-41

sinagoga judaica, 133
Sócrates, 27
sofrimento voluntário. *Ver* sofrimento
sofrimento, 124, 183. *Ver também* "Sofrimento voluntário", 215-19
sol, 74, 80-1, 92, 106, 225, 230
sono, 35, 53-6, 102, 143-44, 174
substância(s), 93-4, 117, 131, 217-18, 253. *Ver também* "éter"
sugestão / persuasão, 225, 227
«superesforço», 155-56

Tábua de Esmeralda de Hermes Trismegisto, a, 66, 105, 240
Tarô, 244
Templo sagrado, 133
tempo, divisão do, 84
teosofia / "adição teosófica", 244, 248, 251
terceira força, 77-8, 135, 229
Terra, 74, 80-2, 99, 106, 121-22, 225-26
trabalho, 21, 54, 69, 160, 195, 199-200
três forças, 79-80. *Ver também* A Lei de Três
trindade, 79, 240-41. *Ver também* A Lei de Três

unidade, 74-5, 76, 105, 238-39, 245, 247

valores. *Ver* reavaliar valores
Via Láctea, 73, 79, 90, 106
vibrações, 83-9, 91
vida orgânica, 73-4, 87-8, 98, 121-22
vontade, 26, 35-6, 62, 100, 175, 213
    do Absoluto, 80-2

Impresso por :

Graphium
gráfica e editora

Tel.:11 2769-9056